U0938248

特朗普新政观察

特朗普新政观察

顾　　问：玉　成
主　　编：逸　侠
副 主 编：鄢　斗　若　曦　秦　刚
出　　版：商务印书馆（香港）有限公司
香港筲箕湾耀兴道 3 号东汇广场 8 楼
http://www.commercialpress.com.hk
发　　行：香港联合书刊物流有限公司
香港新界荃湾德士古道 220-248 号荃湾工业中心 16 楼
印　　刷：美雅印刷制本有限公司
香港九龙观塘荣业街 6 号海滨工业大厦 4 楼 A 室
版　　次：2024 年 12 月第 1 版第 1 次印刷

ISBN 978 962 07 5977 2
Printed in Hong Kong

特朗普新政观察

顾　问：玉　成
主　编：逸　侠
副主编：鄢　斗　若　曦　秦　刚

商务印书馆

认识世界发展大势，跟上时代潮流，是一个极为重要并且常做常新的课题。中国要发展，必须顺应世界发展潮流。要树立世界眼光、把握时代脉搏，要把当今世界的风云变幻看准、看清、看透，从林林总总的表象中发现本质，尤其要认清长远趋势。要充分估计国际格局发展演变的复杂性，更要看到世界多极化向前推进的态势不会改变。要充分估计世界经济调整的曲折性，更要看到经济全球化进程不会改变。要充分估计国际矛盾和斗争的尖锐性，更要看到和平与发展的时代主题不会改变。要充分估计国际秩序之争的长期性，更要看到国际体系变革方向不会改变。要充分估计我国周边环境中的不确定性，更要看到亚太地区总体繁荣稳定的态势不会改变。

—— 习近平 2014 年 11 月 28 日至 29 日中央外事工作会议上的讲话

坚持登高望远，从历史长周期把握世界大势，践行真正的多边主义，推动平等有序的世界多极化、普惠包容的经济全球化，共同落实好全球发展倡议、全球安全倡议、全球文明倡议，携手构建人类命运共同体。

—— 习近平 2024 年 11 月 14 日在《秘鲁人报》发表题为《让中秘友好之船扬帆远航》的署名文章

作为世界上最重要的双边关系，中美关系稳定发展既关乎两国人民，也关乎人类前途命运。中美双方要从两国人民福祉和国际社会共同利益出发，作出明智选择，继续探寻两个大国正确相处之道，实现中美两国在这个星球上长期和平共存。

—— 习近平 2024 年 11 月 16 日在利马会见美国总统拜登时的讲话

目 录

新政府观察

特朗普新政府主要成员简介......002

鄢　斗　苏博洋　马雨均（编辑）

特朗普的"变"与"不变"——从"特朗普现象"到"特朗普交易"....053

王锦侠　李若曦　苏博洋

"2025 计划"政策剖析与对策建议......062

王　欢　付汀汀　陈梦淇　谢悦莹　赵　悦

解读贝森特被特朗普提名美国财长及可能影响......075

本　力

马斯克政府效率部对美影响及于我启示......080

王锦侠　李若曦

从特朗普胜选看美国社会撕裂与未来政治格局的动荡......094

钱忠凯

垄断资本视角下美国政商联盟的变局与特朗普的政策调整......106

张志超　雷雨若

经济政策观察

特朗普第二任期关税政策分析 126
崔　凡

特朗普关税政策 2.0 与积极应对 140
刘雅莹

特朗普任期对外经济制裁方式与应对策略 157
庞　琴　欧阳莹珊

特朗普政府的“加密货币新政”与中国的应对 169
杨芸淞　包　宏

国际关系观察

“特朗普主义”对中美关系的影响 178
苏博洋

特朗普新政时代的南海政策走向观察 199
马金星

特朗普新政时代的国际法观察 222
何田田

美国涉华法案的走向、影响及应对 235
杨永聪　何明豪

对港台政策观察

特朗普 2.0 时期美国对香港经贸政策走向研判及应对策略.........252
谢　熙

特朗普第二任期“对台政策”趋势、影响与对策..........................274
段哲哲　焦嘉欣　单琳

对华经济政策观察

特朗普新任期对华经贸政策的走向、影响及对策.........................292
庞　琴　赖庆玲

特朗普经贸新政对我产业影响初探..305
王锦侠　李若曦

关于以境外产业园区应对特朗普第二任期遏华策略的建议.........315
曲　建　时　鲲　付永嘉

附录 1　特朗普 2017 年就职演讲全文..337
附录 2　特朗普 2021 年告别演讲全文..342
附录 3　马斯克 2024 年 11 月 20 日发布改革政府计划全文..................350
附录 4　特朗普 34 项重罪指控..353
附录 5　纽约州法官拒绝撤销特朗普“封口案”有罪判定......................354

编后记..356

新政府
观察

特朗普新政府主要成员简介

鄢　斗　苏博洋　马雨均（编辑）*

* 鄢斗，深圳市前海创新研究院秘书长；苏博洋，深圳市前海创新研究院副研究员；马雨均，深圳市前海创新研究院研究助理。

副总统

詹姆斯·戴维·万斯
(J.D. Vance)

基本情况

万斯于 1984 年 8 月 2 日出生于俄亥俄州米德尔顿，是知名的美国作家、风险投资家和政治家。万斯高中毕业后进入美国海军陆战队服役，曾被派遣到伊拉克，为美军的公共事务部门服务。退伍后，他前往俄亥俄州立大学就读，并于 2010 年进入耶鲁大学法学院，获得法律博士学位。万斯因其撰写的回忆录《乡下人的悲歌》而红遍全美，该书探讨了美国中下层白人群体的困境和“铁锈地带”的衰落现象，引发社会广泛关注和讨论，他本人也被广泛视为美国工人阶级的代言人。

履职经历

2016 年，万斯迁至旧金山，成为风险投资者，受聘于美国著名风投资本家、PayPal 在线支付平台的联合创始人彼得·蒂尔的风投公司，担任主管职位。

2019 年，万斯创办了自己的风险投资公司 Narya，得到谷歌前首席执行官埃里克 · 施密特等人的大力支持。

2021 年，万斯宣布竞选俄亥俄州参议员。

2022 年，万斯加入共和党及参加共和党初选。在特朗普的支持下，万斯当选俄亥俄州联邦参议员，正式步入政坛。

2023 年 1 月 3 日，万斯在参议院宣誓就职，成为第 118 届美国国会议员，并于 31 日在共和党总统候选人初选中宣布支持特朗普，自此成为“MAGA 运动”的主要成员。

2024 年 7 月，万斯成为特朗普竞选搭档，并于 11 月 5 日当选第 50 任美国副总统。

政治主张

万斯曾被拜登称为“特朗普的克隆体”，证明其与特朗普的政治主张高度一致。

经济上，万斯支持民粹主义经济政策，提倡保护美国制造业和工人利益，主张广泛征收关税，尤其是针对中国商品。

文化上，万斯反对“觉醒文化”，支持传统家庭观念。

外交上，万斯提倡“现实主义外交政策”，强调美国应优先解决国内问题，反对耗费国力的海外战争及干预活动。

移民问题上，万斯主张加强边境安全和严格控制非法移民。

中美关系上，万斯视中国为美国“敌手”，主张对中国采取强硬立场，强调减少对中国的经济依赖、建立新的国际秩序来制衡中国。

国务卿

马尔科·卢比奥
(Marco Rubio)

基本情况

出生于 1971 年 5 月 28 日，卢比奥是美国古巴裔政治家和律师。1989 年，卢比奥进入佛罗里达大学，取得政治学学士学位，随后前往迈阿密大学取得法学博士学位。他的背景尤为独特，父母是来自古巴的难民，于 1956 在古巴巴蒂斯塔独裁统治时期流亡至美国，此后一直过着颠沛流离的生活，这在一定程度上影响了卢比奥的政治立场，也使其获得拉美裔、西班牙裔的支持。

履职经历

1996 年，鲁比奥加入了共和党籍联邦参议员鲍勃·多尔的总统竞选团队，正式开始了自己的政治生涯。

1998 年，卢比奥成功当选佛罗里达州议会议员，并在 2002 年、 2004 年和 2006 年连续四次连任成功。

2005 年，鲁比奥赢得佛罗里达州众议院议长一职，成为该州第一位古巴裔议长。

2010 年，鲁比奥正式当选佛罗里达州联邦参议员，登上全美政治舞台。

2015 年，卢比奥宣布参与美国总统竞选，但在初选中未能击败特朗普，最终于 2016 年 3 月退出竞选并转而支持特朗普。

2024 年 11 月 13 日，特朗普提名卢比奥为国务卿候选人。

政治主张

鲁比奥属于传统的保守派，共和党内的“新生代”之一，被称为“反华急先锋”，其政治主张主要体现为：

经济上，卢比奥支持减税和减少政府干预，保护传统制造业，改善美国工人阶层待遇，对自由贸易持谨慎态度，提倡实施有针对性的关税。

移民问题上，卢比奥曾在 2013 年推动一项移民改革法案，旨在为非法移民提供合法身份途径，但此后其移民立场趋于保守，更加强调边境安全。

文化上，卢比奥是传统家庭价值的坚定支持者，反对堕胎，重视宗教自由的权利。

外交上，卢比奥主张维护美国的全球领导地位，尤其是对中国采取强硬立场，极力支持通过经济制裁、限制技术转让、加强军事联盟等手段，推动对华的“全方位围堵”战略，以减少美国资源的直接消耗。

国家安全顾问

迈克尔·沃尔茨
(Michael Waltz)

基本情况

沃尔茨出生于 1974 年 1 月 31 日，是美国政治家、退役陆军特种部队上校、军事顾问和畅销书作家。他毕业于弗吉尼亚军事学院，被任命为陆军中尉后，加入陆军特种部队。服役 27 年间，沃尔茨曾在阿富汗、非洲和中东多个地区执行过高风险任务，荣获战斗勋章。退役后，他在国防和外交领域继续发挥作用，担任过多位高层官员的顾问。他的领导能力和洞察力不仅体现在政府和军事领域，还在商界有所建树，创立并管理了一家专注于国防和情报的公司。同时，他出版的回忆录《战士外交官》深刻讲述了自己在战场与谈判桌之间的经历，书籍广受好评并荣获奖项。

履职经历

2018 年，沃尔茨首次参选并成功当选美国国会众议院议员，代表佛罗里达州第六选区，成为国会中首位“绿色贝雷帽”

成员。在国会期间，因其个人丰富的国防安全经验，沃尔茨加入了诸多和“高政治”“硬安全”相关的工作组，成为众议院的军事委员会战备小组委员会主席、外交事务委员会成员、情报常设特别委员会成员。

2024 年 11 月，沃尔茨被特朗普任命为美国白宫国家安全顾问。

政治主张

沃尔茨政治主张以国家安全为核心，强调通过强有力的国防政策来捍卫美国的全球领导地位。作为美国国会对华最“鹰派”议员之一，他认为中国在军事、经济和科技等方面对美国构成重大威胁，主张对中国采取全面遏制策略。

经济上，沃尔茨主张通过经济制裁来打击中国，限制中国在全球市场的资本流动和技术获取，提倡减少对中国供应链的依赖，促进美国本土制造业复兴，通过减税、削减不必要的监管等增强美国的经济竞争力。

军事上，沃尔茨尤其强调美国建军强兵事业，主张增加国防预算，推动军事现代化，特别是在网络战、太空领域的创新，倡导强化印太地区的军事部署与盟友的合作，形成对抗中国的国际“反华联盟”。

国内议题上，沃尔兹致力于改善退伍军人的福利、医疗和就业支持；关注气候变化的实际影响，特别是对佛罗里达州海岸线和水资源的威胁，推动在保护生态与经济发展之间找到平衡；强调能源独立的重要性，支持发展多元能源政策，包括传统能源和可再生能源，以增强美国的能源安全和经济韧性。

财政部长

斯科特·贝森特
(Scott Bessent)

基本情况

贝森特出生于 1962 年 8 月，是美国著名的投资家和对冲基金经理，以其在全球宏观投资领域的卓越表现和战略远见而闻名。他于 1984 年获得耶鲁大学政治学文学学士学位。贝森特一直是特朗普的重要筹款人和捐赠者，与特朗普家族相识数十年。除此之外，贝森特与万斯也是朋友，他是华尔街少数几个主张特朗普选择万斯作为竞选伙伴的人之一。

履职经历

1991 年，贝森特加入索罗斯基金管理公司。他作为团队的核心成员，通过对英镑崩盘的押注，为公司赚取了超过 10 亿美元的收益。

2000 年，贝森特离开索罗斯基金后创立了一家规模达 10 亿美元的对冲基金，但于 2005 年关闭。

2011 年至 2015 年间，贝森特重返索罗斯基金公司并担任首席投资官。期间，他于 2013 年成功押注日元走软而再次证明了他对全球市场的敏锐洞察力。

2015 年，贝森特再次离开索罗斯基金公司，创办了对冲基金 Key Square，通过地缘政治和经济学进行宏观投资。

2016 年，贝森特向特朗普 2017 年总统就职委员会捐赠了 100 万美元。

2023 年和 2024 年，贝森特又向特朗普 2024 年竞选捐赠了超过 100 万美元。

2024 年 11 月 22 日，特朗普提名贝森特担任美国财政部长。

政治主张

作为“华尔街最聪明的人之一”，贝森特的经济政策旨在巩固美国“作为世界领先经济体、创新创业中心和基本目的地的地位，同时始终确保美元作为世界储备货币的地位”。

贝森特支持减税和放松监管，从而刺激更多的银行贷款和能源生产，主张控制美国财政开支，削减赤字，缓和通胀压力。

关税方面，贝森特对关税持中性态度，支持特朗普对所有进口的商品加征关税，但认为这一步是与贸易伙伴谈判中“最极端的”威胁，在谈判中会有所降级，因此建议“逐步分层实施”关税政策。

货币政策和汇率方面，贝森特支持调整美国货币政策，但并未支持推动美元贬值的战略，支持传统财政部观点，强调美元作为全球储备货币的重要性。

国防部长

皮特·海格塞斯
(Pete Hegseth)

基本情况

海格赛斯出生于 1980 年 6 月 6 日，是家喻户晓的美国福克斯新闻节目主持人。2003 年毕业于普林斯顿大学，后来于 2013 年获得哈佛大学肯尼迪学院公共政策研究硕士学位。海格赛斯曾在美国陆军国民警卫队服役，2004 年他曾被派往关塔那摩湾，在行动中获得陆军嘉奖勋章。2012 年，他以上尉身份重返现役，自愿申请前往阿富汗喀布尔，因其出色表现获得多项荣誉。海格赛斯是坚定的共和党支持者，曾撰写过许多著作阐述他的保守派思想，其中《对战士的战争：背叛让我们自由的人的背后》引起特朗普关注，并登上《纽约时报》畅销书排行榜。

履职经历

从伊拉克归来后，海格赛斯曾在曼哈顿政策研究所短暂工作，此后他在 2007 年前往退伍军人基金会担任执行董事，推动支持美国退伍军人事务的政策。

2012 年，海格赛斯成立了政治行动委员会 MN PAC。

2013 年至 2016 年，海格赛斯担任关怀退伍军人基金会的执行董事。

2014 年，海格赛斯加入福克斯新闻担任撰稿人。

2018 年，海格赛斯担任福克斯新闻热门节目《福克斯与朋友们周末版》，以关注国家安全、退伍军人事务和保守主义议题闻名，并多次为特朗普辩护。

2024 年 11 月 12 日，特朗普提名海格赛斯为美国国防部长。

政治主张

由于海格赛斯缺乏高级军事经验，因此美国许多资深军官质疑其是否有资格胜任国防部长这一核心职位，但特朗普称赞他是“美国优先的忠实信徒”。

海格赛斯主张结束美国军队近年来的文化转型，认为美国军队被“觉醒文化”所影响，削弱了士兵实战能力和部队的凝聚力，因此他主张恢复传统军事价值观，重新聚焦于荣誉、责任、纪律和爱国主义，同时简化军事管理结构，将更多资源投入一线部队。

此外，海格赛斯主张国防预算优先用于增强军事战斗力，包括投资先进武器系统、战斗训练和技术开发，推动美军装备现代化，以确保美军在未来战争中保持领先优势。

海哥赛斯公开评论中国军事外交观点较少，但他曾表示中国在不断建设一只致力于击败美国的军队，认为中国海军规模已超美国海军，对美国家安全造成威胁。

司法部长

帕姆·邦迪
(Pam Bondi)

基本情况

邦迪 1965 年 11 月出生于佛罗里达州，是美国知名律师和政治人物。1987 年，她毕业于佛罗里达大学，获得刑事司法学士学位，随后她进入斯泰森法学院继续深造，并于 1990 年获得法学博士学位。邦迪以强硬执法和保守政策闻名，是特朗普的长期政治盟友，2016 年便公开支持特朗普竞选总统，积极为特朗普发声，无论是以个人名义，还是公职身份。

履职经历

在进入政界之前，邦迪长期在佛罗里达州希尔斯堡县担任助理州检察官，积累了丰富的司法经验，并在多项重大案件中发挥了重要作用。

2010 年，邦迪竞选成为佛罗里达州总检察长，成为该州第一位女总检察长，在 2014 年成功连任。

2019 年，邦迪结束佛罗里达州总检察长任期后，接受了共和党游说公司 Ballard Partners 公司的雇佣，担任企业监管合规事务，同时她还在保守派智库美国优先政策研究所担任重要职位，这两家公司与特朗普都有密切联系。

2020 年，邦迪成为特朗普第一任期弹劾案辩护律师团队中的一员，以“攻击弹劾程序中的法律漏洞”为主要职责，称弹劾案为“闹剧”，此后在特朗普试图推翻 2020 年选举结果的过程中也发挥了主导作用。

2024 年 11 月 21 日，特朗普提名邦迪出任美国司法部长，取代退出司法部长提名的马特 · 盖茨。

政治主张

邦迪对司法部持有强硬态度，认为司法部被党派化，主张对司法部内不良检察官和调查员进行审查，重塑司法部的职责，专注打击犯罪，让美国再次安全。

其次，邦迪公开反对奥巴马医改，在 2018 年她代表佛罗里达州与其他 26 个州一起提起诉讼，认为《平价医疗法案》的个人强制条款违反了美国宪法，试图推翻强制购买健康保险的条款。同时，她主张打击阿片类药物滥用，积极阻止非法销售行为，并推广成瘾治疗和恢复项目。

此外，邦迪反对联邦政府的过度干预，主张将更多权力交还给各州。针对移民问题，她支持严格的边境控制，反对非法移民在州内享受福利政策。

最后，邦迪支持生命权，反对堕胎，并赞成对堕胎诊所的监管，同时强调传统观念，反对同性婚姻合法化等。

内政部长

道格·伯古姆
(Doug Burgum)

基本情况

伯古姆出生于 1956 年 8 月，是美国知名的企业家、慈善家和政治家。他曾就读于北达科他州州立大学，随后获得斯坦福大学商学院的工商管理硕士学位，为他的商业生涯奠定了基础。伯古姆的净资产超过 11 亿美元，是美国最富有的政治家之一。

履职经历

获得工商管理硕士后，伯古姆成为麦肯锡公司的管理顾问。

1983 年，伯古姆投资创建了大平原软件公司，成为该公司行销副总裁。

2001 年，伯古姆以 11 亿美元的股票将大平原软件公司出售给微软，此后他被任命为微软商业解决方案集团的高级副总裁，负责优先考虑开发企业级软件。

2008 年，伯古姆与他人共同创立创投公司 Arthur

Ventures，投资技术、生命科学和清洁技术领域的企业。同时，他还创立了 Kilbourne Group，一家专注于城市发展与振兴的投资公司，致力于改善北达科他州的城市基础建设。

2016 年，伯古姆以共和党身份成功当选北达科他州州长，并于 2020 年连任。

2023 年，伯古姆宣布参选 2024 年共和党总统候选人提名，随后退出竞选，并转而支持特朗普。

2024 年 11 月 14 日，特朗普提名伯古姆为美国内政部长。

政治主张

伯古姆主张推动经济多样化，减少对传统产业的依赖，特别是支持能源产业的发展。一方面伯古姆主张平衡化石燃料与清洁能源技术，尤其关注碳捕获和存储（CCS）技术，以实现能源独立和环境保护的双重目标；另一方面他强烈反对过度依赖外国能源资源，认为美国应该充分利用本土资源（如传统化石燃料）和技术实现自主。

此外，在经济领域，伯古姆提倡通过放松监管和降低税负来促进经济发展，强调税收政策应支持中小企业和创新型企业的成长。

针对国家安全，伯古姆支持强化美国边境控制措施，利用现代技术（如人工智能）加强对非法入境的防控。同时，他主张增加国防预算，用于武器装备现代化，并支持对美国外部威胁持强硬态度。

农业部长

布鲁克·罗林斯
(Brooke Rollins)

基本情况

罗林斯出生于 1972 年 4 月，是一名美国律师、政策专家和保守派智库领袖。本科毕业于德克萨斯农工业大学，主修农业发展学，后获得德州大学的法学博士学位。罗林斯是特朗普忠诚的支持者，在特朗普首任政府中担任过重要职务，曾积极推动多项农业改革措施。

履职经历

罗林斯最初在德克萨斯州的法律领域工作。

2003 到 2018 年期间，罗林斯担任德克萨斯公共政策基金会的总裁兼首席执行官，期间以其在刑事司法改革、教育自由等领域的保守主张闻名，成为全国保守智库的知名领袖。

2018 年，罗林斯加入白宫，担任白宫国内政策委员会主任。

2021 年，罗林斯与一些亲特朗普人士共同创立了美国优先政策研究所，担任主席和首席执行官。

政治主张

罗林斯一直以支持农民、捍卫美国粮食自给以及恢复农业小城镇活力为己任，这些主张与特朗普政府强调的“美国优先”理念不谋而合。

罗林斯倡导减少政府对农业市场的干预，支持简化土地、用水、环境管理等方面的法规，提高农业经营的灵活性。同时，罗林斯主张自由市场经济，反对长期依赖农业补贴，认为竞争驱动的自由市场可以更好地优化资源分配，并支持农业领域技术进步，包括精准农业、无人机技术等，从而提高农产品产量。

同时，罗林斯主张重谈双边和多边贸易协定，以更好地保护美国农业免受不公平的国际竞争，巩固美国在全球农业市场的主导地位。

商务部长

霍华德·卢特尼克
(Howard Lutnick)

基本情况

卢特尼克于 1961 年 7 月出生在美国纽约长岛，拥有贸易和房地产背景，是美国亿万富翁之一，个人财富至少达到 22 亿美元。他就读于哈弗福德学院，以经济学学士学位毕业，此后作为该学院的重要捐赠者。他以“911”事件中的悲惨经历闻名美国，其公司 Cantor Fitzgerald 总部在 2001 年 9 月 11 日遭受重击，办公室内 658 名员工全部遇难，包括他的弟弟盖瑞·卢特尼克。尽管如此，他带领重建公司，并承诺在五年内将公司利润的 25% 分配给遇难者家属。这段经历以及他在金融领域的丰富经验，使他成为执行特朗普经济政策的重要人选。

履职经历

1983 年，卢特尼克加入金融服务巨头 Cantor Fitzgerald，从基层做起。

1991 年，卢特尼克接任 Cantor Fitzgerald 的首席执行官，推动公司从传统经济业务向技术驱动型金融服务转型，更深入地涉足债券、掉期等各个领域，并于 1996 年成为公司董事长。

1999 年，卢特尼克决定将 Cantor Fitzgerald 的电子交易子公司 eSpeed 上市。此后，他同时担任经纪与金融科技公司 BGC 集团和商业房地产服务提供商 Newmark 集团的董事长。

2024 年 11 月 19 日，特朗普宣布提名卢特尼克担任美国商务部长。

政治主张

卢特尼克并未直接参与政界事务，不是一个公开活跃的政治人物，但从他过往的言论和行为可以了解他的主要政治主张。

卢特尼克的贸易战略以征收高额关税为基础，提出对进口商品大幅度征税，特别是针对中国进口商品。同时，他主张降低企业运营成本和提供税收优惠来刺激中小企业的创新，减少政府干预，支持市场自由化。

卢特尼克是加密货币的狂热推崇者，他自身持有大量与美元挂钩的稳定币 Tether，管理着大量与 Tether 相关的金融资产。他认为加密货币和区块链技术对金融市场有着巨大潜力，提倡加密货币（如比特币）如黄金一样在世界各地自由交易，这与特朗普推动美国成为“加密货币之都”的想法不谋而合，预示着未来四年内美国可能放松对加密货币的监管，吸引全球投资者的兴起，从而强化美元在数字金融中的中心地位。

劳工部长

洛丽·查韦斯 - 德雷莫
(Lori Chavez-DeRemer)

基本情况

查韦斯 - 德雷莫出生于 1968 年 4 月，在加利福尼亚州汉福德的一个墨西哥裔美国家庭中长大。她就读于加州州立大学弗雷斯诺分校，获得商业管理学位。作为来自摇摆选区的温和派共和党人，查韦斯 - 德雷莫虽然不是美国劳工政界的主要人物，但她是为数不多的共同发起保护组织权（PRO）法案的的众议院共和党人之一，该法案旨在赋予工人更多组织权力。

履职经历

在进入政界之前，查韦斯 - 德雷莫有着丰富的商业和公共服务经验。她曾在多个行业中担任管理职务，特别是在营销和公共关系领域。

2004 年，查韦斯 - 德雷莫成为哈皮瓦利市议员。

2010 年，查韦斯 - 德雷莫当选哈皮瓦利市市长，并于 2014 年连任，直至 2018 年卸任。她是该州第一位女性和拉丁裔市长。

2016 年，查韦斯 - 德雷莫以共和党身份参加俄勒冈州参议员选举。

2022 年，查韦斯 - 德雷莫被选为代表俄勒冈州第五国会选区的美国众议院议员，成为该州第一位共和党女性国会议员，也是该州首批拉丁裔女性国会议员之一。

2024 年 11 月 22 日，特朗普宣布提名查韦斯 - 德雷莫为美国劳工部长。

政治主张

查韦斯 - 德雷莫的政治主张代表了共和党保守派的典型观点，主要集中在经济、移民、教育等领域。

经济上，查韦斯 - 德雷莫支持通过减税来刺激经济增长，特别是减轻中产阶级和小企业的税负，减少政府干预和监管，从而鼓励企业投资和创造更多就业机会。

移民问题上，查韦斯 - 德雷莫反对“开放边境”政策，强调对移民问题采取强硬立场，她曾参与提出《尊严法案》，旨在阻止非法移民，加强边境安全，如增强物理障碍、使用现代技术等。同时，她支持对现有移民政策进行改革，特别是通过提供更严格的筛查机制，确保合法移民符合美国的安全和经济利益。

教育上，查韦斯 - 德雷莫反对拆除教育部和学校代金券制度，这表明她不支持将教育经费从公立学校转移到私立学校的做法，同时她还反对削减教育经费以及支持学生、公立学校相关的立法。

卫生与公众服务部长

小罗伯特·肯尼迪
(Robert F. Kennedy Jr.)

基本情况

小肯尼迪于 1954 年 1 月出生于华盛顿特区，是美国电台节目主播、政治活动家和环境法律师。他出身于著名肯尼迪政治家族，其伯父约翰·F·肯尼迪（JFK）是美国第 35 任总统，其父亲罗伯特·肯尼迪是美国前司法部长。民主党政治家庭出身的小肯尼迪先后获得伦敦经济学院和哈佛大学美国历史和文学学士学位、弗吉尼亚大学博士学位、佩斯大学环境法硕士学位。小肯尼迪公开支持特朗普后，被肯尼迪家族怒批为背叛者，以常年宣传反疫苗和与公共卫生相关的阴谋论闻名。

履职经历

1985 年，小肯尼迪通过律师资格考试后，被聘为 Riverkeeper 的首席律师。

1998 年，小肯尼迪创立瓶装水公司 Tear of the Clouds LLC.。

1999 年，小肯尼迪帮助创立全球性的环保组织 Waterkeeper Alliance，致力于保护清洁水源。

2010 年 5 月，他被《时代》杂志评为“地球英雄”，以表彰他在 Riverkeeper 的工作，帮助恢复哈德逊河。

2018 年，小肯尼迪开始致力于疫苗安全问题。

2023 年 4 月，小肯尼迪准备以民主党人身份竞选总统；10 月，他宣布退出民主党总统初选，以独立候选人身份竞选总统。

2024 年 8 月，小肯尼迪宣布退出 2024 年美国总统选举，转而支持特朗普。

2024 年 11 月 14 日，特朗普宣布提名小肯尼迪为美国卫生与公众服务部长。

政治主张

小肯尼迪是环境保护的坚定提倡者，致力于采取具体措施应对气候变化、推广可再生能源和保护生物多样性。

医药上，小肯尼迪是“反疫苗先锋”，长期质疑疫苗的安全性，尤其是儿童疫苗接种，主张加强对疫苗相关医药公司和公共卫生机构的监督。此外，他主张打击政府卫生机构内部的腐败现象，反对医药行业的垄断，倡导降低药品价格和扩大医疗服务的可及性，主张大幅度削减包括疫苗在内的医疗费用。

经济上，小肯尼迪主张复苏美国中产阶级，反对财富过度集中，同时他支持通过减少政府干预，促进中小企业发展，推动制造业回流，减少对海外供应链的依赖。

外交上，他反对美国的军事干涉和霸权主义，主张放弃冷战思维并将中心放在美国国内事务。

住房和城市发展部长

斯科特·特纳
(Scott Turner)

基本情况

特纳出生于 1972 年 2 月，是美国前职业美式足球球员。特纳在高中时已经开始玩美式足球，进入伊利诺大学奥班纳 - 香槟分校后，担任校队首发角位并获得了演讲传播学学位。他于 1995 年宣布参加国家美式橄榄球联盟 (NFL)，之后凭借优异表现，成功入选名人堂。

履职经历

在 NFL 休赛期，特纳曾担任国会议员邓肯 · 亨特的实习生。退出美式足球界后，他接受了国会议员办公室的全职工作。

2012 年，特纳成功当选新成立的德萨斯州众议院第 33 选区议员。

2019 年，特朗普任命特纳为根据第 13853 号行政命令设立的白宫机会与振兴委员会执行董事。

2024 年 11 月 22 日，特朗普提名特纳为美国住房和城市发展部长。

政治主张

特纳主张通过增加经济适用房来应对日益严重的住房危机，同时借鉴他在“机会区”（即需要特别关注和支持的贫困地区）项目中的经验，促进政府、非营利组织和私人开发商之间的合作，吸引投资者到经济落后社区，以创造可持续的住房解决方案，改善居民生活条件。同时，特纳致力于提高住房可负担性，减少无家可归问题，确保住房机会公平。

此外，特纳支持自由市场经济，主张减少政府干预，限制政府规模，强调小企业在社区经济中的核心地位，通过政策和融资支持，帮助小企业成长。

政府效率部长

埃隆·马斯克

(Elon Musk)

基本情况

马斯克出生于1971年6月28日，是一位极具影响力的美国、南非、加拿大三重国籍企业家、工程师、投资人以及亿万富翁。他本科毕业于宾夕法尼亚大学经济学和物理学双专业，从小就对科学技术十分痴迷，10岁开始学习编程，13岁开发出一款游戏并因此赚到人生第一桶金。作为21世纪最著名的企业家和商业领袖之一，马斯克对科技、太空探索以及解决人类面临的重大挑战产生了巨大影响，曾多次入选《时代周刊》全球最具影响力人物。2024年12月，马斯克成为身家达到4000亿美元的第一人。

履职经历

1995年，马斯克创办了Zip2公司。

1999年，马斯克投资1000万美元创办了一家在线金融服务和电子邮件支付业务公司X.com。一年后，该公司与

Confinity 公司合并，并将新公司更名为 PayPal，并于 2002 年被 eBay 以 15 亿美元全资收购。

2002 年，马斯克成立了第三家公司 SpaceX，兼任 CEO 和 CTO，致力于降低探索太空成本并最终实现火星移民。

2004 年，马斯克向特斯拉投资 630 万美元，成为该公司董事长，将该公司打造为世界知名的纯电动汽车独立制造商。

2006 年，马斯克创建 SolarCity，旨在为美国人民提供太阳能发电。

2012 年后，马斯克开始投资人工智能，先后投资 DeepMind、OpenAI、Neuralink 等公司。

2022 年，马斯克收购 Twitter 并改名 X。

2024 年，特朗普中枪后，马斯克为其站台，以超过 1 亿美元的捐款成为特朗普 2024 年总统竞选"头号功臣"。同年 11 月 12 日，特朗普宣布马斯克为政府效率部长。

政治主张

马斯克认为政府部门官僚主义导致效率低下，主张精简政府机构，削减多余的监管法规和浪费开支，倡导引入最新技术（如大数据技术）来提升政府效率，提高政府透明度来增加公众信任。

其次，他大力支持科技创新和进步，推动可再生能源和太空探索。同时，他支持自由市场经济，主张减少政府干预，提倡对企业减税，促进企业发展。

此外，他提倡个人自由，认为个人应该拥有更大的选择权和自由，支持加强言论自由和隐私保护，尤其是在社交媒体和科技平台上的自由。

政府效率部长

维维克·拉马斯瓦米
(Vivek Ramaswamy)

基本情况

拉马斯瓦米出生于 1985 年 8 月，是一位印度裔美国企业家、作家和政治人物。2007 年，他以优异的成绩毕业于哈佛大学生物学专业，随后前往耶鲁大学深造，获得法律学硕士学位。拉马斯瓦米以其在医疗创新和技术领域的贡献而知名，并在多个药物开发项目中发挥了重要作用。他还是《纽约时报》的畅销书作家，撰写了多本关于美国文化和政治的书籍，并在公共讨论中积极发声。

履职经历

拉马斯瓦米曾是 QVT Financial LP 的投资分析师，之后成为对冲基金 QVT Financial 的合伙人，管理旗下生物技术投资组合。

2014 年，拉马斯瓦米创立了生物技术公司 Roivant Sciences，该公司专注于将技术应用于药物开发，并领导了

2015 年和 2016 年最大的生物技术 IPO。

2022 年，拉马斯瓦米创立了 Strive Asset Management LLC，并担任执行主席。

2023 年 2 月，拉马斯瓦米宣布以共和党人身份参加 2024 年美国总统选举。

2024 年 1 月，拉马斯瓦米宣布退选，并称将“全力支持”特朗普参选。

2024 年 11 月 12 日，特朗普宣布拉马斯瓦米与马斯克共同领导政府效率部。

政治主张

与马斯克相同，拉马斯瓦米表明现有政治体系已被“腐败的精英”所操控，主张简化联邦政府，进行大规模裁员，甚至将某些部门直接撤销，大幅削减政府开支，提高政府绩效。

经济上，拉马斯瓦米倡导恢复美国的经济主导地位，主张通过减税来刺激投资，减少政府干预，以此促进经济增长。

医疗上，拉马斯瓦米主张改革美国现有医疗体系，强调通过自由市场来提高医疗服务的质量和可及性，同时他支持通过创新和技术来推动医疗发展，包括支持基因治疗等生物技术的应用。

对华政策上，他强调中美必须避免“热战”，不能因为局部冲突或矛盾升级成世界大战。

美国驻华大使

戴维·珀杜
(David Perdue)

基本情况

珀杜于 1949 年 12 月出生在佐治亚州，被认为是“国会最富有的议员之一”，也是“任职期间在股市最活跃的人之一”。他在乔治亚理工学院获得工业工程和运筹学学士学位。从政之前，他有漫长的商业生涯，与许多亚洲公司有着贸易往来和商业合作，曾在新加坡和中国香港居住多年，其丰富的亚洲工作背景是特朗普选择他为驻华大使的重要原因。

履职历史

珀杜的职业生涯始于国际咨询公司 Kurt Salmon Associates，担任管理顾问 12 年。

此后，他前往新加坡和中国香港，并在多家大型公司担任高管，包括达乐公司和锐步公司的 CEO，以及莎莉公司的高管，从事公司管理和国际商贸长达 40 年。

2014 年，珀杜作为共和党人当选佐治亚州联邦参议员，并在 2015 年至 2021 年担任该职。

2019 年 9 月，珀杜与美国国会参议院“美中工作小组”共同主席、参议员戴恩斯一同访问中国。

2020 年，珀杜竞选连任参议员，在决选中败给民主党挑战者。

2022 年，珀杜竞选佐治亚州的州长，但在共和党初选中失利。

2024 年 12 月 5 日，特朗普提名珀杜为美国新任驻华大使。

政治主张

尽管珀杜职业生涯的绝大部分时光扎根于亚洲，尤其是中国，对中国文化和当地商业环境有深入了解，但他对中国持强硬立场。他认为美国正处于“决定世界是否会保持自由”的战争之中，而中国从经济竞争对手转变为一个具侵略性的对手，强调中国不是美国的“政治问题”而是“生存问题”。

因此，珀杜支持对中国的全面遏制，呼吁美国采取更强硬的态度，包括联合盟友建立统一战线，限制对中国的技术和资本流动，加强国内制造业和科技研发能力等。

此外，珀杜十分重视台湾事务，并在 2018 年 6 月以参议院委员会成员的身份访问台湾，与时任台湾地区领导人蔡英文就区域安全、两岸局势等议题交换看法。

国土安全部长

克里斯蒂·诺姆
(Kristi Noem)

基本情况

诺姆于 1971 年 11 月 30 日出生在南达科他州的沃特敦，是美国政治家。她最初就读于北方州立大学，后转学到南达科他州立大学，并在 2012 年获得了政治学学士学位。诺姆坚定不移的保守立场以及她对特朗普的公开支持帮助她获得了全国关注。

履职经历

2007 年至 2010 年，诺姆当选南达科他州众议院议员，期间曾担任过多数党领袖助理，并在国务委员会和税务委员会任职。

2019 年 1 月，诺姆就任南达科他州第 33 任州长，成为南达科他州历史上首位担任这一职务的女性。

2011 年，诺姆成为众议院共和党领导层的第二位女性成员。她还加入了共和党研究委员会，并被列为区域主任之一。在担任美国众议院议员期间，她在自然资源委员会、教育和劳动力委员会、农业委员会、武装部队委员会和筹款委员会工作。

她还是国会水泥核心小组、国会艺术核心小组、课后核心小组和国会西部核心小组的成员。

在 2024 年总统选举中，诺姆曾是特朗普副总统候选人，她的书《没有回头路：政治错误的真相以及我们如何推动美国前进》确认了和特朗普统一立场，以及不做政治竞争对手。

2024 年 11 月 12 日，特朗普宣布提名诺姆担任美国国土安全部部长。

政治主张

关于边境安全和移民政策，诺姆作为南达科他州长，曾采取多项反移民措施，她支持强硬的边境控制政策，并曾派遣国民警卫队前往得克萨斯州协助打击边境危机。

经济上，诺姆一直坚定地主张减税和政府干预最小化，旨在营造一个有利于企业的环境。同时，她关注农业问题，支持农业创新以抵御外资对美国农田的控制。

环保问题上，诺姆是明确的“反环保”、“反动保”人士。她对气候变化持有怀疑态度，甚至加入了反对联邦气候政策的法律挑战。

在文化上，诺姆支持强化州对教育的控制，反对“关键种族理论”在学校的传播，并推动保护女性体育的法案，禁止跨性别女性参加女子体育项目。此外，她是坚定的反堕胎政策支持者，主张加强对堕胎的限制。

对华政策上，诺姆曾扬言“中国有一个持续了两千年的计划来摧毁美国”，她主张对中国持有强硬立场，但应避免冲突升级。

白宫管理和预算办公室主任

罗素·沃特
(Russell Vought)

基本情况

沃特于 1976 年 3 月 26 日出生在华盛顿特区，在弗吉尼亚州长大。他生长在一个政治活跃的家庭，从小就对政府和公共政策产生了浓厚的兴趣。沃特曾就读于伊利诺伊州的基督教文理学院惠顿学院，在那里他获得了政治学学士学位，随后进入乔治华盛顿大学法学院攻读法律博士学位。他对特朗普的事业极为忠诚，具有丰富的政策制定和执行经验，是臭名昭著的“2025 计划”的设计师之一。

履职经历

沃特在毕业后为著名的保守派智库 Heritage Foundation 工作，专注于财政政策和政府支出。

2017 年，沃特加入特朗普政府，被任命为管理和预算办公室副主任。

2019 年，沃特与其他八名政府官员因身陷通乌丑闻，被国会发出传票。

2020 年，沃特被提升为管理和预算办公室主任，直到特朗普任期结束。

2021 年，沃特成立“美国复兴中心”及附属的问题倡导团体“美国复兴行动”，在特朗普离开白宫后继续为他的政治活动提供意识形态弹药。

2024 年 11 月 22 日，特朗普提名沃特为白宫管理和预算办公室主任。

政治主张

经济上，沃特主张削减政府支出和推动国内减税，在 10 年内削减 11.3 万亿美元的政府支出，并削减约 2 万亿美元的所得税。沃特支持增加边境支出和减少对外援助。

对于行政机构，沃特支持行政部门的控制权完全掌握在总统手中，他认为公务员应忠于总统而非其工作机构，并主张扩大总统权力。他质疑包括美联储在内的联邦机构的独立性是否符合宪法，并主张消除联邦通信委员会和证券交易委员会等监管机构的独立性。同时，沃特主张削减部门预算，包括削减农业部的食品援助支出、卫生与公众服务部的医疗补助和医疗保险资金，以及住房和城市发展部和教育部的预算。

宗教上，沃特认为“基督教民族主义”对于其执政愿景至关重要。

对华政策上，从“2025 计划”中可看出沃特对华持强硬立场，主张减少美国在供应链和关键产业上对中国的依赖，支持加强 CFIUS 的职能，严格审查中国企业在美国的投资和收购，尤其是涉及敏感技术的领域。

边境和移民局局长

汤姆·霍曼
(Tom Homan)

基本情况

霍曼出生于 1961 年 11 月 28 日，是一位美国前警察、移民官员和政治评论员，曾在奥巴马和特朗普政府期间担任多个重要移民执法职位。毕业于杰弗逊社区学院刑事司法副学士和纽约州立理工学院应用科学学士。霍曼因其对严格移民政策的支持和直接的表达方式，被称为“边境沙皇”。

履职经历

1984 年，霍曼加入移民与归化局，曾担任边境巡逻员、调查员和主管。

2013 年，霍曼被奥巴马任命为美国移民与海关执法局的执行副局长。

2015 年，霍曼因其在移民执法方面的成就获得总统卓越奖，被《华盛顿邮报》评价为“擅长驱逐非法移民”。

2017 年，霍曼被特朗普任命为美国移民与海关执法局代理局长。

2019 年，霍曼成为福克斯新闻评论员及保守派智库传统基金会的成员，并加入了传统基金会的“2025 项目”，支持大规模遣返非法移民的计划。此外，他还在多次公开活动中批评拜登政府的移民政策，称其对国家安全构成威胁。

2024 年 11 月 10 日，特朗普宣布霍曼将出任美国边境和移民局局长，负责全面监管美国的边境安全和移民遣返事务。

政治主张

移民政策方面，霍曼以其强硬的移民政策立场而闻名，他是特朗普政府“零容忍”政策的早期支持者，该政策导致许多非法移民及其子女被强行分离。

边境安全方面，霍曼将边境安全视为美国国家安全的核心，并主张实施严厉的措施来打击非法移民，包括在美国境内设立更多的移民拘留中心和加快移民审查及驱逐程序。

庇护城市政策方面，霍曼反对地方政府的庇护城市政策，并主张地方官员应执行联邦移民法，否则将面临法律后果。

国家安全方面，霍曼认为政府需要优先考虑国家安全威胁，并表示非法移民都应小心，因为“没有人不在讨论范围之内”。

退伍军人事务部长

道格拉斯 · 柯林斯
(Douglas Collins)

基本情况

柯林斯出生于 1966 年 8 月 16 日，是一名退伍军人，他在美国空军预备役指挥部担任军牧，并曾在伊拉克战争中作战。他就读于北乔治亚学院州立大学，1988 年获得政治学和刑法文学学士学位，随后就读于新奥尔良浸信会神学院获得道学硕士学位，此后就读于亚特兰大约翰马歇尔法学院获得法学博士。他是南方浸信会认证的牧师，其当选体现了特朗普新内阁的多样性。

履职经历

2007 年，柯林斯被选为乔治亚州众议院议员，并连任三届。

2012 年，他当选为美国国会众议院议员，代表乔治亚州第九国会选区，直到 2021 年。在国会期间，柯林斯因坚定支持特朗普而在全国范围内声名鹊起，并在国会中升至众议院共和党会议副主席，这是共和党领导层中的第五大职位。

2020 年，柯林斯宣布竞选美国参议员。

2024 年 11 月 14 日，特朗普宣布提名柯林斯为美国退伍军人事务部部长。

政治主张

退伍军人权益方面，柯林斯承诺将削减退伍军人事务部的规章制度，根除腐败。柯林斯认为事务部的医疗系统“已经破裂，我们的退伍军人为此付出代价”，他主张改善退伍军人的医疗保健服务。

文化方面，柯林斯支持限制堕胎的立法，并在国会中因反对堕胎而获得反堕胎组织的高度评价。他曾投票支持失败的堕胎前医学超声检查要求，要求医生为正在堕胎的女性提供免费超声波检查或听胎儿心跳的选择。他还投票支持佐治亚州禁止超过 20 周堕胎的法律，这是美国最严格的早期堕胎禁令之一。

此外，柯林斯反对同性婚姻，并曾主张通过宪法修正案定义婚姻为一男一女之间的关系。

女性权利方面，柯林斯曾于 2013 年抵制《针对妇女的暴力法案》，反对将其扩展到覆盖同性伴侣和无证移民。

环境方面，柯林斯反对全球变暖相关的立法，他签署了一项承诺，投票反对任何与气候变化倡议相关的增税立法。

白宫办公厅主任

苏西·怀尔斯
(Susie Wiles)

基本情况

怀尔斯出生于 1957 年 5 月 14 日，是一位资深的美国政治顾问和共和党战略家。她的父亲是帕特·萨默罗尔，曾是国家橄榄球联盟的踢球手，之后成为知名体育播音员。怀尔斯曾就读于圣天使学院，并从马里兰大学获得英语文学学士学位。她以在多次总统竞选中发挥关键作用而闻名，包括罗纳德·里根 1980 年的竞选，以及特朗普 2016 年、2020 年和 2024 年的竞选活动，同时因其在政治领域的果断和务实作风，被称为“冰雪女王”和“冰宝宝”。

履职经历

1979 年，怀尔斯在杰克·肯普众议员的办公室担任助理。

1980 年，怀尔斯加入罗纳德·里根的总统竞选团队。

20 世纪 90 年代，怀尔斯担任佛罗里达杰克逊维尔市市长的办公厅主任，并为其他共和党领导人如国会女议员蒂莉·福勒和佛罗里达州州长里克·斯科特提供建议。

2011 年，怀尔斯短暂担任乔恩·亨茨曼的总统竞选经理，随后创办了自己的咨询公司。

2016 年，怀尔斯负责特朗普在佛罗里达州的竞选活动，为其在关键摇摆州的胜利做出贡献。

2018 年，怀尔斯协助罗恩·德桑蒂斯竞选佛罗里达州州长并取得胜选。

2021 年，怀尔斯成为特朗普的信任顾问，负责“拯救美国政治行动委员会”。

2024 年 11 月 7 日，特朗普任命怀尔斯为白宫幕僚长，成为首位女性白宫幕僚长。

政治主张

作为幕后功臣，怀尔斯的个人政治主张并未广泛公开。但作为特朗普忠诚的追随者，怀尔斯倾向于支持特朗普的核心政治主张，包括美国优先、加强边境安全、贸易保护主义和限制非法移民等。

能源部长

克里斯·赖特
(Chris Wright)

基本情况

赖特出生于 1965 年 6 月 25 日，是一名美国能源领域的企业家和技术专家。他毕业于麻省理工学院机械工程专业，并在加州大学伯克利分校和麻省理工学院完成了电气工程的研究生学习和工作。他称自己为“致力于通过扩大获取丰富、廉价和可靠能源的途径来改善人类生活的人道主义者”，以支持石油和天然气而声名鹊起，认为化石燃料对于传播繁荣和帮助人们摆脱贫困至关重要，是发起美国页岩革命的先驱之一。

履职经历

1992 年，赖特创立 Pinnacle Technologies，开创水力裂缝测绘行业，在 20 世纪 90 年代后期帮助页岩气商业化生产。

2000 年至 2006 年，他担任页岩气生产商 Stroud Energy 的董事长。

2010 年，赖特创立 Liberty Resources 和 Liberty Midstream

Solutions，担任执行主席至今。

2011 年，赖特创立 Liberty Energy，该公司负责全国 20% 的陆上油井的压裂作业，参与了美国近 10% 的总能源生产。

2024 年 11 月 16 日，特朗普提名赖特为美国能源部部长。

政治主张

石油和天然气开发方面，赖特是石油和天然气开发的坚定支持者，包括水力压裂技术，这是特朗普政府追求美国在全球市场上实现“能源主导”的关键支柱。

能源方面，赖特与内政部长伯古姆一起在新的国家能源委员会中发挥关键作用，该委员会将寻求通过简化管理和增加国内能源生产来建立美国的“能源主导”地位。

此外，赖特曾公开表示不存在气候危机，并且我们也不正处于能源转型之中。

最后，赖特曾表示，没有所谓的清洁能源或肮脏能源，他质疑能源部到 2050 年实现净零碳排放的目标，并认为太阳能和风能等清洁能源几乎不产生碳排放。

教育部长

琳达·麦克马洪
(Linda McMahon)

基本情况

麦克马洪于 1948 年 10 月 4 日出生在美国北卡罗来纳州的新伯尔尼，是美国企业家和政治家。她就读于东卡罗来纳大学，获得了法语学士学位，并拥有教师资格证书。麦克马洪与丈夫文斯·麦克马洪共同创立了世界摔角娱乐公司（WWE）。为支持特朗普，麦克马洪夫妇曾与多名美国摔跤界人物出席了 2024 年的共和党全国代表大会。

履职经历

20 世纪 80 年代，麦克马洪和丈夫共同将 WWE 发展成全球最大的摔跤娱乐公司。她在公司中担任多个职位，包括首席执行官，负责多媒体、授权和商品销售方面的扩张。

1999 年，她帮助 WWE 上市，使该公司成为娱乐行业的主要参与者。帮助 WWE 从一个小型的地方性摔跤公司发展为一个跨国公司，涵盖电视、电影、数字媒体等多个领域。

2009 年，麦克马洪辞去首席执行官一职，专注于她的政治生涯。

2010 年和 2012 年，麦克马洪作为共和党人两次竞选康涅狄格州参议员，均失败。

2017 年，特朗普任命麦克马洪为小企业管理局局长。

2019 年，麦克马洪加入了美国第一行动超级政治行动委员会，支持特朗普的连任竞选。

2024 年 11 月 19 日，特朗普宣布提名麦克马洪为美国教育部部长。

政治主张

麦克马洪的政治主张主要集中于教育领域。她认为教育权利应下放至各州，主张减少联邦政府对学校的监管，并削减联邦教育资金，同时她支持扩大普遍的学校选择权，使所有家庭都能获得传统公立学校以外的教育选择。

此外，麦克马洪呼吁通过扩大特许学校来增加“选择和竞争”，支持职业技术教育，并提倡减少大学文凭对就业的过度依赖，同时主张扩大佩尔助学金的资格，以涵盖那些在传统大学之外参加劳动力培训项目的人。

交通部长

肖恩·达菲
(Sean Duffy)

基本情况

达菲于 1971 年 10 月 3 日出生于威斯康辛州的海沃德，是美国共和党政治人物和福克斯新闻主持人。他就读于明尼苏达州威诺纳的圣玛丽大学，并获得市场营销学士学位，随后他进入明尼苏达州圣保罗的威廉米切尔法学院攻读法学博士学位。他所受的教育为他日后跨越法律、政治和媒体的职业生涯奠定了基础。

履职经历

达菲最初因参加 MTV 真人秀节目《真实世界：波士顿》而成名，并参与了该节目的衍生系列。

他曾是体育评论员，并在 ESPN 担任电视转播比赛的解说员。

2002 年，达菲开始担任威斯康星州阿什兰县的检察官，直到 2010 年。

2011 年至 2019 年，他担任威斯康星州第七国会选区的美国众议院议员。在国会期间，达菲是金融服务委员会的成员，并专注于经济政策、住房和监管改革。

2019 年，达菲选择退出国会，之后加入福克斯新闻担任撰稿人，并与达根 · 麦克道尔共同主持福克斯商业节目《底线》。

2024 年 11 月 18 日，特朗普宣布提名达菲为美国交通部部长。

政治主张

经济上，达菲倡导“小政府”理念，反对过度监管，认为政府对经济的干预应尽量减少，支持减税政策，主张通过减税来激励商业发展。同时，他强调削弱金融监管机构，他认为过度的金融监管会束缚金融行业的发展，限制企业的创新和竞争力。

社会福利上，达菲曾投票支持削减一些社会福利项目，认为这样可以减少政府开支，避免过度依赖福利导致社会惰性。

移民问题上，达菲支持更多的移民限制，包括对一些穆斯林国家公民的入境禁令等，他认为严格的移民政策有助于维护美国的国家安全和社会稳定。

环保政策上，他对环保政策和法规持怀疑态度，认为在推动经济增长和环境保护之间，更倾向于平衡两者关系，避免过度强调环保而牺牲经济利益。

交通政策方面，达菲推动基础设施私有化与市场化，倾向于支持私营部门与公共部门的合作模式，进一步推动基础设施的私有化与市场化改革。

中央情报局局长

约翰·拉特克利夫

(John Ratcliffe)

基本情况

拉特克利夫于 1965 年 10 月 20 日出生于伊利诺伊州芒特普罗斯佩克特，是一名美国共和党籍政客。他于 1987 年获得圣母大学政府与国际研究专业的文学学士学，后于 1989 年在南卫理公会大学法学院获得法学博士学位。拉特克利夫曾解密关于俄罗斯干预 2016 年美国大选的情报。

履职经历

1989 年毕业后，拉特克利夫前往德克萨斯州希斯市从事律师工作。

2004 年，时任美国总统乔治·布什任命拉特克利夫为美国司法部美国得克萨斯东区联邦地区法院反恐和国家安全主管。

2007 年 5 月至 2008 年 4 月，拉特克利夫担任美国得克萨斯州东区代理联邦检察官。

2015 年 1 月至 2020 年 5 月，拉特克利夫担任美国国会众议员，代表得克萨斯州第四选区，期间是众议院情报委员会和司法委员会的成员。

2020 年，拉特克利夫担任美国国家情报总监。同年 2 月，特朗普再次提名他为国家情报总监，5 月获参议院确认，任期至 2021 年 1 月 20 日。

2024 年 11 月 12 日，特朗普宣布任命拉特克利夫为美国中央情报局局长。

政治主张

国家安全与情报领域方面，拉特克利夫重视情报对国家安全的支持，主张在经济决策中优先考虑安全因素，在处理对外关系时，更谨慎对待关键基础设施、敏感技术领域合作。

移民政策方面，拉特克利夫支持对非法移民采取严格的管控措施，曾在其官方的众议院代表传记中夸大自己在移民执法方面的成绩。

对华政策方面，拉特克利夫是一位著名的对华“鹰派”，认为中国在多个领域，包括网络攻击、间谍活动、经济竞争和军事扩张方面，都对美国利益和自由世界构成了直接威胁。他曾公开表示，中国正通过间谍活动和技术盗窃等手段，试图窃取美国的商业机密和技术，以增强其经济和军事能力。他支持高度关注中国在网络攻击和间谍活动方面的行动。

国家情报总监

塔尔西·加巴德
(Tulsi Gabbard)

基本情况

加巴德于 1981 年 4 月 12 日出生在美属萨摩亚，是一位具有多元文化背景和丰富政治及军事经历的美国政治人物。她有波利尼西亚、亚洲和欧洲混合血统，成长于夏威夷，父亲曾是夏威夷州的州议员。受她父亲对印度教崇拜的影响，加巴德从小就成为印度教信徒，喜欢武术、瑜伽和冲浪。她是美国国会中的少数几位女性退役军人之一，至今，加巴德仍是美国陆军现役中校。她曾效忠于民主党，加入共和党后成为特朗普亲密盟友。

履职经历

2003 年，加巴德加入夏威夷陆军国民警卫队。

2004 年至 2005 年，加巴德在伊拉克服役，担任医疗单位的专业人员。

2008 年至 2009 年，加巴德在科威特服役。

2012 年，加巴德以夏威夷州民主党人身份成为首名印度教徒众议员。

2019 年，加巴德宣布参加 2020 年美国总统选举，但在同年 3 月退出竞选，转而支持乔 · 拜登。

2022 年，加巴德离开民主党，成为一名独立人士。

2024 年，加巴德在北卡罗来纳州的特朗普集会上宣布加入共和党，并全力支持特朗普。

2024 年 11 月 13 日，特朗普提名加巴德为国家情报总监。

政治主张

加巴德最为知名的政治主张之一是强烈反对美国的无休止军事干预和“政权更迭”政策。她认为美国在中东和其他地区的军事干预不仅没有带来和平，反而加剧了冲突和不稳定。因此，她主张减少军事干预，提倡通过外交途径解决冲突。

同时，作为一名退役军人，她致力于为退伍军人提供更好的福利，强调退伍军人在医疗、教育和心理健康等方面的需求。

此外，加巴德支持“全民医保”计划，提倡为每个美国人提供普遍的医疗保障，主张简化医疗系统，降低药品价格，推动提高医疗保健的可及性。

对华政策上，加巴德强调避免与中国的冲突升级，认为美中两国应该通过谈判解决经济和地缘政治上的矛盾。

特朗普的“变”与“不变”
—— 从“特朗普现象”到“特朗普交易”

王锦侠　李若曦　苏博洋 *

前总统特朗普强势归来，从最激烈的美国大选中胜出，不仅横扫所有“战场州”，成为美国史上第二位竞选连任失败后再度当选的总统，还带领共和党在国会“一统两院”，特朗普在国会和政府受到的制衡将较为有限。12 月 17 日，美国当选总统特朗普已在各州的选举人团会议中获得足够的选举人票，正式获得总统职位。

回看特朗普转商从政以来的动作，诸多政治理念和政策都对美国政坛产生了深远影响。特朗普经历法庭受审、遭遇刺杀等几番大起大落后，再次正式获得总统职位，并诞生出“特朗普政治现象”，与美国民主制度的内在矛盾和特朗普作为商人政治家的内在基因不无关系。

特朗普作为商人政治家的众多标签中最突出的是“不羁善变”，展现了打破传统、不按常理出牌的特点，但这并不意味着他是极端非理性，毫无战略和策略方略。实际上，他又展现“商人交易思维”，在很多政策偏好上体现出恒定不变的特点。

* 王锦侠，原深圳市前海管理局副局长；李若曦，深圳市前海创新研究院副秘书长；苏博洋，深圳市前海创新研究院副研究员。

一、什么是“特朗普现象”?

美国总统大多出身于政界和军界，特朗普一个无任何从政经验或者服役经历的“商人”横空出世，不仅击败共和党众多政治精英提名者，更于 2016 年 11 月 9 日击败民主党候选人希拉里 · 克林顿，问鼎白宫。这一反美国政治常态的现象被称为“特朗普现象”，而这个现象及其对美国甚至世界已产生或可能产生的影响被称为“特朗普效应”。

国内外诸多学者和美国观察家以多维的角度对“特朗普现象”进行分析，普遍认同“特朗普现象”并非美国政治中的一段“插曲”，而是一种趋势，凸显出美国政治生态正在发生的变化。英国《经济学人》10 月封面文章认为，无论 2024 年美国大选结果如何，特朗普式的政策都已获胜，特朗普印记已经深深嵌入美国社会、文化及媒体等各领域。[1]11 月 6 日，特朗普“梅开二度”当选美国第 47 任总统，印证了“特朗普现象”从美国政治“反常现象”到“新常态”的转变，未来四年甚至更长一段时间里美国将进一步“特朗普化”。

“特朗普现象”的产生并不能简单地归因于特朗普自身鲜明的个性，这一现象折射出美国社会各个方面的分裂。**一是党派分裂。**美国是典型的两党制国家，共和党和民主党长期轮流执政。在很长一段时间里，为了赢得选举，两党意识形态和政策主张都趋向中

1　察哈尔学会高级研究员，中国社会科学院西亚非洲研究所研究员贺文萍在参加中美聚焦对中美关系的关键议题进行采访调查时表示。https://www.igcu.pku.edu.cn/info/1026/6936.htm，访问时间 2024 年 12 月 18 日。

间化，以争取更多选民的支持。但近年来，民主党和共和党的政治极化越来越明显，即前者变得更左而后者变得更右，两党之间在税收、移民、预算等方面的分歧持续扩大，而两党之间的中间重合地带，随着极化现象变得愈发狭窄，甚至已不复存在。可以说，两党之间的政治斗争已然成为“零和博弈”。二**是精英与民众的分裂**。在西方政治用语中，精英（elite）和民众（people）是一对相互依存的概念，后者是前者合法性的唯一来源。精英群体作为民众的代言人，理应为以民众的利益为先，却对政治、经济等资源进行垄断，操纵政治政策，建立起以维护自身阶级利益为主的权力运行制度，站在了民众的对立面。此外，政治精英和资本拥有者从全球化中获得巨大利益，而底层民众却沦为“输家”，生活水平下降，收入减少，两个阶层之间的贫富分化持续恶化。因此，民众对旧有政治体制和传统政治精英倍感愤怒，不再信任，而特朗普正是基于这一民众心理高举“反建制”“反精英”大旗。三**是族群的分裂**。美国作为“大熔炉”，不管来自哪个国家、地区，到了美国就成了美国人，但主体仍是白人族裔。随着大量移民的涌入，美国人口结构正在发生不可逆的变化，以西班牙裔为代表的少数族裔迅速增长，白人族裔在美国人口中的占比逐年下降。然而，随着移民而来的异国文化、宗教观念的入侵，给美国基于安格鲁 - 撒克逊文化和犹太 - 基督教传统的原有文化带来冲击，从而诱发了美国白人群体的身份认同危机和主体地位丧失的失落感。

不少人将上述美国社会各层面的分裂归咎于“特朗普现象”，事实上，特朗普能够两次成功当选美国总统正是美国社会各种分裂的结果。随着特朗普再次上台，“特朗普现象”将在新的一轮政治实践中作用于各个领域。但是，“特朗普现象”并非美国独有，在其他西方国家也存在特朗普式政治人物和政治主张。因此，“特朗普现象”不仅仅反映美国国内的社会问题，也映射出西方民主政治体制整体的结构性衰败，西方各国应加以关注并反思。

二、什么是“特朗普交易”？

目前，网络上能搜索到的“特朗普交易”，多指市场围绕特朗普胜选而出现的行情。投资者押注特朗普上台后，会出台放松金融管制、降低税收、提高移民门槛、加征进口产品关税等措施，从而利好美元、推高通胀。特朗普的胜选让华尔街、“币圈”、股市全部沸腾，比特币价格因特朗普的支持立场而大幅飙升。另一方面，投资者对特朗普可能带来的企业并购浪潮充满期待，纷纷抢购大型银行的股票。市场显示出对特朗普所承诺的减税和放松监管政策的期待。

但本文所定义的“特朗普交易”并非局限在狭义的市场概念中，而是以政治心理学为底座，以商人特朗普的底层交易基因，观察特朗普的政治理念和行动。

从政治心理学分析，对七十岁人来说，成年早期所形成的性格和人格不易改变，用特朗普的话说他是“stable genius”。特朗普在其自述中提到“我把世界看成一个成长型市场。”[2]“我认为做交易最要紧的是一种天生具有的能力，它就在你的基因里。”作为商人的特朗普以进行高风险投资而闻名，经常涉足大型房地产项目和豪华

2　参见 [美] 唐纳德 · 特朗普 梅瑞迪斯 · 麦基沃著，蒋旭峰、刘佳译 :《永不放弃 ------特朗普自述》，上海译文出版社，2016 年 4 月第一版，第 77 页。

建筑；精明的谈判者，他在商业交易中经常使用强硬的谈判策略；在商业上表现出创新思维，经常尝试新的商业模式和项目；同时他的商业行为和言论常常引发争议；在商业经常使用财务杠杆，通过借贷来扩大投资规模。特朗普是商人出身的政客，其交易基因贯穿从大选到执政的所有重要环节，他把政治看成是做生意一样，他用做生意的思维来处理政治。

特朗普是一位成功的商人，他所信奉的是商人的交易或互惠哲学，这给他带来了弱意识形态的特点。比如在外交政策倾向上，他在演讲中曾明确讲自己主政下的对外政策将要"以目标代替随意，以战略代替意识形态，以和平代替无序"。当然，特朗普这种商人善变性，并非直接意味着可以与他进行一切合理的交易。因为特朗普也善于进行意图掩饰和欺骗，同时利用情绪表达施加压力等诸多策略进行谈判。《日本经济新闻》分析文章指出，以额外关税为武器、逼迫相关国家接受要求，是特朗普的惯用手段，也有可能根据对方的让步，推迟征收关税。全球经济将再次被特朗普的强硬交易所摆布。

政府重要成员集聚与其具有相同交易思维的商业精英。首先，特朗普的新内阁成员来自商界背景的人显著多于拜登政府，总体上延续了特朗普上一届政府的用人特点之一。

卢特尼克在 2016 年大选中同时向共和党和民主党捐款。他为特朗普 2020 年的竞选活动提供了资金支持，但直到在刚刚过去的大选中，卢特尼克才成为对特朗普重夺白宫的计划有巨大影响力的巨额捐款人。卢特尼克在利用关税问题上的坚定立场可能会导致贸易关系更加对立。同时，其一直是加密货币行业的积极支持者，并致力于推动美国成为"地球上的加密货币之都"。

表 1　特朗普 2.0 政府主要成员中商人背景的成员
（截至 2024 年 12 月 20 日）

任命职位	姓名	商业背景
财政部长	斯科特 · 贝森特 Scott Bessent	对冲基金 Key Square Group 创始人
商务部长	霍华德 · 卢特尼克 Howard Lutnick	金融服务公司建达公司 Cantor Fitzgerald，LP 的 CEO
政府效率部	马斯克 Elon Musk	特斯拉创始人兼首席执行官，SpaceX 首席执行官兼首席技术官，SolarCity 董事会主席、Twitter 首席执行官，Neuralink 创始人、OpenAI 联合创始人
政府效率部	维韦克 · 拉马斯瓦米 Vivek Ramaswamy	生物公司 Roivant Sciences 创始人
教育部部长	麦克马洪 Linda McMahon	世界摔跤娱乐公司（WWE）共同创办人暨前总裁
驻英国大使	沃伦 · 斯蒂芬斯、Warren Stephens	投资银行斯蒂芬斯公司 CEO
航天局局长	贾里德 · 艾萨克曼 Jared Isaacman	支付公司 Shift4 Payments 的创始人兼首席执行官
总统情报顾问委员会主席	德文 · 努涅斯 Devin Nunes	真实社交公司 CEO

国际经贸问题的交易。将视野放宽所至全球在经贸领域，特朗普在全球问题上将更加“利己”，即以美国自身利益作为政策出发点，而不顾及国际义务和责任；同时，对于相关存在重大贸易摩擦的国家，特朗普的经济政策可能更具进攻性，由此导致中美关系中的经贸逆差、汇率等问题的碰撞更加激烈。将更加以自己的“直觉”和“荣耀”作为政策考虑出发点，缺少政治家通盘全局式的大局观。“特朗普交易”是把“贸易”做扩大化解释，在任何经济领域内，实

图 1　卢特尼克 2024 年对共和党的政治捐款情况

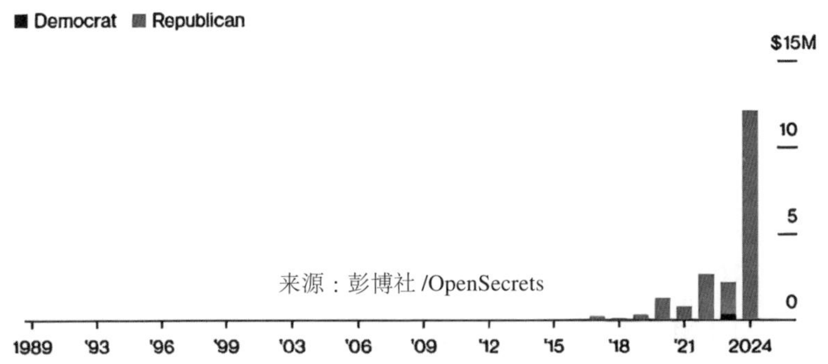

来源：彭博社 /OpenSecrets

施保护主义，从世界各国身上搜刮利润。其中控制成本就成了一切的核心，因为它会“侵蚀掉”微薄的利润，这一点点微薄的利润，就是很多国家能够继续维持国民温饱，经济稳定的依仗。而特朗普将“抢走最后一点口粮”，这就是特朗普上台后世界需要面对的现实。在行为导向方面逐利自我的特质，展现了特朗普的利益观以及决策背后的深层动机。特朗普的政策偏好很大程度上由他对于利益的判断所主导，这对其内外政策将产生深刻影响。[3]

对于中国贸易和企业也同样，例如，2024 年 12 月 16 日，特朗普会见了 TikTok 首席执行官周受资，特朗普在当日举行的新闻发布会上表示：“我们会研究一下 TikTok，你知道，我对 TikTok 有好感。”回顾特朗普曾在 2020 年他的上一个任期期间，试图禁止 TikTok，但遭到了法院的阻挠。这种“变”也是特朗普利用 TikTok 作为筹码来与中国“讨价还价”的“不变”。

3　中国人民大学国际关系学院教授尹继武在人大重阳系列讲座中发表的“中期选举后的特朗普——政治心理学的分析”主旨演讲中观点。

外交问题极度利己，并辅之以高调个人外交。特朗普可能会斤斤计较地计算美国对外战略布局的成本和收益。在地缘战略领域，特朗普可能重新思考美国在东亚、中东等地战略布局的代价，通过各种方式减轻美国的成本，转而按商业买卖原则要求美国的盟友和当事国承担更多，以换取美国的军事安全保护和承诺。特朗普在很多外交问题上都可以采取交易、交换的方式。只要能够实现美国优先，他不仅可以和盟友，也会和对手甚至敌人做利益交换。

2024 年 12 月 18 日，据 CNN 报道，特朗普或其团队已向几位外国领导人发出个人邀请，其中包括萨尔瓦多总统纳伊布 · 布克尔、意大利总理梅洛尼和阿根廷总统米莱等人。这一举动打破了自 19 世纪中叶以来的传统，以往的美国总统就职典礼通常由国会总统就职联合委员会与国务院负责向各国使节发送正式邀请，而未曾有当选总统直接邀请外国元首出席的情况。特朗普此举背后有着复杂的政治考量。一方面，它反映了特朗普作为一个商人出身的政治家，倾向于通过高调的社交活动来增强自身的国际影响力，另一方面，也体现了他对个人外交关系的重视。

军事上不喜消耗自身资源战争，但进行超前布局。特朗普的军事思维也深受其商人交易思维的影响，他倾向于用投资回报率的逻辑来分析国际冲突。他认为，盟友在军事行动中的持久战不仅消耗自身资源，还可能将美国拖入一场难以预见的长期消耗战。特朗普在其第一个总统任期内没有发动过任何武装冲突战争，也是美国近 70 年以来，历任总统中，唯一一个没有发动过武装战争的总统。特朗普在第一个任期放弃了伊朗核问题协议，但他在这次竞选中提出，不排除未来和伊朗谈判。这也体现了特朗普的商人本质——和敌人也可以谈，如果能达成妥协，必然是好事。此外，2024 年 12

月 15 日，据悉特朗普向以色列总理内塔尼亚胡传达了一项明确的时间要求：希望在 2025 年 1 月其就职前，看到以色列结束对加沙地带的军事行动。这一时间点不仅符合内塔尼亚胡的政治议程，也反映出特朗普对中东地区复杂局势的特定考量。同样，也体现他对乌克兰战争的态度上，他主张迅速结束俄乌冲突，但要求北约成员国将国防开支提高至 GDP 的 5%，从而降低美国的战略成本。

此外，特朗普认为科技推动现代商业发展，他极具未来眼光和足够的耐心。[4] 例如，特朗普 2019 年宣布成立美国太空司令部，确保美军在太空争霸战的优势。太空军也是美国自 1947 年成立空军以来首次组建的新军事分支。投资尖端研究和先进技术，包括铁穹导弹防御系统，提升军队薪资待遇。美国想要建立一支强大的军队。

在国际事务方面不喜欢妥协，“退群”事件频发。国际协议本质上是各国之间的相互妥协形成的最大公约数，但是特朗普明显不喜欢这种国际协议形式，他在全球舞台上的短注意力和不耐烦常常导致违反外交协议，退出跨太平洋伙伴关系协定 TPP、巴黎协定、全球移民协议、伊朗核问题全面协议、中程弹道导弹条约等国际协议；以及联合国教科文组织、联合国人权理事会、万国邮政联盟等国际组织，都体现为维护美国私利或利益，而不是贡献更多的国际责任和义务。未来特朗普领导的美国势必将进一步推动逆全球化和全球治理的碎片化进程。在美国政治发展走向和世界政治变迁潮流中，“特朗普交易”如何影响历史，从“图景”变为“实景”，耐人寻味，值得动态深入观察。

4　参见 [美] 特朗普、麦基沃著，蒋旭峰、刘佳译：《永不放弃——特朗普自述》，上海译文出版社，2016 年 4 月第一版，第 78 页、133 页。41

“2025 计划”政策剖析与对策建议

王　欢　付汀汀　陈梦淇　谢悦莹　赵　悦*

“2025 计划”由美国传统基金会发起，旨在为 2025 年上任的保守派政府提供全面的政策建议和战略规划。核心目标聚焦于重塑联邦政府机构、重构家庭价值观、维护国家主权及加强个人自由。“2025 计划”借鉴 1981 年里根政府“领导授权”的成功经验以及呼应当前保守派对政府效率、文化转型和经济独立的需求，具备深厚的保守派动员基础和明确的行动纲领，但在实施过程中将面临法律程序障碍、资源资金限制以及可能加剧的国际关系紧张等多重挑战。“2025 计划”的落地具备一定的可行性，但受到国内外诸多因素的制约，其政策对全球特别是中国的影响不可忽视。中国应通过深化区域安全合作、增强区域外交合作、优化供应链布局、强化自主创新等策略，积极应对可能的挑战，同时把握机遇，提升在国际舞台上的主导地位。

* 王欢，深圳改革开放干部学院博士后；付汀汀，深圳改革开放开放干部学院科学研究部副部长、深圳改革开放干部学院政党发展研究中心副主任；陈梦淇，深圳改革开放干部学院科学研究部教师、深圳改革开放干部学院政党发展研究中心研究员；谢悦莹，江苏科技大学经济管理学院硕士研究生；赵悦，深圳改革开放干部学院纪检监察审计部高级主管。

一、“2025 计划”与特朗普关系

（一）**背景起源：特朗普政策的延续深化**。**一是保守派智库的长期战略延续**。“2025 计划”由美国传统基金会主导发起，这一智库与特朗普政府关系密切，是推动其诸多政策（如削减行政监管、强化国家主权和边境安全）的重要智囊。该计划试图在特朗普政府政策框架的基础上，延续并深化“美国优先”理念，同时回应当前保守派政治议程的需求。**二是特朗普第一任期的政策基础**。计划明确提到，特朗普在任期内的大量政策（如贸易保护主义、强化移民控制、对抗文化左倾等）已成为保守派政策的核心，这些议程在“2025 计划”中得到保留并进一步系统化。**三是政治环境与战略诉求**。特朗普离任后的美国保守派政治力量处于调整期。2024 年选举前，保守派希望通过“2025 计划”对可能的新一届保守派政府进行提前布局，确保在总统交接期间实现政策的无缝衔接。该计划尤其强调快速占领政府岗位、整顿行政机构和推行强有力的政策变革，以避免保守派新政府重蹈以往内部协调不足或人事任命缓慢的覆辙。

（二）**核心目标：特朗普政策的紧密联结**。**一是解构行政国家**。“2025 计划”明确提出削弱联邦官僚机构的影响力，将权力重新集中于总统及白宫。这一目标与特朗普任期内大规模削减行政法规、限制联邦机构权力的做法高度一致。计划甚至提到利用总统行政令直接改革部分政府部门，以应对国会可能的阻挠，这是特朗普政府政策工具的延续。**二是移民与边境安全**。特朗普在任期内强化边境管控，推进“边境墙”计划，限制非法移民。这些措施在“2025 计划”中得到延续，计划提出更加严格的移民政策和技术支持，以确

保边境安全。**三是贸易保护主义与产业回流**。特朗普执政时发起与中国和欧盟的贸易争端，通过提高关税、限制进口等手段保护本土制造业。“2025 计划”继续强调“美国制造”的重要性，提出政策促进制造业回流和减少对外国供应链的依赖。**四是文化与价值观**。特朗普在文化领域极力反对“觉醒文化”和“批判性种族理论”，这些议题是其选民动员的重要工具。“2025 计划”提出强化传统家庭价值观、打击左派文化议程、恢复教育系统的“爱国主义内容”，与特朗普的文化战策略直接呼应。**五是能源政策**。特朗普任期内退出《巴黎协定》，并大力支持传统化石能源行业。“2025 计划”继续这一方向，强调能源独立性并反对过度的环保监管。

（三）团队构成：特朗普政府成员的深度参与。一是特朗普政府关键成员的参与。“2025 计划”的编制和执行团队中有大量特朗普政府的核心人物。例如，拉斯 · 沃特（Russ Vought）曾任特朗普政府管理与预算办公室主任，主导预算和行政事务改革，在“2025 计划”中负责总统行政办公室部分的政策设计。肯 · 库奇内利（Ken Cuccinelli）是特朗普时期的国土安全部代理副部长，积极参与移民政策改革，是“2025 计划”中移民和边境政策部分的作者之一。吉恩 · 汉密尔顿（Gene Hamilton）曾在特朗普政府司法部和国土安全部担任高级顾问，负责法律和政策协调工作，为计划中的法律部分提供支持。**二是传统基金会与特朗普的关系**。作为保守派政策智库的核心，传统基金会在特朗普执政时期提供了大量政策建议并影响了诸多重要决策。例如，该基金会支持特朗普的税改和最高法院大法官提名。“2025 计划”借鉴了特朗普政府时期的政策经验，同时通过人员储备和机构整合，试图避免新政府在施政初期的效率低下。**三是人员数据库与特朗普的人事策略**。“2025 计划”提出建立全面的人事数据库，以快速填补联邦岗位。这一想法是对特朗普政府第一任期时人事空缺问题的直接反思。例如，特朗普上任时许多重要部门因保守派人员不足而进展缓慢。

二、政策要点

（一）军事战略调整：强化印太联盟、扩充核武库、加强技术研发、优化资源配置。一是强化印太地区防御与联盟体系。增强第一岛链防御，在日本、韩国、菲律宾等盟国加强海空军力量部署，提升区域防御能力，遏制中国在西太平洋的扩张。支持台湾自卫能力，为台湾提供防御性武器，实施“拒绝防御”战略，阻止中国武力攻台，维护台海稳定。深化盟国合作，提高盟国防务支出，推动北约与印太盟友共同承担区域防务责任，建立多边安全机制，如“四方安全对话”，增强集体防御能力。**二是扩大核武库与提升战略威慑力。**核武器现代化与扩充，扩大核武器库存，开发小型战术核武器，升级核三位一体（陆基、海基、空基），确保核威慑力。同时应对中国和俄罗斯的核威胁，构建多区域核威慑体系，确保美国在两个不同战场上都能维持核威慑力。**三是推动技术研发与军力现代化。**加速人工智能技术在军事上的应用，发展无人机、自动化武器系统和战场分析平台，提高作战效率。增强网络防御与进攻能力，建立国家级网络战指挥中心；发展太空部队，加强太空监视和反卫星能力，确保太空领域主导地位。替换老旧装备，增加先进武器系统部署，投资高超音速武器技术；提升供应链弹性，减少对外国供应链的依赖。**四是优化军队规模与资源分配，改革国防工业。**调整军队规模与结构，减少低优先级任务和部署，集中资源应对主要威胁。优化国防预算，优先投资高威胁领域，削减低效项目，将资源分配到最紧迫的领域，如人工智能、网络战、高超音速武器等。重建国防工业基础，推动关键军工产品本土化生产，确保供应链安全；鼓励本土国防企业参与军工项目，提升供应链弹性；推动武器出口多元化，增强国防工业竞争力。

（二）外交战略布局：深化盟友合作、强化区域影响、经济制裁施压、信息文化对抗。一是加强与盟友的合作。主张通过与亚太地区国家（如日本、韩国、印度、澳大利亚）加强合作，构建对中国的联合遏制网络。特别提到加强“四方安全对话”的作用，将其他区域强国纳入合作范围。支持重新加入《跨太平洋伙伴关系协定》，以创建联合贸易和外交力量，遏制中国的经济扩张。**二是强化区域影响力**。强调支持发展与台湾的非正式外交关系，并扩大与印度和其他民主国家的伙伴关系。通过支持“蓝点网络计划”和“全球基础设施建设计划”，抵御中国“一带一路”倡议对发展中国家的经济影响，尤其在亚洲和非洲地区。**三是经济制裁与贸易政策调整**。采取经济制裁措施，遏制中国的经济侵略行为，如通过调整出口管制政策限制关键技术的流入中国。同时，推动取消中国在世贸组织的“发展中国家”地位，以削弱其贸易优惠，并强调中国已成为先进制造业经济体，应承担更多责任。**四是信息战与文化战**。加强信息战能力，增强美国国际媒体的传播能力，以反击中国的全球信息战。同时，限制中国在美国高校的文化和学术渗透，如限制孔子学院等的影响力。此外，还强调推进人权议程，通过多边平台向中国施压，特别是在新疆问题、香港自由和宗教迫害问题上。

（三）经济政策新动向：减税吸资、强化审核、重塑贸易关系、推动供应链多元化。一是税收改革与外资吸引。通过降低企业所得税率、提供研发及高科技行业的税收减免等措施，减轻企业负担，增强美国企业的国际竞争力，并吸引外资流入，特别是高科技、绿色能源和先进制造业领域。设计激励机制，如税收优惠或补贴，鼓励外国直接投资，特别是将投资和生产设施转移到美国，同时确保税收制度的公平性和反避税机制的完善。**二是经济制裁与外资审核强化**。对不公平贸易行为，特别是中国的不公平贸易行为，实施关税措施、金融制裁和技术出口限制，保护美国市场和产业免受不公平竞争的影响。强化外资审核机制，对涉及关键技术、基础设施和国家安全相关领域的投资进行更严格的审查，特别是对中国企业的投资进行限制和管控，确保国家安全和经济利益。**三是全球贸易关系重塑与规则改革**。推动与盟国的新型贸易协定建立，减少对中国供应链的依赖，支持区域贸易框架发展，增强美国在全球经济中的影响力。改革世界贸易组织规则，要求中国等国家承担更高的贸易义务，加强对违反规则国家的惩罚力度，保护知识产权，推动全球贸易规则的公平和透明。**四是支持制造业与供应链多元化**。通过税收减免、补贴等经济激励措施，鼓励美国企业将供应链转移回本土或盟国，支持关键产业的本地化生产，减少对中国的供应链依赖。加强与盟国和伙伴国的合作，建立更安全、更可靠的区域供应链网络，促进供应链的多元化和稳定性，确保美国的经济利益和国家安全。

（四）能源环境战略布局：能源多元化、市场主导、经济与环境双赢、技术创新。一是增强能源独立与多元化。强调利用国内能源资源，如石油、天然气、核能等，以减少对外国能源的依赖，并推动能源结构的多元化。支持传统能源（如页岩气、石油、天然气）的开发和基础设施建设，同时加大对新能源（如核能、清洁煤技术、氢能、储能）的投资，确保能源供应的稳定性和安全性。二**是市场主导与减少政府干预**。推动能源市场的自由化，减少对市场的政府干预，让市场力量决定能源的优胜者。逐步减少对风能、太阳能等可再生能源项目的联邦补贴，鼓励市场自主发展，并强调能源政策的经济可行性和可靠性。三**是平衡环境保护与经济增长**。改革环境保护署的权限，避免过度监管对企业发展的影响，特别是简化排放许可和建设项目审批流程。推动基于市场的环境解决方案，确保环境保护政策不会妨碍经济增长，实现经济与环境的双赢。**四是技术创新与减排策略**。鼓励技术研发，特别是碳捕获与储存等环保技术，以解决温室气体排放问题，而非单纯依赖政府法规。重新评估气候政策，弱化《巴黎协定》目标的约束力，专注于成本效益最优的减排策略，确保环境保护措施符合国家利益和经济实际。

（五）公共福利政策革新：农业、教育、医疗、住房领域重塑民生福祉。一是农业政策改革。实行联邦农业补贴和食品援助改革，削减过时或不必要的农业补贴，确保资金的高效利用；调整食品援助计划，如补充营养援助计划，减少依赖和滥用，鼓励受助者通过工作摆脱贫困。**开展市场导向的农业政策**，支持创新型农业技术，如精准农业和生物技术，以提高生产率和可持续性；鼓励私营部门参与粮食生产与分配，减少政府干预。**减少环境法规限制**，放宽对农民和农业企业的环境监管，如湿地保护和排放标准；平衡环境保护与农业生产，确保法规不过度增加农业成本。二**是教育政策改革。推动"学校选择"政策**，推广学券计划，允许教育资金随学生流动，让家长有更多选择；支持特许学校、私立学校和家庭教育的发展，减少对公立学校的过度依赖。**清除进步主义教育内容，**反对"批判性种族理论"和"性别意识"课程在学校中的传播；要求课程内容符合传统价值观，专注于核心学术能力的提升。**下放联邦教育权力**，将联邦教育政策权力交还州和地方政府，让地方社区更好地满足教育需求；强化家长作为教育决策者的地位，赋予他们更大的教育监督权。**三是卫生与公共服务改革**。**优化医保系统**，降低联邦医疗补助的覆盖范围和支出，鼓励更多私人医保选择；支持医疗储蓄账户等个人主导的医保计划，提高市场竞争力。**强化公共健康系统监管**，提高疫苗研发效率和传染病防控能力，确保疫情应对快速有效；增加对慢性病防治和健康教育的投入，减少长期医疗支出。**限制堕胎服务资助**，禁止联邦资金用于支持堕胎或堕胎相关服务，进一步维护基本生命权。**四是住房与城市发展政策改革**。**优化低收入住房政策**，精简现有的低收入住房补贴政策，减少对地方社区的不必要干预；鼓励使用住房券，让低收入家庭有更多选择权。**鼓励公私部门合作创新**，推动地方政府与私营部门合作，创新住房建设与管理模式；支持模块化住宅和其他新型住房解决方案的研发与应用，以降低建房成本，提升住房的可负担性。

三、对策建议

（一）军事战略：提升军事力量、深化区域安全合作以及优化核威慑战略。面对美国强化第一岛链防御、深化与日本和韩国等盟友的军事合作、支持台湾自卫能力以遏制中国在西太平洋的战略影响力，以及核武器现代化与扩张计划加剧核威慑竞争和地区安全压力的同时，还积极推动人工智能、无人武器、高超音速武器、网络和太空战技术等前沿技术，对中国军力构成长期技术威胁的复杂局势，中国需采取综合军事应对策略，以提升自身军事实力、加强区域安全合作、优化核威慑战略并推进军事技术创新，从而有效应对来自美国的全方位军事挑战。**一是军事力量提升**。加速高超音速武器与无人化作战系统研发，提升中国军队的远程打击能力和战场适应性。强化东部沿海防御能力，确保台海地区威慑力。**二是深化区域安全合作**。积极与俄罗斯、伊朗等战略伙伴国家开展军事合作，共同应对来自美国的战略压力。加强与东盟国家的军事交流与合作，推动构建多边军事合作机制，共同维护地区的和平与稳定。**三是优化核威慑战略**。推进中国核武器的现代化进程，提升核武器的精准度和打击能力，确保在必要时能够有效实施核反击。通过外交渠道和国际合作，积极倡导和平利用核能、防止核扩散的理念，为构建全球核安全体系贡献力量。

（二）外交战略：增强区域外交合作、优化国际传播能力以及调整外部合作。面对美国在外交领域的多重挑战，包括通过“四方安全对话”机制强化对华包围、支持台湾以孤立中国在亚太地区的外交与经济地位、推出“蓝点网络计划”等针对性行动削弱中国在发展中国家的经济影响力，以及强化信息战与文化战以削弱中国的软实力与国际形象，中国需采取积极有效的外交应对策略。**一是增强区域外交合作**。进一步强化与东盟国家的全面战略伙伴关系，通过深化经济合作、加强政治互信，共同维护地区和平稳定与发展繁荣。加大对非洲和中东地区的投入，通过“一带一路”倡议等平台，推动基础设施建设和经济发展，提升中国在这些地区的影响力和话语权。**二是优化国际传播能力**。强化中国国际媒体的传播力，推广中国文化与价值观，反击美方的舆论攻势。创新文化传播方式，利用新媒体和社交平台，推广中国文化、价值观和发展理念，增进国际社会对中国的了解和认同。**三是灵活调整外部合作**。加强与欧盟国家的经济合作，特别是在贸易、投资、科技等领域寻求更多合作机会，共同应对全球性挑战，从而分化美国的盟友体系，减轻对中国的围堵压力。积极参与国际组织和多边机制，发挥建设性作用，推动全球治理体系的改革和完善，为中国的发展创造更加有利的国际环境。

（三）经济战略：优化供应链、突破技术封锁、扩大制度型开放、加大引资力度与扩展多边贸易。美国通过多维策略来削弱中国在全球供应链中的核心地位，包括积极推动全球供应链多元化以减少对中国的依赖，同时利用出口管制和技术封锁等手段限制中国获取关键技术，旨在延缓中国的科技自主发展进程。此外，美国还试图借助世界贸易组织规则改革，谋求取消中国的发展中国家地位，以此增加中国在国际贸易中的运营成本和责任负担，从而进一步对中国施加压力，中国需采取针对性强的经济战略进行应对。**一是优化供应链布局。**《关于加快推动制造服务业高质量发展的意见》明确提出了要提升产业链供应链的稳定性和竞争力，推动制造业向中高端迈进。在支持产业链本地化和高端制造业发展的基础上，进一步减少对外依赖，通过政策引导和资金支持，吸引国际资本流入，构建更加稳固和多元的供应链体系，增强供应链的韧性和自主可控能力。二**是加速科技突破。**面对技术封锁，中国应加强基础研究和关键核心技术攻关，超前布局重大科技项目，开展新技术新产品新场景大规模应用示范行动。同时，优化科技创新环境，吸引全球科技人才来华工作和创新，通过国际合作与自主研发相结合的方式，破解美方的技术封锁，推动中国科技自主发展迈上新台阶。三**是扩大制度型开放与合作。**主动对接《全面与进步跨太平洋伙伴关系协定》《数字经济伙伴关系协定》等国际高标准经贸规则，加快拓展面向全球的高标准自由贸易区网络。同时，深化外商投资促进体制机制改革，进一步完善外资企业常态化沟通机制，加强外资企业权益保护和服务保障力度，持续打造"投资中国"品牌。进一步优化免签入境政策，吸引和便利商务人员跨境往来。**四是扩展多边贸易**。中国应深化与新兴市场国家和欧盟等地区的贸易合作，通过签订自由贸易协定、建立多边贸易机制等方式，分散贸易风险，拓宽国际市场。同时，积极推动国际贸易规则的公平化，维护多边贸易体制，为中国和其他发展中国家创造更加公正、合理的国际贸易环境。

（四）能源与环境战略：深化国际气候合作、推动技术研发、推进能源绿色低碳转型以及发展绿色低碳产业。面对美国在传统与新能源领域并举的策略，其意图通过技术和市场的主导地位来削弱中国的能源进口优势，并调整气候目标以削弱全球气候合作，进而可能削弱中国在气候治理中的领导力，中国需采取一系列综合性的能源与环境战略。**一是深化国际气候合作**。加强双边对话，与欧洲国家等气候治理的重要参与者建立定期的气候变化对话机制，就共同关心的议题进行深入交流，增进理解和信任。推动多边合作，在联合国气候变化框架公约、二十国集团等多边平台上，积极提出中国倡议，推动全球气候治理体系的完善，增强中国在气候治理中的话语权和领导力。**二是加快能源技术研发**。加大研发投入，政府应增加对核能、氢能和储能技术等前沿新能源技术的财政支持，鼓励企业、高校和科研机构开展联合研发，形成产学研用一体化的创新体系。推动研发平台建设，建立国家级新能源技术研发中心和实验室，吸引国际顶尖科学家和团队参与，加速技术突破和成果转化。**三是推进能源绿色低碳转型**。促进传统能源清洁化，加强化石能源尤其是煤炭清洁高效利用，推广高效燃煤技术、油气回收技术等，减少污染物排放。加快沙漠、戈壁、荒漠地区新能源基地建设，积极发展分布式光伏、分散式风电，推进水风光一体化开发。**四是发展绿色低碳产业**。培育节能环保、清洁能源等绿色产业，推动产业链上下游协同发展，形成绿色低碳产业集群，不断提升绿色低碳产业所占比重。加快以绿色化、数字化技术改造传统产业，推广节能低碳和清洁生产技术装备，以国家标准提升引领钢铁、石化等传统行业绿色低碳转型。加强绿色金融产品创新，为绿色低碳产业提供充足的资金支持，从而构建可持续的绿色金融体系。

（五）公共福利领域策略：挖掘中美合作潜力，共筑多领域共赢格局。在公共福利多个关键领域，中国正面临着来自美国的复杂风险挑战。农业领域，美国可能削减对华农业出口并寻求其他市场，加之其环境法规松绑可能引发的农产品价格竞争，均对中国的粮食安全和农产品出口构成威胁。教育领域则面临文化对立与学术限制的双重压力，美国限制孔子学院等举措，削弱中美教育文化交流，进一步减少教育领域的合作机会。此外，在卫生与公共服务领域，美国可能减少对中国药品和医疗器械供应链的依赖，以及住房与城市发展领域推动本土企业创新、减少进口中国建筑材料等举措，均对中国相关行业构成了不小的挑战和压力。面对美国在多领域对华策略的调整，中国需积极应对挑战，同时挖掘合作潜力，推动中美在公共福利领域的深入合作。**一是在农业领域**，美国推动的市场导向农业政策和创新技术，如精准农业和生物技术，为双方在农业技术研发和粮食供应链上提供了广阔的合作空间。同时，尽管美国可能削减农业补贴，但其扩大农产品出口的意愿仍使中国成为其重要的潜在市场。**二是在卫生与公共服务领域**，中美在公共健康合作，特别是疫苗研发和传染病防控方面的科研合作，对于共同应对全球性健康危机具有重要意义。此外，美国强调私人医保选择和市场主导，可能为中美医药企业之间的资本合作和技术交流提供新的契机。三**是在住房与城市发展领域**，美国在绿色建筑技术和模块化住宅方面的创新，为中美在绿色建筑领域的合作提供了广阔空间。同时，双方在智慧城市解决方案，如物联网技术和节能系统上的合作，将有助于推动城市智能化和可持续发展。

解读贝森特被特朗普提名美国财长及可能影响

本　力*

11 月 22 日，美国当选总统特朗普发表声明宣布，提名斯科特·贝森特（Scott Bessent）出任下一届政府的财政部部长。财政部部长是美国最关键的部长之一，贝森特及其带来的政策，将对特朗普完成“组阁”正式出任美国总统后的经济政策走向产生深远影响。

一、贝森特能够成为美国财长的提名人有什么独特之处？

第一，他与特朗普关系紧密，内在经济理念一致且具有互补性。贝森特一直在支持特朗普，他们能够在经济政策上比较好地相互合作。但更重要的是他和特朗普的互补性。因为特朗普下一步主要经济思路的核心理念就是“让美国更强大”，这集中体现到美国的经济增长上。近年来通胀问题一直困扰美国，美国这几年的货币政策对抑制通胀是有效的，从 9% 的高通胀慢慢到了一个相对正常的状态，前段时间还在降息。但是如果特朗普出台经济政策刺激经济增长，一定又会使通货膨胀的压力增加。贝森特会在增长和通胀的平衡上发挥他的专业作用。而且，特朗普更多的是一个企业家思

---

* 本力，《香港国际金融评论》执行总编辑、香港中文大学（深圳）高等金融研究院政策研究员。

维，贝森特提供的是一种金融家的思维，尤其是对冲的思维，风险管控的思维，所以就平衡了特朗普带来的很多风险。

第二，集中反映在对解决美国债务问题的坚决态度上。贝森特曾多次提过，如果还像民主党人这样用天量的债务来推动经济增长，那么美国严重的债务问题、财政赤字问题永远无法得到解决。他提出了被称为"333 方案"的经济政策主张，包含三个核心目标：到 2028 年将预算赤字降至 GDP 的 3%、通过放松管制实现 3% 的 GDP 增长、每日增产 300 万桶石油或等量能源。他对这些重大经济问题的认识判断以及自身的能力，可能是他成为获得提名的一个关键因素。

第三，贝森特还有一个特质：他是一位对冲基金经理，一直在市场的一线。这与之前的一些财长略有区别，保尔森、耶伦更多是掌管一个重要机构或者担任高级职务，因此与政坛、企业、金融机构等利益集团有千丝万缕的联系。可以说，贝森特在政治上相对是一个素人，受到的相应的顾忌、干扰会少一些，可能会更加按照政策的需求去考虑问题。其实，即使在对冲基金经理这样一个领域里，他也非常独特。他在罗杰斯、索罗斯等国际著名的对冲基金的机构里长期工作服务，并取得了优秀的业绩，而且贝森特对国际金融体系以及汇率影响方面有很深入、丰富的了解和实操经验。同时对日元及其日本政界高层，之前也都有一定的研究和交往，还在投资中经过了市场的检验。

第四，是贝森特的知识结构。他不仅是基金经理，也曾经在耶鲁大学授课。说明贝森特不仅在业界有这样的资历，在学界也有一定的积累甚至影响。虽然与耶伦无法相提并论，但是至少说明他的学术上有一定的积累和背景。而且，他受索罗斯等人的影响，在哲学、心理学等知识体系及与投资相关的其他知识结构有一定的支撑。他应该比一般意义上的经济学家，更适应目前复杂的国际经济形势。

第五，贝森特有交易员的背景。在中国，人们可能认为交易员是一个底层职务，但在美国，许多有这样背景的人成为影响极大的精英，也能够进入到高校担任教授，能够在金融机构做到非常高的职务。例如，《黑天鹅》的作者塔勒布出了很多畅销书，影响巨大。他们是市场的操作派、实践派，对市场的认识，对经济规律的理解，以及对风险管理的各种金融工具的认知，都有利于以极强的专业能力和足够丰富的经验来应对各种复杂局面。

二、贝森特的经济政策主张及其对全球经济影响

他的经济政策主张与特朗普大同小异，比如进口商品加征关税、税收改革、金融监管的放松等。这是在宏观治理层面尽可能宽松，在微观企业发展层面给予更多自由和活力的一个自由化的过程。所以也有人说，下一步的美国经济政策更接近于里根时代。但这样略显笼统。

首先，在能源政策是一个值得关注的方面。他提出了“333 方案”，其中有一个核心目标，就是每日增产 300 万桶的石油。把它与债务缩减、经济增长放到同等重要的位置。他对拜登的能源政策是完全否定的。他对能源生产的复兴提出了积极的建议，主张放宽对化学原料行业的限制，增加国内的能源生产。

其次，债务问题——这是当时里根时代没有的问题。作为对冲基金经理，他具备结构性思维，而不是总量的思维。因此对于化解

债务问题，可能会采取把短期债务转为长期债务降低短期偿债压力等手段。类似于马斯克做效率部部长降低成本，他会采取很多措施首先把既有债务成本降下来，减少政府支出，控制赤字，优化财政的透明度。

第三，放松管制、减税等。所以他很像一个企业家和金融家来思考，按照政府的角度去给企业家和金融机构松绑。尤其是美国有可能从金融危机之后的强监管周期走出来。管制会放得更松，这是促进美国经济增长的重要基础。这样可能会让全球经济受到压力，因为国际税收和管制会有竞争，美国降低、放松了，别的地方也要降低、放松。

最后一个方面的影响是对我们都最关心的贸易的影响，因为特朗普的这种加关税的思路是非常明确的。所以贸易战还会冲击未来的全球的经济增长，全球化受到影响可能会加剧。在这个时候，贝森特也非常重要，因为他对国际宏观经济和国际金融体系有着比较深刻的了解，对包括外汇市场、股票、债券、大宗商品市场等各个市场，还有实际操作的经验。这样的一个背景下，会对特朗普大幅度加征关税的政策起到平衡作用。

三、贝森特如担任美国财政部部长对中国的影响

首先，因为他对贸易的态度与特朗普有细微的差别，会淡化特朗普在这方面的威胁。贝森特对关税的态度，更多的是一种谈判的策略，让中国在一些经济领域做一些让步。所以，可能中美之间的紧张贸易关系，由于贝森特上台会有所缓和，或者说方式上会有所变化。

第二，但在其他的对中国的政策影响方面，我们可能还是要承载比较大的压力。因为贝森特作为市场人士，可能不太会像耶伦等那样从公共政策、全球治理的角度来思考这些问题。尤其是人工智能等高科技领域可能受影响会更大一些。对此，应有一些风险预判。能源方面中国也会受到一些冲击，中国的能源进口、新能源的发展，也会因为贝森特对美国的能源复兴的措施受到影响。对制造业也有类似影响，他希望美国的制造业会继续的复兴或者回流。

第三，关于汇率政策。在这方面压力比较大，因为贝森特是多次汇率阻击战的主战方，而且他曾作为索罗斯阻击英镑和日元的操盘手、实战派。此外他自己也说，他从市场上最大的收益是来自外汇而不是股票、期货等其他领域。 未来外汇市场的波动，包括外汇体系的漏洞、套利机会都可能会成为他关注的地方。对美元升值他的态度是积极的，但主要还是市场和经济平衡的角度来考虑。一方面他熟悉国际货币体系和汇率机制，另一方面，他又尊重市场，这对我们有利也有弊。他对亚洲货币体系有一定的关注，包括日本现在经济状况，了解还是相对深入的。比如，他认为日元是大幅低估的。

总体而言，他的政策更多考虑美国优先，也就是孤立主义，这方面在经济上会更加突出。全球化带来的红利会进一步消失，风险进一步增大。不但是对中国，对全球都是一样的。尤其是对中国现在的企业出海也构成一种压力。出海本身是全球化退潮大势所趋、一种战略选择，更需要企业增强这种风险意识和抗风险能力。

马斯克政府效率部对美影响及于我启示

王锦侠　李若曦[*]

美国设立政府效率部门（DOGE），并被认为是一场前所未有的政府改革尝试，但其并非政府机构，目前还是一个依靠埃隆·马斯克和维韦克·拉马斯瓦米财力资助的咨询机构，而在美国仅联邦层面就有上千个这样的咨询机构，DOGE 的作用能否如特朗普预期一般“彻底改变美国政府的运作方式”？其将从哪些途径、如何影响美国现行的政治体制？对中国政府治理和改革有何启示？本文作一些初步梳理。

一、DOGE 的诞生背景

美国联邦政府当前面临着严峻的财政困境。2024 财年，美国财政支出高达 6.752 万亿美元，预算赤字高达 1.8 万亿美元。其中，公共债务净利息支出较上一财年激增 34%，高达 9500 亿美元。医保、社保和国防支出也有所增加。新财年开始之际，美国政府面临更“严峻”医疗支出预算赤字，10 月财政赤字为 1210 亿美元，较去年 10 月增长了 89%。在截至 2024 年 9 月的财政年度中，美国联邦预算赤字激增至 1.8 万亿美元，这一巨额赤字大大增加了美国

* 王锦侠，原深圳市前海管理局副局长；李若曦，深圳市前海创新研究院副秘书长。

的国家债务。

面对如此高额的支出和预算赤字问题，特朗普为兑现承诺，新成立一个“政府效率部（DOGE）”。该部门旨在减少美国联邦政府中的官僚机构、削减多余的法规、减少浪费的开支，并重组一个“高效”的联邦机构。特朗普将这一任务要求在 2026 年 7 月 4 日前完成，作为美国《独立宣言》250 周年的贺礼。DOGE 团队将由马斯克和拉马斯瓦米共同领导。马斯克此前曾放言，要将 6.75 万亿美元的开支至少缩减 2 万亿美元以上（约 30%）。

二、领导团队与架构

（一）马斯克与拉马斯瓦米的角色

马斯克与拉马斯瓦米被特朗普任命领导“政府效率部（DOGE）”。该部门组织性质特殊，虽无正式编制，却能在政府体系中发挥重要作用。由于其官员任命无需经过参议院批准，这使得马斯克和拉马斯瓦米能够更加灵活地开展工作。他们将以独特的方式领导这一部门，为美国政府的改革注入新的活力。

马斯克作为特斯拉首席执行官和太空探索技术公司的领导者，在商业领域展现出卓越的领导才能和创新精神。他的加入为 DOGE 带来了丰富的经验和广阔的视野。拉马斯瓦米作为企业家，也为该部门带来了不同的视角和专业知识。

（二）部门的架构与职责

“政府效率部（DOGE）”的架构旨在实现其特定的职责目标。该部门主要职责包括削减政府开支、精简机构、减少官僚主义，并从政府外部提供建议和指导。在削减政府开支方面，DOGE 将严格审查政府开支，识别并减少浪费性支出。例如，砍掉一些不必要的项目和不合理的经费，确保财政资源合理分配和有效利用。据统计，美国财政支出在 2024 财年高达 6.752 万亿美元，**预算赤字高达 1.8 万亿美元**。通过削减政府开支，有望缓解财政压力，提高资金使用效率。

在精简机构方面，DOGE 计划将美国现有的多个政府部门大幅削减，如从 428 个削减至 99 个。通过审查和评估政府机构职能与运作流程，找出冗余、繁琐或低效环节，推动机构重组，以提高政府整体运作效率。为减少官僚主义，DOGE 将减少多余的监管法规，减轻企业和社会负担，同时保留必要监管以保障公共利益。旨在打破一些被认为扼杀创新的监管束缚，促进经济活力和企业发展。

此外，DOGE 还将推动政府机构之间的协调与合作，减少重复工作和资源浪费；促进政府服务的数字化和信息化，提高服务便捷性和效率；建立绩效评估体系，监督和评估政府机构及项目执行情况等，以推动政府运作方式的改革和优化，营造创新、高效和以结果为导向的工作氛围。

三、DOGE 的作用能否如特朗普预期一般彻底改变美国政府的运作方式？

特朗普将 DOGE 视为一个重要的改革工具，他期待通过这个部门削减政府官僚机构，减少监管法规和浪费的开支，并重组联邦机构。他甚至将这个计划比作“我们时代的曼哈顿计划”，显示出他对 DOGE 的高期望。

专家分析指出，尽管马斯克未来在特朗普政府中的角色可能不够正式，但至少目前来看，特朗普愿意听取马斯克的建议，这将让他在新政府中获得巨大影响力。《华盛顿邮报》分析称，虽然目前对于这个“政府效率部”的细节仍模糊不清，但鉴于共和党将同时控制国会两院和白宫，他们有机会让一系列预算变化和监管成为法律，“政府效率部”可能会对美国政府和数百万联邦工作人员产生重大影响。

然而，目前来看，DOGE 的实施面对以下难点。

一是 DOGE 并非正式的联邦政府机构，缺少直接执行权。据特朗普发布的声明，DOGE 将作为一个临时机构运作，提供“来自政府外部的建议和指导”，而不是拥有任何立法或行政权力来独立实施变革。这意味着虽然马斯克和拉马斯瓦米可以提出改革并建议削减联邦支出，但他们没有权力在没有国会批准的情况下实施这些改革。而政府内部的机构和部门是否愿意接受并执行这些建议存在不确定性。例如，过去一些政府改革的专家小组或委员会提出的建议，往往由于缺乏强制执行力而难以得到有效落实，DOGE 也可能面临同样的问题。

二是计划削减政府支出的数额大且涉及部门多，实现过程复杂且充满政治挑战。美国媒体透露，马斯克计划削减的机构和部门包括美国联邦贸易委员会、美国国家税务局、美国司法部和美国证券交易委员会，以及美国教育部和国家公共广播电台。美国政府预算构成复杂，其中超过一半用于社会保障、医疗保险等法定支出项目，这部分资金调整难度极大。联邦支出基本上由国会授权，DOGE 提出的任何重大削减或重组都需要立法支持，这一过程可能很复杂，充满政治挑战。如《华尔街日报》就表示，在美国，国会议员们往往反对削减开支。《华尔街日报》分析道，虽然几乎所有人都认为每年支出超 6 万亿美元的美国联邦政府存在浪费和低效现象，但要就哪些方面属于浪费以及如何消除浪费达成一致，这得另当别论。即使是在共和党内部，要就此达成共识都不容易。此外，即便拥有共和党控制下的国会支持，任何激进的改革措施也可能遭遇民主党方面强烈反对，尤其在社会福利等领域。

三是联邦官僚主义的根深蒂固可能会抵制改革的努力，历史上，精简政府运作的尝试经常遭到既定利益集团的重大抵制。美国政府的官僚体系庞大且具有一定的惯性，长期以来形成的管理流程、层级结构和工作方式难以在短时间内改变。

四是民众对该计划可能持怀疑态度。有批评人士指出，马斯克的新职位将与其形成利益冲突。他经营的公司包括特斯拉和 SpaceX 在内，手握数十亿美元的联邦合同，且受益于联邦支出。一些观察家质疑马斯克选前大力支持特朗普的动机，并认为马斯克及其企业可以从与特朗普的关系中获益。密歇根大学罗斯商学院教授戈登表示，马斯克认为自己受到了监管机构的阻挠，并认为政府干预扼杀了他所专注的技术的发展。“他想成为那种走在前沿的、狂野的企业家，能够开辟新的道路，而不被监管所束缚，因为监管往往比技术进步落后 5 年、10 年、20 年。马斯克想走另一条路。”

因此，对于 DOGE 能否实现特朗普的预期，不同人有不同的看法。一些人持怀疑态度，认为缺乏具体细节，可能的政治阻力会阻碍 DOGE 的成功。而另一些人则认为，鉴于特朗普对马斯克的信任和马斯克的影响力，DOGE 有可能在一定程度上改变美国政府的运作方式。然而，这一切还有待观察和实施。

四、DOGE 与普通咨询机构的区别

外部咨询机构 / 顾问机构很常见，仅在联邦层面就有上千个这样的咨询机构。这些机构有的由联邦政府、国会提供资金，有的是民间独立资助的，有的包含政府雇员，也有纯民间组织。联邦层面，有专门的法律《联邦顾问委员会法》(The Federal Advisory Committee Act) 负责相关的监管。DOGE 与外部咨询机构的区别主要分为以下几个方面:

(一) 设立的背景和目的区别

DOGE 是在特朗普政府的特殊背景下成立的，具有较强的政治意图和针对性。其主要目的是对政府进行"企业化改革"，解决美国政府面临的高额支出和预算赤字等问题。其背后反映了特朗普政府的特定政治理念和施政方向。

普通咨询机构通常是为了给各类组织、企业或政府提供专业的建议和解决方案，以帮助他们提高效率、解决问题或制定战略等。其设立目的相对较为广泛和通用，不一定具有强烈的政治色彩和特定的改革目标。

(二) 政府关系及影响力的区别

DOGE 虽不是正式的政府部门，但向白宫提供指导，在政府体系之外运作。由于与特朗普政府关系密切，且得到了一定的政治支持，所以如果 DOGE 的建议被采纳，可能会对美国政府的运作方式和政策制定产生重大影响。DOGE 提出的大规模裁撤联邦机构等激进举措，可能会引起政府机构和人员的较大变动。DOGE 会与白宫的 OMB (行政管理和预算局) 的支持和配合下一起工作。OMB 是白宫的一部分，传统职能是协助联邦政府管理预算，并与国会进

行相关的协调与沟通事项。通过 OMB 拥有足够的权限，DOGE 能够获取有关预算的准确信息，并可链接所有联邦政府机构、国会的所有相关委员会和重要议员。

普通咨询机构与政府的关系相对较为独立，其影响力取决于政府对其建议的重视程度和采纳情况。一般来说，普通咨询机构的建议更多是作为参考，政府在决策时会综合考虑多方面因素，不一定会完全按照咨询机构的建议行事。

（三）运作方式和权利的区别

DOGE 宣称以独特的视角和方式去评估政府的运作效率，可能会采用一些较为大胆和创新的方法。但由于它不是正式的政府部门，没有直接的行政权力，主要是通过提出建议和方案来推动政府改革。不过，DOGE 特殊的地位和与政府的紧密联系，使其在一定程度上具有较高的关注度和影响力。

普通咨询机构通常按照既定的咨询流程和方法进行工作，通过收集数据、分析问题、提出建议等步骤为客户提供服务。咨询机构的权力范围仅限于提供咨询服务，不能直接参与政府的决策和执行过程。

（四）法律约束及公众责任

DOGE 可能受到《联邦咨询委员会法》的约束，该法案规定了向政府提供建议的外部团体必须如何运作，并对公众负责。普通咨询机构可能受到不同的法律和行业规范的约束，其公众责任取决于其服务对象和业务范围。

五、DOGE 对美国现行的政治体制的影响

（一）提供政策建议和改革方案

DOGE 作为一个外部咨询机构，其主要职责是为政府提供效率和精简方面的建议。它将研究所有机构所基于的底层法律，研究联邦政府职能的重合情况，以及哪些联邦政府机构及其底层立法已经不再适应当前需要，从而提出裁减和优化的建议。

（二）推动结构性改革

DOGE 预计将与白宫和管理与预算办公室（OMB）合作，指导结构性改革，以创造一种前所未有的方式。这可能涉及到联邦机构的重组和预算的优化。

（三）增加政府透明度和公众参与度

特朗普在社交平台 TruthSocial 上表示， DOGE 将推动政府透明度与公众参与，并致力于削减多余监管和浪费行为。所有相关措施将会公开发布，以便于公众监督。

（四）影响联邦预算和行政事务

DOGE 的存在显示出特朗普将私营部门改革手段带入公共部门的愿望与尝试。OMB 是总统管理联邦预算和行政事务的核心部门， DOGE 将与 OMB 合作，提供政府以外的建议与指导。

（五）道德和法律约束

作为政府外部咨询机构， DOGE 的运作或将受到联邦咨询委员会法案（FACA）的约束，要求透明公开。这既保障了 DOGE 运作的合法性，也约束了其在政府事务中的参与程度，防止其对公共政策的过度干预。

（六）象征性意义

DOGE 的成立和马斯克的任命象征着特朗普对私营部门的信任，也反映出他对“深层政府”不满的延续和对官僚机构抵制的尝试。

因此，DOGE 通过提供政策建议、推动结构性改革、增加透明度、影响预算和行政事务、以及在道德和法律框架内运作，来影响美国现行的政治体制。然而，其实际作用和影响力将取决于特朗普对 DOGE 的支持程度以及 DOGE 能否将其建议转化为实际的政策和行动。

六、马斯克裁减举措的影响

（一）积极、正面影响

一是能提升政府效率与财政健康，美国政府机构存在一定程度的臃肿和资源浪费问题，马斯克裁减 300 个联邦政府部门、缩减 2 万亿美元预算的计划如果能够成功实施，有望去除不必要的官僚层级和冗余业务，使政府运作更加高效。这将减轻政府的财政负担，对于控制美国不断增长的财政赤字、债务规模具有积极意义，让政府能够将有限的资源更有效地投入到关键领域，如基础设施建设、教育、医疗等，提升公共服务的质量和覆盖面。**二是增强公众监督和参与度**，设立“最愚蠢的税款支出”排行榜这一举措可以增强公众对政府开支的监督和参与度。通过公开评选最愚蠢的税款支出，让公众更加了解政府资金的使用情况，提高政府财政的透明度。公众可以对政府的支出决策进行监督和评判，促使政府在使用税款时更加谨慎和合理，避免不必要的浪费和不合理的支出项目。这种公众参与的方式也有助于增强民众对政府的信任，提高政府的公信力。三**是推动经济发展**，减少政府对市场的干预，马斯克是“小政府”主义的支持者，裁减政府部门和预算可能意味着减少政府对经济的过度干预，让市场在资源配置中发挥更大的作用。这可能会激发企业的创新活力和竞争力，促进经济的增长和发展。例如，减少对某些行业的过度监管和补贴，让企业在市场竞争中自主发展，有利于推动产业升级和创新驱动型经济的发展。

（二）消极、负面影响及挑战

一是政府服务与职能受影响，公共服务的供给不足，大规模裁减政府部门可能导致一些重要的公共服务职能无法得到有效履行。如教育、医疗、环保等领域的政府部门如果被大幅削减，可能会影响到相关公共服务的提供质量和覆盖范围，对民众的生活和福祉产生不利影响。一些长期的、战略性的公共项目可能因缺乏政府的支持和推动而受到阻碍，影响国家的长远发展。二**是社会公平问题加剧**，政府在维护社会公平方面发挥着重要作用，通过各种政策和项目来保障弱势群体的权益。削减政府部门和预算可能会削弱政府在这方面的能力，导致社会公平问题进一步加剧，如扶贫、社会保障、就业培训等项目的资金可能会减少，使弱势群体难以获得足够的支持和帮助。三**是政治与社会稳定风险**，利益集团抵制与政治斗争方面，这些举措必然会触动众多利益集团的利益，包括政府部门内部的官僚群体、与政府有密切合作的企业和机构等。这些利益集团可能会联合起来抵制马斯克的改革计划，引发激烈的政治斗争和权力博弈。这不仅会增加改革的难度和阻力，还可能对政治稳定产生一定的威胁，影响政府的正常运作和决策效率。**四是失业率上升与社会不稳定**，大规模裁减政府部门将导致大量政府雇员失业，这会给个人和家庭带来经济压力，同时也可能引发社会不稳定因素。

失业人员的增加可能会导致社会矛盾的激化，犯罪率上升等问题，对社会的和谐与稳定构成挑战。**五是改革可行性与可持续性存疑**，治理政府与管理企业存在巨大的差异，马斯克在企业管理方面的经验和方法未必完全适用于政府治理。政府机构的复杂性、政策制定的程序和公共服务的特殊性等因素，使得政府改革需要综合考虑多方面的因素。马斯克的改革计划可能过于简单地将企业管理的模式套用到政府治理中，忽视了政府管理的特殊性，从而在技术和管理层面面临诸多挑战，导致改革的可行性受到质疑。**六是缺乏长期规划与制度保障**，仅仅依靠裁减部门和评选“最愚蠢的税款支出”等短期举措，难以从根本上解决政府效率和财政问题。政府改革需要有长期的规划和制度保障，包括建立健全的预算管理体制、绩效评估机制、监督问责机制等。如果缺乏这些长期的制度保障，马斯克的改革计划可能只是昙花一现，难以实现可持续的政府治理改善。

七、DOGE 改善政策与监管环境措施的影响

（一）对技术领域的影响

DOGE 有望在多个方面推动美国技术行业的发展：

一是政策松绑和监管简化。DOGE 的最大目标之一就是推动政策和法规的松绑，尤其是在科技领域。例如，面对人工智能和区块链等新兴技术，现行的监管政策往往缺乏灵活性和前瞻性，容易给创新带来不必要的束缚。如果 DOGE 能够成功影响美国政府对这些技术的监管方式，可能会让企业在这些技术领域的研发和应用更具自由度和灵活性，从而加快技术的商用化步伐。

二是鼓励企业家精神和风险投资。DOGE 的目标之一是激励

创业和创新，尤其是在技术密集型行业。通过推动更加自由的市场环境和简化行政审批，DOGE 可能会促使更多的创业公司和风险投资涌入科技行业，为企业提供更广泛的资金支持和创新空间。这对于美国本土科技企业而言无疑是一种利好，对于全球企业，特别是中国企业来说，同样也有着潜在的机遇。

三是推动跨国合作与竞争。DOGE 可能会打破一些跨国公司进入美国市场的壁垒。例如，在技术转移、数据安全等方面，美国的法规曾长期对外资公司造成较大限制。如果 DOGE 推动的改革能够在这些方面降低门槛，它可能会为中国企业在美国的发展创造更多的机会，特别是在高科技领域。

（二）对中国企业的影响

从中国企业在美国的发展角度来看，DOGE 的设立可能带来一定的利好因素。美国市场对中国企业的吸引力，一直受到政治、经济和监管等多方面因素的影响。近年来，由于中美贸易摩擦、科技竞争加剧等因素，许多中国企业在美国市场的发展面临较大挑战。然而，DOGE 所推动的政府效率改革和监管松绑可能会带来以下几方面的积极影响：

一是减轻监管压力。如果 DOGE 能够成功推动美国政府在某些领域的监管松绑，那么中国科技企业在美国的投资和发展可能会变得更加轻松。例如，在人工智能、5G、云计算等领域，许多中国公司（如华为、阿里巴巴、腾讯等）在美国面临较为严格的审查。如果 DOGE 的改革能够缓解这些审查，可能会为这些公司提供更多的机会进入美国市场，或至少能使它们在现有的市场中更具竞争力。

二是改善跨国合作环境。DOGE 希望能够通过政策创新来推动国际合作，特别是在技术交流和研发方面。对于中国企业来说，如果美国在这些方面放宽限制，可能会为它们提供与美国公司更广泛的合作机会。特别是在人工智能、半导体、绿色能源等技术领域，跨国合作日益成为推动全球创新的重要动力。

三是加强技术研发和人才引进。DOGE 的政策有可能简化移民和技术引进程序，这将使中国企业能够更容易地吸引全球顶尖的技术人才，特别是美国的技术和研发人员。通过提供更宽松的政策环境，DOGE 可能间接为中国企业在美国的研发中心或创新基地提供更有利的条件。

然而，这些潜在的利好因素并非没有挑战。首先，尽管 DOGE 提出改革建议，实际上美国政府的政策能否迅速改变还存在不确定性。其次，技术领域的竞争格局复杂，特别是中美之间在高科技领域的竞争日趋激烈，即使政策松绑，也可能无法消除政治因素对中美企业关系的影响。

八、DOGE 对中国政府治理和改革的借鉴意义

引入外部视角，创新组织结构。自 20 世纪初以来，美国政府机构经历了多次重组与改革尝试，旨在提高行政效能和服务质量。然而，随着时间推移，官僚体系日益庞大复杂，导致效率低下问题日益凸显，成为阻碍创新的主要因素之一。在此背景下，引入外部视角特别是来自私营部门的成功人士参与治理显得尤为重要。马斯克可能会借鉴自己在私营企业中的成功经验，尝试打破现有框架，建立更加灵活高效的团队协作模式。这意味着更多跨部门合作机会、更快的信息传递渠道以及对基层员工创新能力的认可和支持。

渗透数字技术，优化政务服务。预计 DOGE 会大力推动政府部门采用云计算、人工智能等前沿信息技术，实现数据共享与流程自动化。这不仅能够显著降低运营成本，还能提升决策速度和服务质量。例如，在社会保障、税务处理等领域应用 AI 算法可以极大简化繁琐手续，让民众享受到更便捷的服务体验。

人才机制改革，激发队伍活力。为了确保改革顺利推进，吸引并留住顶尖人才至关重要。DOGE 或将推出一系列激励措施，包括但不限于提供更具竞争力的薪酬福利、设立专项培训计划以及开放更多面向外部专家的合作窗口。此举有望激发公务员队伍活力，促使他们积极拥抱变化，共同参与到这场前所未有的行政效能革命当中来。

从特朗普胜选看美国社会撕裂与未来政治格局的动荡

钱忠凯 *

一、引言：从意识形态对抗到资本逻辑重构

2024 年的美国总统大选揭示了一种深刻的政治格局转变，超越了传统的左右派对立范式，而展现出文化认同与资本积累逻辑之间的错位组合。这一新格局的核心在于，共和党与新兴资本，尤其是科技和能源领域的资本，建立了紧密的联盟。而与此同时，民主党则日益成为传统金融资本与进步文化精英的代言者。这一转变反映了美国政治经济结构的深层重组，尤其是在经历了 2008 年金融危机后资本权力再分配的背景下。然而，这种看似形成的新政治垄断平衡实际上只是表象。

在这一新格局中，特朗普与马斯克的结合成为理解共和党战略转向的关键节点。他们代表了文化保守主义与新兴资本之间的融合。这种联盟背后折射出美国工人阶级支持基础的转移，以及新兴资本权力扩张的内在逻辑。

文化保守主义与新兴经济结构的联盟，这种看似错位的组合，实际上构成了作为“帝国政治”终局阶段的核心特征。任何帝国的最终博弈都发生在这样的政治错位之中，其成败将直接决定帝国的生死存亡。

---

* 钱忠凯，岭南大学文化与创意研究院研究员。

二、资本与文化的错位联盟：特朗普与马斯克

特朗普的政治崛起与马斯克的商业成功并非偶然的并行现象，而是美国资本结构与文化认同重组的产物。特朗普作为一名具有民粹主义色彩的政治家，其煽动性的话语不仅迎合了传统保守派选民的情感，还成功吸纳了在全球化过程中被边缘化的工人阶级。他的“美国优先”（America First）口号直指保护本土工人利益，反对全球化带来的跨国竞争，同时承诺恢复美国制造业的辉煌。这一叙事通过唤起对过去繁荣工业时代的集体记忆和怀旧情感，塑造了一种对传统产业复兴的期待。

“让美国再次伟大”（Make America Great Again）这一口号进一步强化了工人阶级的归属感，尤其是在美国中西部“锈带”地区，特朗普的反全球化议程与反精英主义姿态深得人心。他将全球化和技术变革的阵痛转化为对“肮脏的精英”（the corrupt elite）的愤怒，成功地将这一群体描绘成美国工人阶级困境的罪魁祸首。同时，他将非法移民问题与本土就业竞争挂钩，提出“保护美国工人”（Protect American Workers）的政策框架，通过对移民的排斥性叙事进一步巩固了工人阶级的政治忠诚。这一策略不仅在 2016 年和 2020 年大选中取得显著成效，也在 2024 年的选战中持续发挥作用。特别是在美国中西部“锈带”地区，特朗普的反全球化、反精英主义姿态深得工人阶级的认同。

另一方面，马斯克作为新兴资本的代表，其科技产业革命为美国经济注入了新的增长动力。从特斯拉的电动车到 SpaceX 的太空探索计划，马斯克象征着创新资本的扩张，他不仅带动了新的就业机会，还塑造了新的资本积累模式。值得注意的是，马斯克在政治

立场上并不是传统意义上的精英主义，而是选择与特朗普这样的民粹政治吹捧者结盟，这是一种典型的错位，——这种错位也并不是某种偶然的巧合，——在拜登上任期间，马斯克曾多次向民主党抛出橄榄枝，然而却没有得到积极的回应，结果则是其转向了共和党，——相应地，共和党的政治纲领也积极地担保了马斯克的政治与经济利益。

马斯克的"科技乌托邦"[1] 与特朗普的"美国优先"[2] 的民粹叙事形成了一种奇特的共生关系：两者共同反对精英主义、全球化秩序和传统的政治正确文化。这种结合不仅是新资本对老资本的反叛，更是新兴资本与文化保守主义的一种共谋，试图在政治舞台上重塑美国的权力分配结构。

三、2008 年金融危机后的资本重组：错位的由来

2008 年金融危机不仅动摇了全球金融市场的根基，也深刻改变了美国的政治经济结构。危机后，美国政府实施的金融救援计划（TARP）不仅向金融系统提供了急需的流动性支持，还塑造了金

1　"科技乌托邦"是马斯克及其类似思想家所推崇的一种未来主义理念。这种理念源自于对技术进步的极端乐观信仰，认为技术的飞跃能够解决一切社会问题，从能源危机到贫困，再到环境污染。马斯克个人及其代表的企业（如特斯拉、SpaceX）一直在倡导通过科技改变世界，构建一个更为高效、可持续的未来。此外，"科技乌托邦"不仅关注技术本身，还代表了一种反对精英主义和全球化秩序的思潮。通过太空探索、全球电动车生产等项目，马斯克显然在试图打破传统的国家、文化、甚至全球市场的界限，创造一种全球性的自由市场秩序。与此同时，这种秩序也有其矛盾之处，因为它往往是由少数技术精英主导的。

2　"美国优先"(America First) 是特朗普 2016 年竞选时提出的口号，代表着美国的民族主义、保护主义及对全球化的反叛。特朗普的政治叙事强调美国要重新聚焦于自己的利益，减少对外援助，打击海外不公平贸易，保住美国工人的就业机会。

融资本与政治权力之间的复杂关系。TARP 计划的资金流向了那些当时被认为“太大而不能倒”的大型金融机构，包括摩根大通、美国银行、花旗集团等。对于这些机构来说，政府的资金注入不仅确保了它们的存活，也进一步巩固了它们在全球金融市场中的主导地位。然而，这一救援计划的一个严重后果是，金融资本与政治精英之间的关系愈发紧密，尤其是与民主党之间的联系。

TARP 计划实施后，华尔街对民主党的政治捐赠显著增加。根据 OpenSecrets 的数据显示，尤其是在 2016 年大选后，金融资本的捐款流向逐渐偏向民主党，这一趋势在奥巴马政府时期初露端倪。[3] 民主党的政策趋向于为大型跨国企业和科技巨头（如 Facebook、Google、 Amazon 等）提供宽松的监管环境，给予它们自由扩张的空间。这种依赖金融资本的现象，使得民主党逐渐成为了金融资本的代表，尽管党内仍存在某些进步派的反对声音（如伯尼 · 桑德斯和亚历山大 · 奥卡西奥 - 科尔特斯等）。然而，这些反对派往往在党内主流的制衡下处于边缘地位，难以推动系统性改革。

民主党在文化上与进步主义的结合也越来越显著，尤其是在对待性别平等、LGBTQ 权利、环境保护等议题上，党内的精英通过拥抱“进步文化”来吸引都市精英和文化左派选民。这一转变可以视为一种策略性地“包装”自己的方式，试图将传统的金融资本利益通过“进步文化”的面纱加以掩盖，从而缓解一些基层选民对其

---

3 Center for Responsive Politics. (2016). Where the money came from: The financial trends in the 2016 election. OpenSecrets. https://www.opensecrets.org
PolitiFact. (2016). Hillary Clinton: Barack Obama set new Wall Street fundraising record when he first ran for president. https://www.politifact.com
Harvard Journal on Legislation. (2017). It is all about the money: Presidential conflicts of interest. Harvard Journal on Legislation, 54(2), 465-489. https://journals.law.harvard.edu

支持的抗拒感。

然而，与民主党相对的是，共和党的选民基础在过去 20 年中经历了显著的变化。传统上，共和党的主要支持者来自于石油、天然气等能源行业，以及制造业和房地产领域。然而，2008 年金融危机后，全球化和技术变革的冲击严重削弱了美国中西部和南方地区的经济活力。在这些地区，工厂关闭，小城镇经济衰退，白人工人阶级愈发感到被全球化、移民潮以及精英主导的技术进步所边缘化。

在这一背景下，共和党逐渐拥抱民粹主义，试图通过反精英、反华尔街以及反科技巨头的言辞吸引这些被忽视的选民群体。这一战略在特朗普的崛起中达到了顶峰。特朗普不仅通过强烈的反全球化立场来吸引这些选民，还在文化上利用反移民、反政治正确的语言调动选民情绪，强化了保守主义的文化战线。特朗普政府的政策明显偏向支持传统能源产业，如石油和煤炭，而对于制造业的回流和地方经济的复兴也给予了很大关注。在文化战方面，共和党通过反对 LGBTQ 权利、反对移民等议题，打击了传统的文化左派，从而吸引了大量“受害”于现代进步文化的选民。

那么，共和党原本理应代表的是传统资本的利益，——不过它最终却和新兴资本走到了一起，这似乎是一个传统资本结构更迭的时刻。2024 年，马斯克、贝索斯等新兴资本巨头成为共和党的重要支持力量，他们期望通过共和党的减税政策、反监管立场来获取更大的市场自由度。特朗普的获胜象征着这一更迭时刻的高潮，其政策纲领中包含了大量对新兴产业的优惠措施，特别是在减税、放松环保监管、促进国内制造业复兴等方面。

不过事情绝对没有这么简单。

四、特朗普的西罗马帝国时刻

2024 年的美国政治格局，似乎已构建出一种新的权力模式。这种模式以错位的文化与资本组合为基础，共和党通过文化保守主义与新兴资本的结合，成功吸引了被全球化边缘化的工人阶级。这些工人阶级在文化上认同保守主义价值观，在经济上则依赖于新资本带来的就业机会，从而被整合进了特朗普—马斯克联盟所代表的政治经济体系。

然而，这种模式并不意味着美国的内在矛盾被消解。相反，这种权力结构通过新的配置，形成了一种具有垄断特征的政治平衡。共和党以文化动员为手段，与新兴资本结合；民主党则依靠进步文化与传统金融资本联盟。两党间的政治对立在文化领域表现得尤为激烈，但其经济层面的关系却呈现出互补与合作的特征。换言之，这种对立本质上掩盖了资本集团之间的隐秘共谋：两党都以不同的文化叙事为工具，维护其背后的资本利益，而非真正致力于改善选民的经济福祉。

特朗普的崛起可以被视为对全球化进程中传统文化和价值观受到侵蚀的反弹。他所代表的是一种民族主义与文化保守主义的回潮，试图通过恢复传统美国价值观、强化保护主义经济政策以及打击精英主义，回应全球化带来的深层次冲击。在这一点上，特朗普的政治路线与历史上的西罗马帝国晚期颇有相似之处。当年，罗马的统治者试图通过一系列文化保守政策恢复帝国的传统，但却难以抵挡外来蛮族的冲击与内部结构的分裂。类似地，特朗普的“美国优先”政策旨在重建美国的文化认同，特别是在全球化带来的文化与经济双重挑战面前。

特朗普反对全球化，主张贸易保护主义，并对中国及其他国家采取强硬立场。他的政策旨在通过限制外部竞争为美国工人阶级争取更多利益，尤其是锈带地区的工人阶级——这一群体曾因制造业的外迁和经济结构的转型而深感被抛弃。然而，特朗普所寻求的经济复兴并未真正触及经济结构的问题，而是试图通过政策手段恢复一种早已失去基础的经济生态。

西罗马帝国的衰亡在很大程度上源于贵族阶层与普通百姓之间的割裂，而特朗普的崛起则是通过对这种割裂的政治性利用才得以实现。他成功地将全球化边缘化的工人阶级、中产阶级与共和党的政治联盟捆绑在一起，通过猛烈抨击“华盛顿沼泽”——即政治精英阶层——以及全球化利益集团，赢得了广泛的民众支持。特朗普的民粹主义话语为这些在全球化中失落的群体提供了一个政治出口。然而，这种联盟的内在张力和潜在脆弱性不容忽视。

如果说西罗马帝国在外部蛮族入侵和内部分裂的双重压力下瓦解，那么在特朗普时代的美国，全球化本身则充当了“外部蛮族”的角色。全球化不仅打破了美国传统产业的优势，还通过资本流动和技术创新引发了经济和社会结构的剧烈变动。特朗普的反全球化政策，尤其是对中国采取的强硬立场，可以被视为对这一“外部力量”的抗衡。然而，这种抗衡并未改变全球化的基本趋势，也无法扭转资本与技术的主导作用。

值得注意的是，当前的科技资本与全球资本，在某种意义上相当于西罗马帝国晚期的“蛮族势力”。马斯克、贝索斯等科技巨头所代表的新兴资本，不仅重塑了经济模式，也在政治领域对传统秩序发起了挑战。他们的崛起改变了资本的主导模式，从传统的工业资本转向以技术创新和全球化网络为核心的新型资本积累逻辑。这种新型资本通过与共和党的结盟，试图在减税、放松监管等政策支持下扩大自身的市场自由度。

然而，这种新兴资本与共和党文化保守主义的联盟并非没有潜在的矛盾。一方面，新兴资本以技术全球化为基础，其经济利益与民族主义政策并不完全兼容；另一方面，共和党在文化上所主张的保守主义与新兴资本的全球化价值观也存在深刻的冲突。这种联盟内的结构性张力表明，特朗普—马斯克联盟的稳定性可能仅仅是暂时的。

西罗马帝国的末期，贵族阶层通过与军事统领的结盟试图维持统治，但这种结盟最终加速了帝国的瓦解。类似地，特朗普与新兴资本的结合，虽然短期内塑造了一种新的权力格局，但长期来看，其内在的矛盾可能会逐渐显现。新兴资本所代表的技术化、地方化经济模式虽能带来增长，却也在无休止地消耗美国社会的资源与结构稳定性。这种资源的耗竭不仅加剧了阶级之间的分化，也可能进一步削弱美国在全球体系中的竞争力。

特朗普是否赢得了他的“西罗马时刻”？这一问题的答案仍然模糊不清。从短期来看，他成功地利用了全球化的矛盾与社会分裂，整合了一个看似强大的政治联盟。然而，从长期来看，这种联盟的内在张力与资本主义的系统性矛盾可能最终会瓦解这一结构。

五、来日方长？全球资本主义与政治错位

和平的 21 世纪，资本化就是军事化。

晚期资本主义的内部矛盾主要表现在旧金融资本与新兴产业资本之间的冲突。旧资本依赖于金融化和全球化，而新资本则以技术

创新和本土化生产为核心。近年来我们看到，美国民主党逐渐成为金融资本和全球化利益的代言人，而共和党则吸引了新兴资本与本土制造业的支持。这种政治错位并非孤立现象，而是美国资本体系内部矛盾的具体表现，是全球资本主义在危机中试图重新分配资源与权力的一种策略性调整。

过去数十年间，美国资本主义通过消费文化与身份政治的双重策略，成功将经济矛盾转化为文化认同的政治动员。身份政治的兴起与文化战争的升级，正是资本主义试图通过文化议题转移经济矛盾的经典手法。通过将阶级冲突掩盖在文化认同的表象之下，资本得以维持其统治地位。这种文化与经济脱钩的现象，是美国晚期资本主义最突出的特征之一。其本质在于，通过塑造文化冲突来模糊经济结构的不平等与阶级剥削等本质问题。

特朗普的胜利是否可以被视为一种“帝国模式”的再平衡？或者说，这种胜利是否仅仅是资本主义在危机中的一次短暂调整？答案并不明确。不同于早期资本主义时期的自由民主模式，晚期资本主义逐渐呈现出一种新帝国形态，这种形态以更隐秘、更系统化的方式维持资本的统治，并通过政治错位实现自我保护。然而，无论这种调整多么精密，资本逻辑的政治错位无法根本性地化解体系内部的深层矛盾，只能暂时推迟危机的到来。

特朗普的当选并非仅仅依靠个人魅力或传统选举策略，而是深刻植根于美国资本主义危机时代的复杂政治经济重组。他成功地将美国工人阶级，尤其是制造业工人与中产阶级的经济焦虑转化为政治支持。“美国优先”（America First）这一口号不仅精准回应了这些群体对全球化所带来失业与收入停滞的愤怒，也强烈攻击了自由贸易和全球化议程背后的精英阶层。这一政治叙事深深植根于保守主义传统，并通过反对“政治正确”与文化进步主义，凝聚了大量被边缘化的选民，尤其是白人中产阶级和传统工人阶级。

从更广泛的视角来看，特朗普的胜利可以视作全球资本主义体系在危机中的一种自我调节机制。这种机制试图通过政治错位和资本再平衡，缓解全球化带来的财富集中与社会危机。特朗普通过将“工人阶级”与“本土制造”重新捆绑，构建了一种反全球化的资本主义愿景。这种愿景不仅挑战了代表金融资本与文化精英的民主党，也成功吸引了曾经属于工党支持群体的大量选民，从而打破了传统的党派划分（Laclau,2005）。这种政治转向体现了资本主义在全球危机中的应变机制，而这种现象不仅局限于美国，而是在全球范围内的资本主义扩展和重新配置的表现。

当选并不意味着稳定。特朗普政府面临着如何将竞选口号转化为具体政策的难题，尤其是在美国复杂的政治生态与全球化经济背景下。首先，特朗普需要调整其经济政策，以应对本土制造业复兴与全球化经济体系之间的矛盾。在国内，他面临着如何推动制造业回流和创造就业的问题，然而在全球化的资本流动与供应链结构下，这一目标并非易事。另一方面，特朗普对于“美国优先”的坚持也需要处理外交政策与国内利益之间的张力，尤其是如何平衡与中国等经济大国的贸易关系。此时，特朗普并不仅仅依赖传统的保守主义支持，也需要依靠强大的军事和外交手段来维持美国在全球的主导地位，这对其政府的长期稳定构成了威胁。

特朗普的政策方向，虽然在竞选时以“打破常规”和“反建制”作为主要卖点，但其当选后，必须面临如何在权力结构和国际地位上进行重新定位的问题。他的内外政策无疑将在不同层面上对资本的利益进行调整：如何在不彻底破坏全球资本链条的前提下，推进本土制造业、减少对外依赖，以及如何在国家安全和贸易利益之间找到合适的平衡。

有三个主要领域将决定其政策走向：经济、外交、文化。首先，在经济政策上，特朗普显然会推动保护主义措施，如对进口商品征税和推动贸易协定重新谈判等，这些措施可能会挑战全球化资本流动的现状，尤其是与中国的贸易战就是一个例子。他的政策预计会侧重于制造业和本土化生产，以回应其支持基础的需求，同时加强对国内基础设施的投资，试图通过经济民族主义来提升美国的“自主性”。

在外交政策上，特朗普倾向于采取更具攻击性的单边策略。他与北约盟国的关系日益紧张，美国在全球事务中的领导地位正逐步让位于以“美国优先”为核心的外交政策。对于中国，特朗普可能会继续保持高压态势，通过经济制裁和限制性贸易政策来遏制中国的崛起。与此同时，特朗普也可能加强对中东地区的军事干预，确保能源利益的安全。

文化方面，特朗普将面临如何平衡传统保守派与新兴工人阶级支持者之间的利益。这种文化的凝聚力，尤其在移民政策和种族问题上的立场，将继续在美国社会产生深刻的分裂。然而，特朗普的文化议题也可能被他作为转移注意力的工具，从而进一步加剧美国资本主义内部的阶级冲突和社会裂痕。

总而言之，特朗普赢得美国总统大选的胜利是全球资本主义体系在危机中的一种复杂反应。这种模式通过政治错位和文化动员，将资本的矛盾暂时转移，但未能触及其深层危机的核心。正如历史所示，资本主义的内在矛盾无法通过简单的政治调整彻底消除。特朗普的“帝国时刻”或许能够延缓危机的到来，但这种延缓本身就是一场不断积累风险的倒计时。美国帝国资本主义的未来，远未见分晓。

垄断资本视角下美国政商联盟的变局与特朗普的政策调整

张志超　雷雨若[*]

特朗普的再次当选，在美国和全世界引起轩然大波。不过，落选后再次当选的美国总统，特朗普并不是第一位。他的前辈是第22任和第24任美国总统格罗弗·克利夫兰。和特朗普一样，克利夫兰也任人唯亲，以大量否决法案的形式向建制派发起挑战，阻止各种形式的社会福利措施。不过，克利夫兰谋求降低关税、对外扩张，大力镇压工人运动，与特朗普的政策倾向和对底层民众的操纵利用存在明显差别。两者出现同样的起伏，离不开个人因素，更是由危机背景下的大资本利益所决定的。克利夫兰是在美国“镀金时代”末期处理大变局，特朗普是在新自由主义时代末期的时势造出来的“英雄”。恩格斯说：“主要人物是一定的阶级和倾向的代表，因而也是他们时代的一定思想的代表，他们的动机不是从琐碎的个人欲望中，而正是从他们所处的历史潮流中得来的。”[1] 因此，观察当代美国政局，要有历史视野，从垄断资本主义政经模式面临的危机来考量。

* 张志超，北京大学习近平新时代中国特色社会主义思想研究院助理教授、北京大学国家治理研究院助理研究员，西南大学经济管理学院研究人员；通讯作者：雷雨若，深圳大学政府管理学院副教授、深圳大学全球特大型城市治理院研究员。

1 《马克思恩格斯文集》第10卷，人民出版社，2009年，第174页。

一、全球垄断资本的危局与特朗普的当选

近些年，美国的“占领华尔街运动”、“黑命贵”运动、冲击国会山骚乱，法国的“黄马甲运动”，英国的“脱欧”及其相关的浪潮，欧洲以排斥难民和移民为主旨的 Pegida 运动，诸如此类极端民粹主义运动此起彼伏，法国、意大利、德国、韩国等都出现极端倾向的政党、政治人物和极化的政党斗争，以民主政治、资本主义经济和福利社会为架构的西式制度遭遇着普遍危机。世界主要国家的这些形势被英国《金融时报》首席经济评论员马丁·沃尔夫在新著[2]中称之为“民主资本主义的危机”，即资本主义经济下行和分配不平等导致民众陷入贫困，对掌权精英信任减少，对民主资本主义制度的信心崩塌，而政府治理的失效引发极端民主化的反弹，导致民粹主义、政治极化、经济上的民族主义和种族排斥等。历史似乎进入到所谓的“垃圾时间”，但这不过是垄断资本主义危机的各种表现。

以美国的垄断资本主义发展为代表，可以略窥危机的主要形态及治理手段的局限性。自 19 世纪后期以来，美国走上了垄断资本的道路。在克利夫兰担任总统的时代，资本主义就已经出现了由生产关系的资本主义私有制和生产力社会化发展的根本矛盾诱发的典型生产过剩危机。当时克服危机的手段一是靠托拉斯协议减少产量和以垄断实现生产要素的社会化配置，二是靠资本输出和殖民主义扩大市场，但各私人资本集团的不断扩张终究使生产过剩、资本过剩和人口过剩愈益严重，引发了 1920 年代末和 30 年代的世界性经济危机和两次世界大战。身处危机中的美国果断抛弃了新古典的自

2 Martin Wolf, The Crisis of Democratic Capitalism (London: Penguin, 2023).

由市场经济童话，从罗斯福新政开始采用国家垄断资本主义的方式来进行需求管理，其核心是解决生产过剩的另一面，即提振需求。无论是增大财政支出、建立福利体系、扩大民主参与，还是最低工资、允许工会发展，其本质都是稍稍抑制价值的资本化，增加工人收入和消费能力。罗斯福主义的改革不但使美国，而且使欧美资本主义各国在战后出现了 20 年经济增长和社会繁荣的“黄金年代”。但在不改变私人资本制度的前提下，到了 1970 年代，生产过剩危机再度以“经济滞胀”的形式出现。

以里根上台为标志，美国进入新自由主义政经模式，表面上似乎解决了第二轮政经模式的大危机，垄断资本的统治从台前转向幕后。里根的上台及其措施和特朗普有些相像。1981 年，里根以煽动白人种族主义、民族主义情绪，许诺广泛改革而当选总统。他和撒切尔联手，以减税、减少政府开支、削减福利、去管制、私有化等强化资本主义私有制的措施将世界资本主义带入新自由主义时代。[3] 但里根并未真正解决危机，只是绕开了危机，因为“里根经济学”的实质不过是金融把戏。在其执政期间累积财政赤字高达 13382 亿美元，超过了美国以往历届总统在近 200 年中累积的赤字总和，美国国债从 1980 年的 9070 亿美元上升到 1989 年的 2.2 万亿美元。[4] 自那时以来，不唯国债，美国走上金融化道路，私人消费贷款、教学贷款、住房贷款广泛推广开来，把未来的消费力透支到当下来减轻经济危机。另一方面，1980 年代至 21 世纪初，世界形

3 David M. Kotz, The Rise and Fall of Neoliberal Capitalism (Cambridge: Harvard University Press, 2015), pp. 45.

4 艾伦 · 布林克利：《美国史》，陈志杰等译，北京大学出版社，2019 年，第 1271-1302 页。

势使得危机大大缓解。信息技术革命在美国的爆发，苏东剧变和中国的改革开放，使美国不但在技术上获得了经济增长的新动力，而且全球化为其过剩的资本和产品提供了广阔市场空间。因此，名不副实的“里根经济学”在金融化和较好的运气下，成为了传奇，自由市场的资本主义“华盛顿共识”向全世界传播，使得严重的危机被暂时掩盖下来。

2008 年以来，面对新自由主义带来的第三轮政经危机，以美国为代表的全球资本主义无所适从。金融化面临的诅咒是“李嘉图等价”，国债和各种贷款“总是要还的”，透支未来的消费力到了将来必然造成当时消费力的大大下降。于是，2008 年资本主义的全球危机，在欧洲表现为债务危机，在美国则表现为贷款 - 金融危机。就此而言，新自由主义其实是一场“庞氏骗局”的洗劫，即先前发行和传递这些债券、金融衍生品和资产的大资本家获得巨额财富，而最后持有的大多数民众和中小资产者则陷入贫困和欠下巨债的境地。在危机来临时，美国当政者的办法首先是挽救大金融、大资本。时任总统奥巴马让财政部给金融机构注入了巨大流动性，使华尔街很快就扭亏为赢，但经济产出和就业长期难以摆脱困境。更重要的是，2008-2013 年，美联储实行四轮量化宽松，使经济走上了高度虚拟化、金融化的道路。可见，“里根经济学”的阴影仍挥之不去，最终为特朗普上台铺平了道路。

特朗普的两次当选，表明美国企图以显性的国家垄断资本主义治理拯救危局。“危机中的市场力量从来都是高度政治化的力量。如果仅从经济角度认识问题而忽视了其政治属性，就会犯重大的判断性错误。”[5] 危机中的奥巴马在竞选中承诺对富人增税、扩大中产阶级、进行医疗保障改革，但最终只有医保方案在经过妥协之后被通过，美国贫富差距极限拉大，普通民众就业堪忧，制造业衰落转移，金融化达到高峰，经济和社会矛盾的激化使政治走向极化。同时，新世纪以来，以克林顿夫妇、奥巴马、佩洛西等为核心的美国民主党当权派大搞多元身份政治，从种族、性别、生活方式等方面强化“政治正确”。实质上，这是在不敢挑战资本集团的既得利益、无法解决现实问题的情况下，通过虚幻的意识形态来分化民众，企图缓和社会矛盾。但这一手段的副作用在于，社会撕裂愈加严重，党派斗争极限拉扯，对美国这个政治共同体构成极大伤害，可谓跨国资本利益凌驾于国家利益之上，长此以往有危及资本主义整体统治的趋势。然而，无论是民主党还是共和党，建制派都没有摆脱这套新自由主义的模式，也无法得到大众的认可。2016 年大选中，特朗普凭借这种时势，利用普通民众对虚假意识形态的反感，以嘲弄“政治正确”、摆脱既定框架、再造制造业强国和为工人创造就业、“使美国再次伟大”等为宣称的政经民族主义获得了一些资本集团、保守政客和普通民众的欢迎。特朗普在共和党内、社会舆论上遇到的挑战表明，这种接受还并不意味着承认，而只是相对于更差的两党建制派而言的一种临时妥协。但特朗普第二次以绝对优势当选，足以表明，不但政治精英和社会主流倾向相对于奥巴马时期发生了剧变，而且显性的国家垄断资本主义再次登上历史舞台。

5　刘鹤：《两次全球大危机的比较研究》，中国经济出版社，2013 年，第 11 页。

二、当代美国政商联盟与资本集团的格局演变

对特朗普的判断既要看其自身，更要关注资本主导下的美国政局。对特朗普的看法众说纷纭。左翼一般认为，特朗普是资本主义的右翼极端形式，即法西斯主义的代表人物；自由派认为，他大搞种族歧视，进行人身攻击，对环保、开放移民等现代价值观嗤之以鼻，不遵守自由民主社会的规则，具有扭曲甚至病态的人格。一些普通民众期待特朗普成为再造产业和就业岗位的工人阶级代言人。有的右翼人士认为，他是极易操纵的政治“门外汉”。多元的看法当然反映了不同的价值观和利益，但也反映了不少人还在新自由主义的框架内进行考察，而被特朗普的外表所迷惑，未能深入窥探其所代表的利益本质。揆诸美国历史，在其所处时代比特朗普还显得另类的总统大有人在。实际上，特朗普个人没有那么特殊，他的一些侧面也许是有意向外界展示的自身形象，因为这样展示对他当选是有利的；另一方面，身处美国政局之内，他终究是资本利益的代言人，问题的关键在于资本集团的利益格局及其需求。

特朗普代表的资本集团与共和党的社会基础存在重合之处。一些评论认为，作为非建制派的特朗普打破了所有建制派维护的利益格局。这个看法部分是正确的，因为从里根到奥巴马，美国两党都是在走新自由主义的道路；但它部分是错误的，因为未能解释为什么特朗普是作为共和党而非民主党或新的第三党派的候选人而出现。其实，特朗普并不是完全的反建制派或革命家，他谋求的经济和阶层利益仍归属于共和党的“基本盘”。总的来看，特朗普依仗的共和党基础主要在传统能源资本、传统制造业、军工复合体、安全领域的“深层国家”、金融寡头等。

在一些领域，共和党和民主党依仗的资本集团存在很大差别，也成为特朗普的稳定票仓。无论是在竞选宣言，还是在上台制定的政策中，钢铁、化工、石油巨头、页岩油气开采公司等化石能源资本和工业资本都得到特朗普的支持。与此相反，制药集团、咨询服务业、新兴科技资本、文娱资本、传媒资本则不属于共和党的基本面。这些资本集团大多位于美国东北部或加州沿海城市，长期为民主党自由主义的价值观所吸引，特别依赖跨国公司的全球网络和资本流动进行价值获取，对美国本土的劳工和生产要素依赖性不大，税收也大多流失于境外，因此为美国本土劳动阶层和许多中产人士所厌弃，从而也使民主党流失了大量选票。

在军工和金融领域，资本集团的利益长期得到保证，两党都会尽力争取。从两党竞选的赞助者及其候选人上台后采取的倾斜性政策中可以发现，军工复合体和"深层国家"始终是支持者和受益者。在美国，军队领导人、国防部和充当国防承包商的军火产业资本形成了军工复合体。在国安领域，中情局、国安局、联邦调查局及其在美国国会的相关委员会及庞大的非政府承包商和雇员构成了具有保密性质的、不太受法律和行政命令制约的利益集团。2016 年总统竞选期间，国防产业对两党直接捐款 2974 万美元。其中，直接捐款给民主党占比约 39%，共和党约 61%。[6]2024 年总统竞选期间，国防产业捐款 3849 万美元，共和党获得 2046 万美元，民主党

6　李岩：《特朗普安全战略的调整与限度》，《国际安全研究》2018 年第 5 期；何浩、葛腾飞：《政治过程视角下军工利益集团对美国国家安全政策影响探究》，《情报杂志》2019 年第 8 期。

获得 1638 万美元。[7] 可见，军工复合体和“深层国家”对选举结果有很大影响。但 2018 年中期选举，国防产业直接捐款中，民主党占比约 40%，共和党为 59%，反映了这个集团总是两边“下注”，因此，两党都不得不进行争取。另外，以华尔街为代表的金融集团也并不只是民主党的支持者，这一点往往被误解，特别是被美国底层选民误解。自里根启动金融化以来，国际资本在美国和全球进行运作套利的方式，穿越了所有竞选周期。在奥巴马、拜登和特朗普任命的政治官员和制定的政策中，都有华尔街金融家特别是大型投行领导人、银行家、对冲基金总裁等人的影响。[8] 在现代资本主义体系中，由于货币资本是资本的最初形态，金融资本的利益是最优先的。新自由主义的模式尤其仰仗金融资本和军工集团在全球资本市场和政治空间的压榨，因此，在受益于这种模式的势力尚未失去主导性的影响力时，无论口头上如何宣称，特朗普必然要鼎力支持这两个集团。

特朗普上台的社会联盟具有改革性质，其变革方向是回归保守民族主义和国家垄断资本主义。2008 年以来各方面的危机表明，新自由主义的模式已经难以为继。这就使特朗普政府历史性地担负起寻找资本主义新路的任务。面对国内贫困和失业的劳工阶层、跌落的中产以及“铁锈带”和中西部的陷落，特朗普深知不能直接对旧模式的各资本集团直接效忠，而必须在争取受损者政治支持的前提下进行改革。为此，他摆出一副抨击资本、不屑于主流自由主义

7 ‘Defense Top Contributors-Total Contributions, 2023-2024’, https://www.opensecrets.org/industries/contrib?cycle=2024&ind=D.

8 吴茜 :《现代金融垄断资本主义的危机及其制度转型》,《马克思主义研究》2020 年第 6 期。

意识形态、同情本土劳动人民的姿态，以迷惑性的手段争取选民支持。为此，特朗普对普通选民的利益要求进行提炼，将其转化为各资本集团可以接受的治国纲领：问题主要是不适当的对外策略给国外力量发展以可乘之机，应当改革新自由主义过度的国际化、金融化、自由化，回归到美国本土、充实制造业实力、社会围绕传统价值达成团结的保守民族主义。两次竞选中关于“美国优先”的宣言及其贸易保护关税、对其他国家的极限施压、推动制造业回流本土的措施、退出经济合作协议和其他全球性组织等，都表现了这一鲜明的路线。当然，要完成这一持续了几十年的政经模式，必须要依靠强大的国家权力，因此，美国一反自己炮制的“华盛顿共识”，走向国家政权和资本集团紧密结合的国家垄断资本主义。

不过，特朗普并不完全依靠传统共和党社会基础，而是把触角已经延伸到一些新兴资本。特朗普很早就意识到，要强化美国的实力，既不能追随新自由主义的共和党路线，也不能完全回归到旧产业、旧模式的老路上。随着特朗普于 2016 年当选，一些新兴集团的利益与其所实施的政策相符，而它们从民主党的政策框架中反而得不到利益，于是转投特朗普集团。其中的典型就属马斯克的特斯拉公司。在 2024 年大选获胜后，硅谷的新兴科技资本集团纷纷向特朗普投出“橄榄枝”。[9] 除了共和党控制的传统媒体，特朗普也已掌握了一些新兴传媒资本。其中，马斯克收购的“X”平台以及特朗普自创的“Truth Social”社交媒体，都在其竞选中起到很大作用。

观察特朗普参选以来的美国政局，可以发现国家垄断主义的实

9 赵雨荷：《从 Meta 到亚马逊再到 Altman 硅谷巨头们忙着向特朗普“献金”效忠》，《华尔街见闻》2024 年 12 月 14 日。

施是在政商联盟中实现的。资本集团介入政治的第一种方式是提供竞选资金支持候选人或为其竞选提供各方面支持。在 2024 年大选中，特朗普筹款 14 亿美元，其中，大资本捐助比重达 69.38%，而太空探索（Space X）捐款达 1.3 亿美元。[10] 此外，一些个人对特朗普进行了捐赠（参见表 1）。第二，向总统、国会及可以任命的职位推举官员。在 2016 年大选时，资本集团还未能认清特朗普的立场，只是勉强接受了他为总统候选人，企图靠党派、国会的议员力量和向其内阁嵌入的大量官员来操纵他，后来特朗普撤掉了 20 位高级官员，换上了符合改革目的的资本集团代言人。这反过来证明，利益集团向当选总统内阁嵌入其代理人，是多年来的惯例。在 2024 年大选中，可以任命的官职有相当一部分来自与特定资本集团有密切关系的人选（见表 2）。有趣的是，有相当一部分个人捐赠者被特朗普拟任到权力职位（对比表 1 和表 2）。第三，资本集团通过非政府组织等向总统、国会等机构的游说和通过媒体影响舆论，使政权通过有利于自身利益的法案。已有相当多的研究揭示了利益操纵的方式，在此不赘。[11]

10 'Opensecrets', https://www.opensecrets.org/.

11 代表性的如孙天昊：《美国贸易政策嬗变的政治经济学分析》，《美国研究》2022 年第 4 期。

表 1　2024 年美国大选中部分个人捐赠情况 [12]

捐赠者名称	捐赠金额	捐赠对象 / 备注
Elon Musk	25 亿美元以上	包括向 America PAC 捐赠 2.385 亿美元，向其他两个超级政治行动委员会捐赠 2350 万美元，向 RBG PAC 捐赠 2050 万美元，向 MAHA Alliance 捐赠 300 万美元
Howard Lutnick	近 300 万美元	向 Make America Great Again Inc. (MAGA Inc.) 捐赠实物股票，另外捐赠 600 万美元
Scott Bessent	100 万美元	向 Make America Great Again Inc. (MAGA Inc.) 捐赠
Kelly Loeffler	近 200 万美元	向特朗普捐赠
Linda McMahon	近 2030 万美元	向特朗普捐赠
Timothy Mellon	至少 1.25 亿美元	向 Make America Great Again, Inc.(MAGA Inc.) 捐赠
Richard & Elizabeth Uihlein	超过 1.33 亿美元	向保守派事业捐赠，大部分资金流向特朗普的选举

表 2　特朗普第二任期拟任官员 [13]

职位	姓名	背景信息
白宫办公厅主任	Susan Summerall Wiles	1980 年加入罗纳德 · 里根的竞选团队，在过去两年中领导了特朗普的竞选活动
国务卿	Marco Rubio	共和党人，佛罗里达州参议员，坚定的以色列支持者，参议院外交关系委员会成员，出生于古巴移民家庭

12　作者根据 Opensecrets (https://www.opensecrets.org/) 数据自制。

13　作者自制。

职位	姓名	背景信息
美国国家安全顾问	Mike Waltz	共和党人，曾在阿富汗、中东和非洲服役的陆军特种部队“绿色贝雷帽”队员
“政府效率部”领导人	Elon Musk，Vivek Ramaswamy	前者为亿万富翁，特朗普主要资助人；后者曾在对冲基金和制药研究领域获利数亿美元
财政部长	Scott Bessent	对冲基金经理，曾支持阿尔·戈尔的总统竞选，为乔治·索罗斯工作
能源部长	Chris Wright	Liberty Energy（页岩油气服务公司）的首席执行官
教育部长	Linda McMahon	WWE 联合创始人，被提名为教育部长，负责监督特朗普表示有兴趣废除的联邦部门
国防部长	Pete Hegseth	曾在美国陆军国民警卫队服役，目前为福克斯新闻电视主持人
退伍军人事务部长	Doug Collins	前国会议员，曾在美国空军服役，美国空军预备役上校，曾多次投票支持特朗普提出的法案
国土安全部长	Kristi Noem	南达科他州州长
管理和预算办公室主任	Russ Vought	Project 2025 的共同作者
国家情报总监	Tulsi Gabbard	前夏威夷国会女议员，反对伊朗核协议、曾反对同性婚姻与堕胎权，指责民主党“已完全被战争贩子的精英主义阴谋集团控制”而退党
中央情报局局长	John Ratcliffe	担任国家情报总监时，拉特克利夫被民主党人和前情报官员指控解密情报，以供特朗普和他的共和党盟友攻击政治对手
司法部长	Pam Bondi	前佛罗里达州总检察长，就全美阿片类药物危机提起最全面的州诉讼，主导起诉了英国石油公司和其他相关深水地平线漏油事件的责任方，并为佛罗里达州带来了超过 20 亿美元的经济救济金

职位	姓名	背景信息
商务部长	Howard Lutnick	亿万富翁，美国建达公司执行官
交通部长	Sean Duffy	前国会议员和 Fox Business 主持人
小企业管理局局长	Kelly Loeffler	女商人和政治家，曾任美国佐治亚州共和党参议员
内政部长及新成立的美国国家能源委员会主席	Doug Burgum	北达科他州州长，曾有多家公司管理经验
卫生和公众服务部长	Robert F. Kennedy Jr.	曾以民主党人身份或独立身份竞选总统，肯尼迪家族成员，美国电台节目主播、政治活动家、环境法律师，主张限制疫苗、限制制药公司做广告和提供审查费用，反对堕胎
环保署署长	Lee Zeldin	共和党人，前纽约州众议院
美国常驻联合国代表	Elise Marie Stefanik	纽约州共和党籍联邦众议员
美国中东问题特使	Steve Witkoff	纽约房地产投资商，特朗普竞选捐助者
美国驻以色列大使	Mike Huckabee	阿肯色州州长，认同以色列对约旦河西岸的主张，并反对巴勒斯坦建国

三、垄断资本视角下特朗普当局的政策趋向

评估特朗普政府的政策趋向，既要基于资本主义政经模式的大局，也不可忽视近几年的变化。基于政治人物本身的稳定性，特朗普第一任期的政策仍具有极强的参考价值，在第二任期的调整至少在根本方向上不会发生太大的转变，即仍旧通过国家垄断资本主义进行保守民族主义的改革。另一方面，尽管民主党一些当权派（克林顿夫妇、奥巴马、佩洛西等）仍然固守新自由主义的套路，拜登

政府的政策已在新自由主义和国家垄断资本主义之间游走。在一定程度上，拜登延续了特朗普的一些政策。在这个基础上，特朗普的政策变革导致的影响是有限的，或至少是可以预计的。

施政团队的整体倾向体现出垄断资本直接领导政治的特点。就资本集团和政治官员的人事联合来看，特朗普当局与历史上的美国政府有比较大的不同。第一，这是从未有过的超级富豪内阁。拜登内阁总净资产约为 1.18 亿美元、奥巴马在其第二任期的内阁净资产约为 28 亿美元。2016 年，特朗普内阁成员资产总值约为 62 亿美元，已是突破新高，而截至 2024 年 12 月 10 日，特朗普提名的上述亿万富翁官员的净资产总额至少达到 3822 亿美元，相当于超过 172 个国家和地区的国内生产总值。[14] 第二，如上表所述，赤裸裸的任人唯亲、权钱交易等败坏民主政治原则的行为已经成为美国政治生活的常态。不仅如此，拜登赦免自己的儿子，特朗普声言就任后立即赦免国会山骚乱的参与者，已撕破了美式民主残存的体面。第三，作为以上情况的综合，资本集团直接进入执政团队，达到了国家垄断资本的高度形态。

行政管理改革可能会为进一步的政经改革扫清障碍。特朗普当局已经为行政管理改革做好了准备。第一，资本家直接充任政治家。传统上政治和资本是分开的，资本依靠政客管理政治，然而，逢此危机时代，垄断资本已经放弃了代理人的建制派政治，直接走上权力的前台，企图以非常规手段应对困局。第二，权力高度集中，为强有力改革提供政治前提。本次选举中，特朗普已经整合了

---

14 《亿万富翁俱乐部，特朗普“新班子”部分成员净资产总额超 3822 亿美元》，《第一财经》2024 年 12 月 11 日。

共和党，得到党内力量的拥护；选举后，共和党获得了行政权和立法权，再加上之前任命的其他机构官员，政局已稳操在手。第三，改革行政机构，往往是资本面临危机时的举措。资本集团视政府为固定资本投入，尽量压低成本和提高产出效率是其必然选择。拟成立的“政府效率部”可能会裁撤行政机构和人员，进行管理上的效率考核，从而“驯服”行政力量为政治所用，并放松对一些领域的管制。

特朗普的国内改革可能继续强化资本主义，但还并未找到克服当前新自由主义危机的有效办法。上文已经指出，特朗普政府是由亿万富翁组成的，它只可能是资本集团代言人乃至优势资本集团本身，而不可能是工人利益的代表。共和党人在特朗普第一任期就多次提出废除医保法案，并在本次竞选中又得到特朗普的确认，表明特朗普并不在乎工人阶级利益。他的主要主张，是通过资本主义经济结构的改善，包括制造业的回流和科技的发展，使工人获得更多岗位。在特朗普执政期间，虽然在某些时期就业增长强劲、失业率降低，但工人的实际工资增长并不显著，疫情期间更是造成普通人的境遇急剧下降。拜登执政期间，就业状况确实有所改善，但美国国债持续攀升，物价上涨达到惊人程度。值得注意的是，美国状况有所改善的部分原因，是美元从滥发到收缩的急剧转变，在此过程中，包括欧洲在内的世界经济状况都大为走弱。因此，以强化资本特别是本国资本利益为核心的特朗普经济社会改革，不大可能找到克服危机的方案。

美国在国际上的收缩是有限的，绝非回归到孤立主义。特朗普对新自由主义模式的调整，是要强化美国自身的实力，而不是要放弃现成的国家利益。在特朗普的第一任期发表的《国家安全战略报告》[15]把美国从“世界警察”的角色定位转移到大国战略竞争的视域。执政四年间，美国的国防投入大大增加，兵员队伍扩充，建立“太空军”和“网络军”，研发战略武器，体现出明显提升战力的倾向。在国际上，美国从反恐、气候、政变等行动中撤出，对盟友和对手在贸易、军费承担等领域极限施压，显然都是极力争取美国资本利益的行为。因此，收缩是为了强化自身“内力”，而绝非回到孤立主义。拜登当选以来，美国恢复与盟友的关系，采取多种政治、军事和经济联盟对中国实行“围追堵截”，并支持乌克兰和以色列进行长期战争，其实不但未真正削弱、反而在一定程度上加强了美国的实力（尽管导致欧洲利益大大受损）。而且，拜登将特朗普推动制造业回流和贸易保护主义的政策全盘接受下来，对外征收的关税并未减少，资本回流的趋势有所强化。因此，特朗普的第二任期的有限收缩是在拜登的基础上进行的，不能对其孤立主义给与过多期待。从根本上说，虽然特朗普追求强化向内的实力，但不可能对美国大资本集团几十年来在国际上形成的经济、军事和政治弃置不顾。不管是拜登还是特朗普，既然面对在美国资本集团总体上较为一致的利益需要，两者的对外政策也不可能产生决定性的区别。此外，当代生产力的高度社会化和经济全球化提供的生产要素、市场和低成本是资本无法摆脱的利益，这也制约着孤立主义的企图。

需要注意的是，特朗普第二任期仍将在错综复杂的矛盾中前行。尽管在这一任期，特朗普比较有效地掌控了国家权力，国家垄断资本的统治框架也大致确立下来，但他仍然要面对一系列矛盾。

15 The White House, ‘National Security Strategy of the United States’, Dec 2017, https://www.whitehouse.gov/wp-content/uploads/2017/12/NSS-Final-12-18- 2017-0905.pdf, pp.1

第一，垄断资本集团统治与有限反垄断的矛盾。市场经济的活力依赖于充分竞争，而资本集团的垄断会压抑竞争，在此前提下进行的反垄断往往不了了之，因为它无法解决资本主义和市场经济的内在矛盾。第二，民主政治与资本主义经济的矛盾。特朗普政府坚持的资本主义制度只能造成价值分配的不公，贫富差距的加大势必进一步激化极端民主，引发民粹主义和社会撕裂进一步加深。第三，公共管理与私有制利益的矛盾。国家垄断资本实际上是让国家发挥"总资本家"的作用，为资本主义的长远和整体发展而争取部分公共利益来调整劳资关系和经济社会矛盾（例如，罗斯福当局），但特朗普可能实行的去管制、私有化、减税等政策恰恰与其背道而驰，因而，在资本不但不让利，反而还要加强盘剥的情况下，像里根当局一样增加财政赤字和扩大国债规模是极有可能的。第四，政府管制和经济自由的矛盾。垄断资本的政策要求加大产业政策、贸易保护、干预市场的力度，从而会强化管制，这恰恰与特朗普许诺的去管制、自由化相冲突。因此，在新自由主义的"里根经济学"和国家垄断资本主义之间，特朗普当局始终面临着"精神分裂"。第五，新兴科技资本集团与传统资本集团的矛盾。尽管特朗普整合了部分科技集团，但科技集团对新自由主义模式的依赖性很强。这就使得特朗普改革的方向存在撕裂的可能。第六，社会改革和稳定的矛盾。特朗普的任人唯亲和行政改革、社会改革将损害相当一部分资本和社会公众的利益，可能会导致社会一定程度的动荡，并且再度引发包括特朗普在内的政客的人身安全问题。总之，特朗普以国家垄断资本主义来实现民族主义的路径，内在地包含着一系列矛盾，至少就目前而言，还没有看到当选总统提出较为融贯的解决方案。

四、结论

2008 年以来，以美国为代表的全球资本主义陷入政经危机。特朗普的两次当选是美国政治对 2008 年以来资本危机的反应。这次危机实际上是垄断资本面临的第三轮危机，其起点是“里根经济学”启动的新自由主义浪潮。民主党之所以惨败，是因为其党内当权派忽视了危机给美国社会带来的全方位损害和引发的广泛担忧。在这种形势下，敏锐观察时势的特朗普以反建制、反对既定框架的革新派力量登上了政治舞台。

一般看法认为，特朗普或是法西斯主义者，或是工人利益代言人，或是拥有变态人格，或是不懂政治的“门外汉”。如果以制度需要和个人表现结合起来考察，会发现，这些是特朗普有意向不同利益主体呈现的多重形象，而其本质是资本集团的代言人。特朗普的执政基础既有长期支持共和党的资本集团，也有军工集团和“深层国家”，甚至包括新兴的科技集团。基于这样的资本集团和政商联盟，特朗普当局的整体政策方向是以国家垄断资本主义这一高度集中的形式来实现保守民族主义。

为此，特朗普当局将进行或继续进行政治经济改革。目前而言，集中资本和国家权力的政治改革已经完成，以削减成本、提升执行效率为导向的行政管理改革已箭在弦上。结合第一任期的政策和拜登已经做出的调整，可以合理地推测，特朗普以强化资本利益为核心的改革并未找到解决政经危机的良策，而其在国际上的收缩是有限度的，不可能回归到真正的孤立主义。在特朗普改革政策的内在逻辑中，垄断资本集团与有限反垄断的矛盾、民主政治与资本主义经济的矛盾、公共管理与私有制利益的矛盾、政府管制和经济自由的矛盾、新兴科技资本集团与传统资本集团的矛盾、社会改革和稳定的矛盾是难以克服的，这就决定了特朗普的改革只能取得有限的成功。

基于美国垄断资本的功能需要和已经积累的经验，中国在原则上可以针对性地应对特朗普再次当选。首先，保持交往，正面应对，坚决斗争。特朗普第一任期以来，美国已将中国置于“大国竞争”的层面来处理外交关系。在第二任期，关税保护、产业政策、极限施压、外交讹诈可能会继续保持，甚至得以强化。这是垄断资本的利益所决定的，不会轻易变化。对此不应抱持幻想，应当正面应对，尽量争取利益。需要注意的是，特朗普和拜登在与中国打交道时都频繁利用美国的制度多元化采取“两面三刀”、“说一套做一套”、“抹黑栽赃”等一系列不体面的手段，我方不可固守“君子之交”，而应加强策略的灵活性。其次，基于资本利益寻找突破口。垄断资本的利益并非完全一致，这就为分化对方利益和争取一些与我有利的集团提供了空间。在需要打击对方利益时，也应抓住资本集团的“软肋”。再次，对于外向型的公私主体，应当建立“一揽子”的海外利益保护机制。近些年的经验表明，美方不但寻求保护资本的整体利益，而是根据具体情况采取扣押、没收、制裁、拘捕、调查、起诉等各种方法争取利益，相关部门应向外向型的公私主体帮助其调整海外利益布局，提供程序化、响应快、有组织的海外利益保护机制和力量。

经济政策
观察

特朗普第二任期关税政策分析

崔　凡*

一、特朗普第二任期关税政策概述

特朗普在 2024 年竞选期间，其竞选网站所列承诺包括要将美国建设成制造业超级大国。共和党竞选政纲明确表示要取消中国最惠国待遇（永久正常贸易关系待遇），逐步退出进口中国基础产品。特朗普本人多次提出要对中国征收 60% 的关税。但是，特朗普的表述在其竞选过程中并不一致。

2024 年 2 月 4 日，特朗普接受采访时在被问及对华征收 60% 关税的问题时，明确表示可能征收超过 60% 的关税。美国主流媒体之后报道中提到的幅度为 60% 到 100%。另外，特朗普也提到要给来自世界各国的所有进口产品加税，最初他提到的是 10% 关税，后来又改口提到可能征收 20% 的关税。另外，相关加税方案还包括调整 800 美元以下免关税的微量豁免机制，对中国投资者在第三国生产的产品例如汽车进入美国加征高额关税等。

特朗普第二任期关税的作用主要有三个。第一是作为谈判砝码，使用关税压其他国家满足美国的要求，包括经济方面的和非经

* 　对外经济贸易大学国际贸易规则研究院（前海）首席专家、教授

济方面的要求。第二是保护关税，保护美国制造业等产业利益，推动制造业回归。第三是财政关税，把关税作为一种财政收入，弥补政府财政赤字，部分恢复美国十九世纪以关税作为重要财政收入来源的状况。当然，在政策实施时，有的关税也可能同时兼具以上两种或三种作用。

二、特朗普第二任期关税政策的行政措施

2024 年 11 月 10 日，美国 CNN 报道引用一名与相关政策讨论接近的信源说，虽然增加关税的战略确实存在，但是具体的计划，包括如何执行这些战略以及由谁来具体执行，尚未确定。但是，毫无疑问，特朗普团队已经对关税问题经过了多番讨论。目前，特朗普经济团队逐渐明晰，包括财政部长提名人贝森特、商务部长提名人卢特尼克、贸易谈判代表提名人格里尔、白宫贸易与制造业顾问纳瓦罗等人。美国优先政策研究所、传统基金会等保守派智库已经或者正在给特朗普提供各种政策选择储备。

11 月 25 日，特朗普在自己的社交平台 TRUTH Social 上发出两条消息。一条表示将在 2025 年 1 月 20 日上任后对墨西哥和加拿大的所有产品征收 25% 的关税，直到其控制好对美边境，解决美国关心的非法移民问题和毒品问题。另一条指责中国没有配合好解决芬太尼毒品问题，表示要对中国进一步加征 10% 的关税。

2025 年 1 月 20 日可能开始将要启动的加征关税其最主要的作用是作为谈判砝码来加强边境控制。特朗普面临纷繁复杂的局面，他自己及其团队在谈及其政策计划时，往往把国内问题特别是移民问题摆在首位。他上任以后马上将要驱赶非法移民。如果墨西哥和

加拿大能够予以配合，其驱赶成本将要小一些。

美国国内目前每天因为芬太尼死亡的人数超过两百人，很多芬太尼毒品是从墨西哥边境流入。有报道称墨西哥境内的制毒集团使用的原料中有一些来自中国的化工产品，这些产品本身有广泛的正当用途，但可能被不法分子被用于制毒。和移民问题一样，芬太尼问题也涉及边境控制问题。

可以说，特朗普最近宣布的对墨西哥、加拿大和中国的关税，是其解决移民问题和芬太尼问题的辅助措施，是作为谈判砝码来使用的。特朗普基于保护关税和财政关税目的的关税措施计划仍然处于不明确的状态。既然是作为谈判砝码的关税，这一批关税最后实施到何种程度可能取决于谈判结果。

特朗普上任后采取上述加税措施最可能的依据是美国 1977 年《国际紧急经济权力法》。

1971 年布雷顿森林体系面临瓦解之时，尼克松总统为了应对国际收支危机，引用了 1917 年《对敌贸易法》中的条款，在一段时间内全面加征了 10% 的关税。之后，美国国会通过 1974 年贸易法，其中 122 条款专门授权美国总统可以在 150 天范围内加征临时关税以应对国际收支危机。1977 年，美国通过《国际紧急经济权力法》，使得《对敌贸易法》只能使用于战时，《国际紧急经济权利法》可以使用于和平时期，同时相关威胁需要全部或者绝大部分来源于国外。《国际紧急经济权力法》与美国的《国家紧急状态法》相联系。也就是说，美国总统如果希望援引《国际紧急经济权力法》采取措施，需要先宣布一项紧急状态，这一紧急状态每年需要经过国会的评估以确定是否延续。尽管该法立法目的之一是规范和限制总统在以往《对敌贸易法》下的权力，该法授予美国总统应对紧急状态的权力仍然是灵活而广泛的[1]。简单来说，该法授权美国总统在一些紧急状态下，可以使用停止交易、冻结财产等措施，实际上成为美国经济制裁的法律依据之一。到目前为止，美国总统在该法下一共采取了 70 项行动，目前有 40 项行动仍在生效中，包括针对中国基于涉港、涉军等原因的三项行动。2018 年美国对华 301 调查期间，美国国内曾经讨论是否对中国使用该法以限制中国对美投资，但最终特朗普宣布不采取行政措施限制中国的投资，由美国国会修改涉及外资安全审查的相关法律，即通过立法手段解决问题。

《国际紧急经济权力法》并没有明确说总统可以采取关税措施，但是根据该法，总统可以对相关交易做出规定（prescribe），可以以指示的方式（by means of instructions），许可的方式（licenses），或者（or otherwise-）调查（investigate），规制（regulate），或禁止（or prohibit）相关交易。从这些表述看，似乎该法并没有禁止总统使用关税手段。不过，至今为止，尚没有任何一位美国总统援引该法来实施关税。而特朗普在 2019 年曾经第一次尝试根据该法使用关税。

2019 年 5 月 30 日，特朗普发出声明，表示如果墨西哥不能在制止非法移民问题上满足美国的要求，从 6 月 10 日起将对所有墨西哥输往美国的产品加征 5% 关税，7 月 1 日提高到 10%，8 月 1 日提高到 15%，9 月 1 日提高到 20%，10 月 1 日提高到 25%，直到问题解决。尽管该声明只给墨西哥留了 11 天时间来反应，但 6 月 7 日周五，特朗普就宣布两国已经达成协议，原定于周一开始实

1　法律条文见 https://uscode.house.gov/view.xhtml?path=/prelim@title50/chapter35&edition=prelim 美国国会研究报告《国际紧急经济权力法：来源、演变与应用》对该法的来龙去脉进行了详细的介绍 https://sgp.fas.org/crs/natsec/R45618.pdf

施的关税被无限期中止。而实际上到这个时候，特朗普都还没有正式进入援引《国际紧急经济权力法》的程序。

特朗普明确表示他认为《国际紧急经济权力法》授予了他使用关税的权力，但这一点并不是完全没有争议的。不过，从美国目前国内的政治形势看，特朗普就任后如果使用《国际紧急经济权力法》采取关税措施，其遇到的法律挑战不会太大。

除了《国际紧急经济权力法》，特朗普进一步实施加征关税的法律工具还可能包括 1930 年贸易法中的 338 条款，该条款允许总统对“歧视”美国产品的国家的产品征收最高为 50% 的关税。另外，特朗普还可能继续使用 301、232、201 条款等工具加征关税。特别地，特朗普竞选期间多次抱怨中国未能完全履行 2020 年 1 月签署的中美第一阶段经贸协议，他任期开始后可能以此发难，要求加征对华关税。

三、特朗普第二任期关税政策实施的立法路径

由于本次大选之后，美国参众两院中共和党议员都占有多数，因此，在特朗普第二任期中，有可能通过立法措施推行关税措施的可能性较大。由于特朗普团队多次表示希望通过关税增加财政收入，要将加税措施长期化，这有可能需要行政措施与立法措施相配合。

共和党明确表示将推动通过《特朗普对等贸易法》，该法律有可能将提高美国整体关税水平。在此基础上，美国同时可能在世贸

组织中要求重置其约束关税水平[2]。如果美国取消中国的最惠国待遇（美国国内法称“正常贸易关系待遇”（PNTR）），也需要通过立法手段。今年 9 月 25 日，共和党参议员 Cotton，Rubio 和 Hawley 提出的法案《既不永久也不正常的贸易关系法案》。根据这一法案，中国产品不再适用美国最惠国待遇关税，而是适用普通关税（普通关税目前适用的只有朝鲜、古巴、俄罗斯、白俄罗斯，实际上是一种歧视性关税，在美国关税税则上称为第二列关税 Column 2 Tariff）。在此基础上，如果普通关税税率不足 35%，一律提高到至少 35%；对于战略性产品，则提高到 100% 关税税率。法案在第十节中列出了法案提案人认为的战略性产品清单。该法案还规定关税税率的提高还要考虑到通货膨胀率。关税的提高不是一步到位，而是分五年逐步实施到位。该法案的设计与美国保守派智库美国罗盘（American Compass）与 2024 年 10 月提出的法案非常相似，所不同的是，美国罗盘方案建议对中国产品在税则中单列第三列关税，对非战略性产品的建议税率是 25%，同时该方案对如何识别战略性产品给出了相当详细的建议。大选之后，美国众议院中的共和党议员 Moolenaar 也酝酿并提交了类似法案《恢复贸易公平法案》，共和党众议员们同时考虑在法案中纳入一个机制，恢复每隔一段时间审查给予中国的最惠国待遇，根据审查结果给予或者不给予中国最惠国待遇。由于 118 届国会即将于 2025 年 1 月 3 日结束闭会，未能成法的法案将自然失效。同一天，119 届国会将要开启。相关法案可能 119 届美国国会开启后提出或者重提。

2　参见郑伟，《美国关税重置计划之背景、影响与中国的应对》，《国际经济评论》2020 年第 6 期

四、特朗普第二任期关税及其他经济政策最终可能加剧美国国内矛盾

在 1990 年代初开始的本轮全球化过程中，世界各国面临着共同的挑战。Susan Strange 曾经将这些挑战总结为收入差距、金融危机、环境与气候三大全球性挑战[3]。面对全球治理结构应对全球性挑战的不足，一些国家通过国内政策力图应对这些问题，比较典型的是中国自 2013 年以来逐渐形成的高质量发展与“三大攻坚战”政策体系。三大全球性挑战在中美两国的具体体现有很大不同。沙利文在 2023 年 4 月提出“新华盛顿共识”的时候，反思了自由主义给美国带来的冲击，这些冲击实际上正是 Strange 三大挑战在美国的具体体现[4]。特朗普当选的原因之一是全球化带来的利益在美国国内分配不均美国存在的收入差距。但是，特朗普再次当选后的政策体系不利于解决这些矛盾，反而可能加剧现有的矛盾。

（一）收入差距问题

国家间收入差距在本世纪以来有所缩小，这一现象被世贸组织 2024 年《世界贸易报告》称为“大趋同”（Great Convergence）[5]。尽管美国仍然是综合国力最强大的国家，美国政界普遍对这种“大趋同”抱有一定的警惕。尽管中国人均 GDP 不足美国的五分之一，中国

3　Susan Strange, “The Westfailure System”, Review of International Studies, Vol. 25, No. 3 (1999), pp. 345 – 354.

4　参见 https://www.whitehouse.gov/briefing-room/speeches-remarks/2023/04/27/remarks-by-national-security-advisor-jake-sullivan-on-renewing-american-economic-leadership-at-the-brookings-institution/

5　WTO， World Trade Report 2024-— Trade and inclusiveness: How to make trade work for all. 参见 https://www.wto.org/english/res_e/publications_e/wtr24_e.htm

已经被视为美国面临的地缘政治新挑战。与此同时，美国面临着国内收入差距过大的问题。

据报道，特朗普阵营正在酝酿一个文件，力图为增加关税提供理论依据[6]。特朗普酝酿降低企业所得税同时增加关税的计划在一定程度上将改变美国的税收结构，或者说是恢复到十九世纪末二十世纪初的状态。

特朗普阵营高度称赞美国在十九世纪末期的税收制度，即以关税作为美国税收的重要来源的制度。当时关税最高的时候一度曾经占美国联邦收入的60%[7]。这种制度既降低了国内生产者的国内税负担，同时又通过关税保护了国内产业。然而，除了关税降低资源配置效率的问题外，这种税收结构的一个重要问题是拉大了贫富差距。关税是间接税，最终由消费者承担。所得税是直接税，特别是个人所得税常常以累进方式设计。1913 年美国通过宪法第 16 修正案，才最终结束了美国内战以来关于所得税是否违宪的争论。同一年，民主党人威尔逊总统推动通过了 1913 年所得税法和 Underwood-Simmons 关税法，使得美国关税税率一度大幅度下降，所得税从此成为美国联邦重要的税收来源。一战期间，在威尔逊总统任内，美国的个人所得税、企业所得税、遗产税进一步完善，形成鲜明的累进效应[8]。

特朗普的崛起在很大程度上来自于农村人口以及锈带蓝领工人的支持。拜登政府期间人们对通货膨胀的不满促成了低收入人

---

6 参见 https://www.politico.com/news/2024/11/12/lighthizer-trump-new-tariff-plan-00189114

7 Ajay K. Mehrotra， The Tariff History Donald Trump Is Overlooking。 Made by History, Time. October, 29, 2024. 参见 https://time.com/7090398/history-trump-tariffs/

8 参见脚注 5

口倒向特朗普。然而，特朗普经济政策试图把美国的税收制度拉回到 1913 年以前，这很可能推高通货膨胀或者放慢现有通胀下降的步伐，同时几乎一定会加剧贫富差距。彼特森国际经济研究所 Clausing 和 Lovely（2024）的研究显示，如果特朗普的税收计划实施，美国社会收入越低的人群遭受的损失越大，而最为富裕的 1% 人群反而可能由此获利[9]。

（二）金融危机问题

对于美国来说，产业空心化、长期的财政赤字和贸易赤字是与其金融危机的风险密不可分的。特朗普在其竞选承诺中，既表示要让美国重新成为一个制造业超级大国，又表示要维护美元国际储备货币地位。当前国际货币体系存在众所周知的特里芬难题[10]。特朗普政府将如何破解这一问题值得观察。

2018 年贸易战以来，美国的货物贸易逆差、经常项目逆差、财政赤字、美国国债余额、国际投资头寸净负债等指标一直在攀升。今天，美国国债余额已经超过 36 万亿。美联储 11 月 22 日公布的半年度金融稳定报告披露，54% 的收房专业人士认为未来 12 到 18 个月，美国政府债务可持续性是最突出的金融稳定风险。2024 年二季度末，美国国际投资头寸净负债已经超过了 22.5 万亿美元。以往，尽管美国有巨额的国际投资头寸净负债，其国际收支表的首次收入项长期仍然保持顺差。但是，2024 年二季度，美国

9 参见 https://www.piie.com/research/piie-charts/2024/trumps-bigger-tariff-proposals-would-cost-typical-american-household-over

10 特里芬难题来源于 1960 年美国经济学家罗伯特 · 特里芬的《黄金与美元危机——自由兑换的未来》。美元作为国际货币，美国需要为世界其他地区提供美元流动性，因此需要存在逆差。但是，长期逆差将使得美元出现贬值压力，削弱美元的保值功能和国际货币地位。

国际收支首次收入项出现了 21.5 亿美元的逆差，这是本世纪以来该项目的第一次逆差[11]。

特朗普的政策将扩大还是缓解美国的金融稳定风险呢？2024 年大选期间，美国负责任联邦预算委员会对特朗普和哈里斯双方的财税计划进行了对比分析，发现特朗普计划导致的政府赤字比哈里斯的计划要大得多。在 2026 到 2035 年期间，以中间值估计，特朗普计划将导致美国财政赤字扩大合计 7.75 万亿美元。特朗普加征关税获得的收入远远不能弥补其国内减税导致的财政收入减少[12]。一般来说，财政赤字的扩大往往伴随着贸易赤字的扩大。美国政府债务的可持续性和国际收支的变化都值得进一步密切跟踪观察。

（三）环境与气候问题

欧盟气候监测机构哥白尼气候变化服务局（C3S）不久前发布公报确认，2024 年肯定将成为自 1850 年有记录以来地球最热的年份，并且是第一次比工业化前的 1850 年至 1900 年间气温水平高出 1.5 摄氏度以上[13]。环境与气候问题是人类面临的共同挑战。值此关键时刻，随着特朗普的就任，作为世界第一大经济体的美国很有可能再次退出《巴黎协定》，这无疑将会使得全球环境气候形势更加严峻。

美国几番左右横跳的能源与气候政策有可能加剧美国与其他国家之间在此问题上的矛盾。与此同时，美国国内产业的低碳化转型也会受到干扰。如果低碳化是未来产业发展趋势，美国短期内的能

11 相关数据可从下列网址下载 https://apps.bea.gov/international/bp_web/tb_download_type_modern.cfm?list=1&RowID=1

12 参见 https://www.crfb.org/papers/fiscal-impact-harris-and-trump-campaign-plans

13 参见 https://climate.copernicus.eu/year-2024-set-end-warmest-record

源成本节约有可能会以其低碳产业的长期发展利益为代价。

五、特朗普对华进一步加征关税的前景

从目前的情况看，特朗普政府推动进一步加征关税的决心很大。但是，其最终加征关税能够到何种程度，还受到诸多因素的制约，特别是受到关税可能产生的各种经济效果例如通货膨胀、制造业成本上升等的约束。

从美国政界普遍提到的国家安全考量看。美国一些政客认为美国目前很多产品，特别是一些战略性产品和原材料，过于依赖中国供应。因此需要降低相关风险。民主党政府对此提出要“去风险”，而特朗普团队则认为要进一步实行“战略性脱钩”。对于这类产品，特朗普政府加税的上限取决于其是否能够找到替代来源。

其次，从制造业回归的角度看，美国推动制造业回归的过程中，需要考虑制造业的成本问题。对于一些中间产品，如果关税过高，也有可能加重美国制造业成本。因此，美国加税可能会优先加征最终品，然后向产业链中上游逐步加税，但是对于某些关键矿产品，也有可能先加税。

第三，从财政收入的角度看，美国可能希望通过加征关税获得更多的财政收入以弥补其国内降税造成的财政收入下降。财政关税思想在二战以后普遍被认为是一种过时的关税思想，但特朗普多次强调其意义。目前美国对华算术平均关税大约为 23%，如果加征关税到 60% 的程度，美国从中国进口产品大幅萎缩，由此获得的关税收入有可能比现在要低。如果进一步加到 100% 的程度，美国进口中国产品可能萎缩到现有规模的 1%，其能够获得的关税收入

就会很低了。

第四，从遏制中国经济发展的角度看。现有研究表明，特朗普如果实施对华关税，可能使得中国的经济增长速度下降。现有的研究对特朗普关税对中国 GDP 拉低程度的估算有 0.5% 到 2% 不等。以美国彼得森智库的研究为例，如果特朗普取消中国的最惠国待遇从而提高关税，短期内（2025-2026 年）中国实际 GDP 将被拉低 0.5%-0.6%，长期中国 GDP 将被拉低 0.3%。与此同时，美国实际 GDP 短期（2026-2027 年）将被拉低 0.11-0.14 个百分点；若中国进行对等反制，美国短期实际 GDP 将被拉低 0.19-0.21 个百分点。即使在长期，美国的实际 GDP 仍可能被拉低 0.07 个百分点左右。可以说，美国在遏制中国发展的同时，自己也需要承担一定的损失。

综上所述，特朗普进一步加征关税的决心很大。但是否最终能够加到他在竞选中声称的程度，还有不确定性。目前，美国对原产于中国的产品征收约 23% 的算术平均关税。路透社对 50 多名经济学家进行了专项调查，调查预估中值显示，美国可能在明年初对中国征收 38% 关税[14]。

六、政策建议

2024 年 12 月中共中央政治局会议和中央经济工作会议提出要“全方位扩大国内需求”，“扩大高水平对外开放，稳外贸、稳外资。有序扩大自主开放和单边开放，稳步扩大制度型开放”，这些举措

14 参见 https://www.reuters.com/markets/asia/trump-unleash-nearly-40-tariffs-china-early-2025-hitting-growth-2024-11-20/

对应对当前的复杂局面都有重要意义。

（一）维护以世贸组织为核心的多边贸易体系

目前，世贸组织因为上诉机构停摆，其争端解决功能受到一定程度的限制。但是，包括欧盟、日本、加拿大、澳大利亚、新西兰等发达国家以及一些发展中国家和地区，都和中国一样参加了多方临时上诉仲裁安排。也就是说，中国和这些世贸组织成员之间是可以通过世贸组织争端解决机制解决纠纷的。我们与这些国家和地区产生的贸易争端，应该尽量依照世贸组织规则解决，如果在世贸组织中提起争端解决，我们应尊重世贸组织相关的生效裁决。

与此同时，世贸组织在近年来仍然在投资便利化、服务贸易国内规制、电子商务、渔业补贴等领域取得了一些谈判进展。中国应继续积极参加世贸组织谈判，特别是诸边谈判，推动相关规则继续发展。

（二）加速推进自贸区提升战略

积极推动 RCEP 扩围。尽快完成并签署与海合会的自贸协定谈判。尽早重启中日韩自贸协定谈判。与更多的国家和地区商签自贸协定。

（三）有序扩大自主开放和单边开放

2024 年 12 月中共中央政治局会议和中央经济工作会议提出要“有序扩大自主开放和单边开放”。随着中国经济发展水平的提升，中国应该逐渐自主降低关税水平。与此同时，应落实对与中国建交的最不发达国家的单边开放承诺。

（四）深化改革，加快构建全国统一大市场

超大规模国内市场是中国实现国际竞争合作新优势的重要来源。应该通过深化供给侧结构性改革，打破阻碍国内大循环的各种阻点堵点，构建全国统一大市场，从而使得中国的规模经济型产业具有庞大国内市场的支撑。并且通过国内国际双循环的相互促进，提升其国际竞争力。

（五）推动建立基于竞争中性和所有制中性原则的国际经贸规则体系

简单地说，竞争中性指的是原则上对待不同所有制的企业一视同仁的待遇，使国有企业不因为与政府的所有权关系而在市场竞争中获得额外的优势。所有制中性指的是在国际经贸规则中不应该歧视国有企业和公有制为主体的国家。两个中性的要求互相配合，保障公平竞争营商环境。中国是社会主义市场经济国家，一方面坚持公有制在经济中的主体地位，另一方面坚持市场在资源配置中的决定性作用。在国际经贸谈判中同时坚持两个中性原则有利于中国与贸易伙伴建立稳定的经贸关系，使得不同的市场经济体制既相通也相容，有利于打破美国对中国的围堵，有利于推动制度型开放。

特朗普关税政策 2.0 与积极应对

刘雅莹 *

特朗普赢得大选第二次当选美国总统。竞选期间，特朗普多次表态，对美国所有进口商品征收 10-20% 的“全球基准关税”，对中国商品征收至少 60% 的关税。胜选后，特朗普在社交媒体平台发文表示，将对墨西哥和加拿大进入美国的所有产品征收高达 25% 的关税，并对中国商品额外征收 10% 的关税。同时，“取消中国‘永久正常贸易伙伴关系’”也被纳入讨论议题。可见，在新一任期里，“全面关税”和全方位的贸易战仍是特朗普政府的一个核心战略，将继续在关税问题上持续对中国施压。在第一个任期内，特朗普政府奉行“美国优先”的单边主义对中国发起贸易战，连续四轮加征关税，将经济贸易问题政治化，损害相关企业正当合法权益、破坏全球产业链供应链稳定、公然破坏国际贸易规则。值此之际，回顾特朗普第一个任期内的关税政策（即“特朗普关税政策 1.0”）及其实施效果正当其时，同时通过研判特朗普第二个任期内的关税政策（即“特朗普关税 2.0”）及潜在影响，在此基础上提出中国的积极应对策略。

*　刘雅莹，广东外语外贸大学粤港澳大湾区研究院专职研究员。

一、特朗普关税政策 1.0 回顾

（一）美国对华加征关税 4 轮清单

基于"让制造业回流"进而实现"让美国再次伟大（Make America Great Again，即 MAGA）"的核心目标，特朗普于 2017 年 8 月指示美国贸易代表办公室对中国开展 301 调查，并据此对中国发起贸易战，在第一个任期内连续 4 轮对中国加征关税，其具体清单如下。①清单 1：2018 年 6 月 15 日宣布对 340 亿美元的中国商品加征 25% 的关税，于 2018 年 7 月 6 日起执行，主要涉及机械设备、电器设备、运输设备和精密仪器等技术密集型产品。②清单 2：2018 年 8 月 3 日宣布对 160 亿美元的中国商品加征 25% 的关税，于 2018 年 8 月 23 日起执行，集中在中间品部门，同时新增塑料及其制品、钢铁制品等产品。③清单 3：2018 年 9 月 18 日宣布对 2000 亿美元的中国商品加征 25% 的关税，于 2018 年 9 月 24 日起执行，涉及商品范围进一步扩宽，除部分消费品外美国自中国进口的主要商品均被列入清单。④清单 4：2019 年 8 月 15 日宣布分两批次对 3000 亿美元的中国商品加征 10% 的关税，第一批次 1200 亿美元商品于 2019 年 9 月 1 日起执行、第二批次 1800 亿美元商品于 2019 年 12 月 15 日起执行，进一步将服装、鞋等消费品纳入清单。2019 年 8 月 28 日宣布将加征关税税率由原定的 10% 上调至 15%。2020 年 1 月 15 日，中美双方达成第一阶段经贸协议，将清单 4 中第一批次商品加征关税减半至 7.5%，同时取消对第二批次清单商品加征关税。通过 4 轮加征关税，美国对华进口关税大幅提升。根据彼得森国际经济研究所测算，美国对华平均关税税率由 2018 年初的 3.1% 最高涨至 2019 年底的 21%。此后，则由于新冠疫情的冲击，为保障国内生产和消费者利益，美国对部分中国商品进行了关税豁免。

表 1　特朗普首个任期四轮对华加征关税清单

	宣布时间	进口商品金额	加征关税税率	执行时间
第一轮	2018.06.15	340 亿美元	25%	2018.07.06
第二轮	2018.08.03	160 亿美元	25%	2018.08.23
第三轮	2018.09.18	2000 亿美元	25%	2018.09.24
第四轮	2019.08.15	1200 亿美元	先加征 15%，后降低至 7.5%	2019.09.01
		1800 亿美元	先加征 15%，后取消	2019.12.15

（二）特朗普关税政策 1.0 的实施效果：对中国的影响

1. 美国对中国进口商品的直接依赖度削弱

特朗普关税政策 1.0 对中国最直接的影响即是削弱了美国对中国进口商品的直接依赖度。根据法国研究机构 CEPII 提供的全球双边贸易流数据 BACI，2017-2022 年期间，在美国进口总额持续增长的情形下，美国自中国的进口额和对中国的贸易逆差保持相对稳定，而对中国进口商品的依赖度[1]呈现出明显的下降趋势，自 2017 年的 20.61% 下降至 2022 年的 17.67%（见图 1）。期间，在中美贸易战开始的次年 2019 年美国对中国进口商品的依赖度直接由 2018 年的高点 20.78% 下降至 18.12%；新冠疫情起始的两年，美国出于保障国内生产和消费价格平稳的考虑对部分中国进口商品进行了关税豁免，在这两年里美国对中国进口商品的依赖度出现了回升；此

1　美国对中国进口商品的依赖度 = 美国自中国的进口额 / 美国进口总额。

图 1　2017-2022 年美国对中国的贸易情况（单位：亿美元，%）

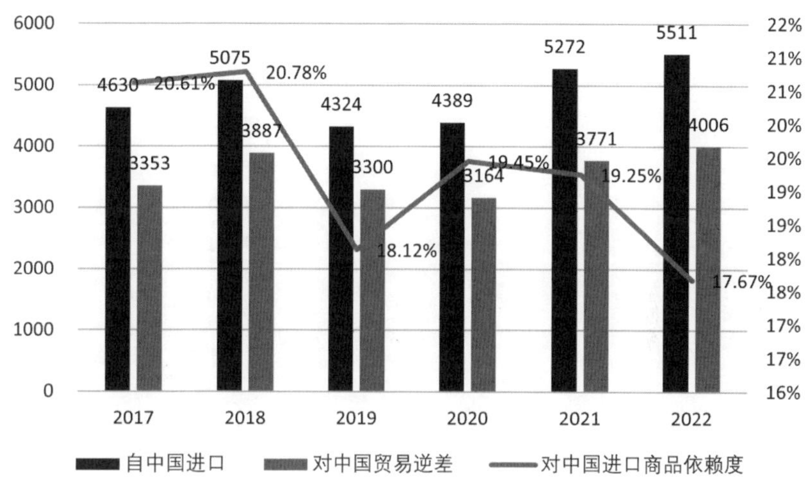

数据来源：CEPII 提供的全球双边贸易流数据 BACI

后继续呈现下降趋势。

具体到产品层面，本研究选取中美贸易战前 2017 年美国自中国进口规模最大的 20 种产品，考察其在中美贸易战后次年 2019 年以及新冠疫情发生后的第 3 年 2022 年的依赖度（见表 2）。相较于 2017 年，2019 年几乎所有产品对中国的依赖度都有所下降。其中，“847330 机器：自动数据处理的零件和配件等”“847191 数字处理单元”“847199 数据处理机械：税目 8471 中未另行说明”“870870 车辆：车轮及其零件和附件”等工业制成品以及“940161 座椅：带木制框架，软垫”“940360 家具：木制，办公室、厨房或卧室用家具除外”“950490 游戏：游乐场、桌面或室内游戏用品”等消费品依赖度下降程度较大。到了 2022 年，所有商品对中国的依赖度进一步下探。以重要中间投入品“870870 车辆：车轮及其零件和附

表 2　美国对部分重要中国商品的进口情况（单位：亿美元，%）

HS6	产品	2017		2019		2022	
		进口规模	进口依赖度	进口规模	进口依赖度	进口规模	进口依赖度
852520	传输设备：用于无线电话等	557.68	67.24%	509.45	62.83%	477.12	41.56%
847193	数据处理设备：存储单元	349.70	90.36%	367.37	89.93%	449.71	86.55%
847330	机器：自动数据处理的零件和配件等	232.15	53.44%	149.49	38.93%	147.57	24.72%
950390	玩具：税目 9503 中未另行说明	98.78	83.05%	104.88	82.70%	101.17	54.41%
852810	电视接收机：彩色接收机	88.61	38.55%	67.76	33.62%	45.81	21.60%
950490	游戏：游乐场、桌面或室内游戏用品	52.03	86.45%	39.47	74.24%	51.28	41.84%
847191	数字处理单元	41.70	18.12%	12.37	3.93%	8.38	2.21%
854380	电机和设备：具有单独功能，不另作品目 8543 中的说明	40.90	49.28%	40.11	44.13%	44.72	28.31%
940161	座椅：带木制框架，软垫	40.83	75.87%	32.90	57.01%	28.30	40.80%
850440	静电转换器	39.91	44.93%	34.90	35.64%	34.01	20.43%
640419	鞋类：外底为橡胶或塑料，鞋帮为纺织材料	35.05	74.23%	33.27	65.87%	22.86	34.69%
940540	灯具和灯具配件：电气，品目 940 中未另行说明	34.22	71.76%	28.41	65.76%	19.41	53.50%
847199	数据处理机械：税目 8471 中未另行说明	31.93	51.38%	25.20	37.73%	22.58	14.67%
940320	家具：金属，办公用家具除外	31.80	69.63%	31.18	61.78%	30.77	42.27%
844390	印刷机械：零件	29.63	33.46%	16.40	22.26%	9.77	13.18%
392690	塑料：第 39 章中未另行说明的其他物品	28.77	34.29%	37.67	38.81%	44.25	20.31%
940360	家具：木制，办公室、厨房或卧室用家具除外	28.47	46.66%	21.24	34.17%	18.12	21.06%
640299	鞋类：品目 6402 中未另行说明	26.67	69.72%	26.04	66.44%	18.01	32.36%
870870	车辆：车轮及其零件和附件	26.40	59.71%	21.01	49.21%	17.21	31.39%
854441	绝缘电导体：电压不超过 80 伏，配有连接器	26.34	52.06%	23.59	43.87%	24.93	32.04%

数据来源：CEPII 提供的全球双边贸易流数据 BACI

件”为例，对中国的依赖度由 59.71% 下降至 31.39%。

美国对中国进口商品的直接依赖度下降，倒逼中国出口多元化发展。2018 年时美国是中国的第一大出口目的国，而目前中国最大的贸易伙伴国已变为东盟和欧盟。

2. 美国对中国商品和资本的间接依赖提高

特朗普关税 1.0 时期，中国商品进入美国市场出现了显而易见的“转口贸易”效应。2017-2022 年期间，中国对外出口仍然保持增长态势，对美出口部分被东南亚、美洲地区替代。中国出口增长地区与美国进口增长地区高度重合，主要集中在东南亚地区和北美地区（见图 2）。东南亚地区的越南、马来西亚、泰国、印度尼西亚等以及北美地区的墨西哥、加拿大等的中国出口和美国进口增长显著。例如，2017-2022 年期间，越南的美国进口和中国出口分别增长了 160.41% 和 97.31%，墨西哥的则为 30.65% 和 65.32%。同时期，中国加大了对东南亚和北美国家的对外直接投资。例如，中国对越南的对外直接投资由 2017 年的 7.64 亿美元上升至 2023 年的 25.93 亿美元，墨西哥则由 1.71 亿美元上升至 10.79 亿美元（见图 3）。由此可见，**在特朗普政府关税政策的高压下，中国商品通过转口贸易、在第三国布置部分生产环节等方式“绕道”进入美国市场**。虽然美国对中国商品的直接依赖降低但间接依赖反而提高，也就是说，**在一定程度上特朗普关税政策 1.0 并未真正实现降低美国对中国商品依赖的目的，而更多的是增加了中国商品进入美国市场的环节和成本**。

图 2　2017-2022 年期间部分美国进口及中国出口同时增长的国家
（单位：%）

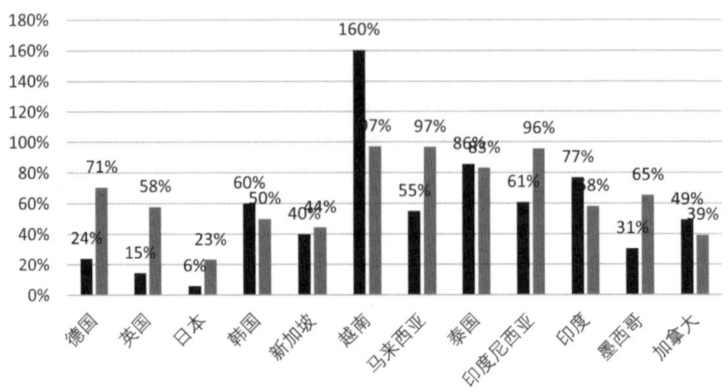

数据来源：CEPII 提供的全球双边贸易流数据 BACI

图 3　2017-2023 年中国对越南和墨西哥对外直接投资流量情况
（单位：亿美元）

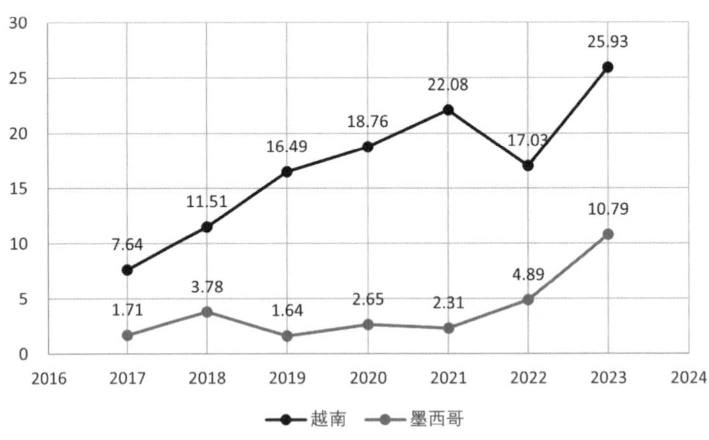

数据来源：《中国对外直接投资统计公报》

3. 中国贸易大国地位依旧稳固

特朗普关税政策 1.0 时期，中国贸易大国地位依旧稳固。中国出口由 2017 年的 24300.07 亿美元增长至 2022 年的 36094.71 亿美元，年均增长率为 8.59%，占全球总出口的比例由 14.07% 上升至 15.34%（见图 4）。其中，高新技术产品出口表现亮眼。2020-2024 年期间，新能源汽车、锂电池、光伏等“新三样”的年均增长率达到 162.9%、46.4%、21.3%。运输设备领域，船舶的年均增长率为 29.2%。电子设备领域，电脑和集成电路的年均增长率分别为 7.5% 和 11.3%。

图 4　2017-2022 年中国出口增长及全球占比（单位：亿美元，%）

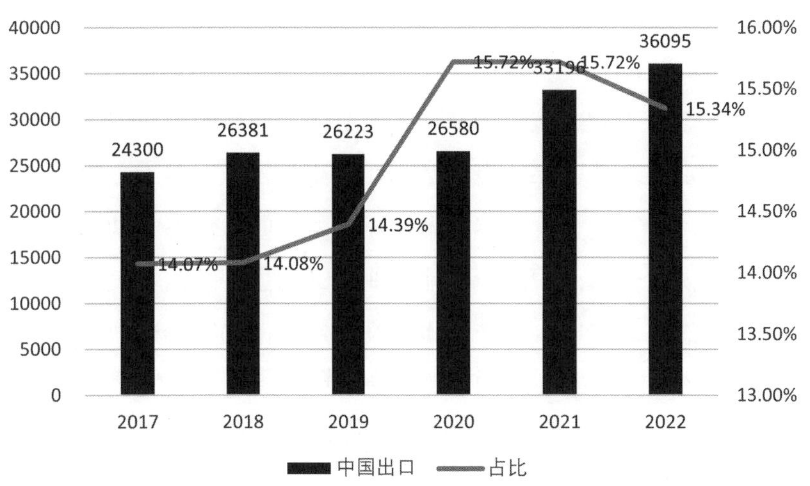

数据来源：CEPII 提供的全球双边贸易流数据 BACI

（三）特朗普关税政策 1.0 的实施效果：对美国的影响

在特朗普的第一个任期内，其对华关税政策实施的具体目标包括：减少美国的贸易逆差、减少美国对华商品的依赖，让制造业回流美国本土、创造更多就业岗位，同时保持温和的通货膨胀、尽量减少对消费者的影响等。但目前来看，特朗普关税政策 1.0 的实施效果不尽如人意，其目标并未达到预期。

1. 贸易失衡现象依旧

特朗普关税政策 1.0 的一个重要目标是减少贸易逆差，但短期来看并未达到预期目标。2017-2022 年，美国贸易逆差仍然呈现持续扩大的趋势，由 7818.82 亿美元上升至 11655.60 亿美元。一方面，对中国的贸易逆差仍保持较高水平，2022 年美国对中国的贸易逆差达到 4006.34 亿美元。另一方面，对部分国家的贸易逆差迅速增长。例如，美国对越南的贸易逆差由 343.26 亿美元扩大至 1058.83 亿美元，对墨西哥的贸易逆差由 951.99 亿美元扩大至 1269.66 亿美元（见图 5）。从需求侧看，美国的进口需求依旧强劲。美国是全球最大的消费市场之一，其对外部商品和服务的需求非常强劲，特别是在消费品、电子产品、汽车等领域。美国国内经济的需求增长，尤其是在低成本、日常消费品方面，依然驱动着大量的进口。从供给侧看，短期并未能改变美国的生产结构。美国劳动力成本较高，基础设施和生产成本较高，这使得美国制造业在与低成本国家（如中国、越南、印度等）竞争时，缺乏足够的竞争力。即便部分制造业回流到美国，生产成本上涨可能会导致产品价格上升，反而增加进口。同时，高压的关税政策往往引致报复性的反制措施，抵消美国关税政策的部分效果。

图 5　2017-2022 年美国对越南和墨西哥贸易逆差情况
（单位：亿美元）

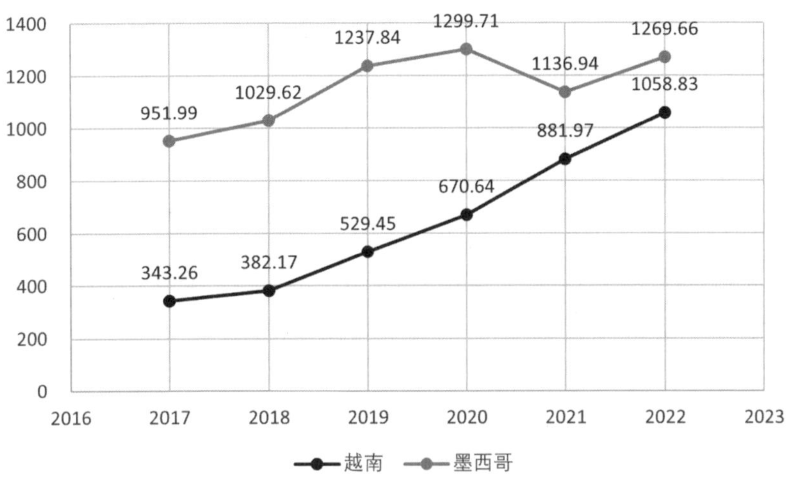

数据来源：CEPII 提供的全球双边贸易流数据 BACI

2. 制造业回流现象不明显

特朗普政府希望通过关税政策鼓励制造业回流美国，这一目标也未能完全实现。虽然特朗普政府实施了一系列减税和补贴政策以吸引国内制造业投资，但制造业回流的速度和规模并不显著。这主要是因为制造业回流需要考虑到多种因素，如劳动力成本、基础设施、供应链稳定性等。而美国在这些方面并不具备明显的优势，因此制造业回流现象并不明显。此外，特朗普的关税政策还对一些依赖进口原材料和零部件的制造业企业造成了负面影响，增加了它们的生产成本和运营风险。这进一步阻碍了制造业回流的进程。同时，全球供应链高度复杂，涉及跨国生产和组装环节。许多美国公司已经与中国建立了深度合作关系，重新构建全球供应链需要大量时间和成本，而关税的临时性效果不足以快速改变这一结构。

3. 国内通货膨胀压力增大

特朗普的关税政策对美国国内通货膨胀产生了显著影响。由于关税导致进口商品成本上升，这些成本最终会转嫁到消费者身上，从而推高了物价水平。大部分研究表明，在特朗普首个任期内关税作为间接税的成本主要转嫁给美国进口商，加征关税的后果最终可能更多将由国内消费者"买单"。彼得森国际经济研究所预测，若特朗普对中国进口商品加征 60% 的关税并引起其反制，2025 年美国国内通货膨胀将较基准水平上升 0.7%、国内面临较大的通货膨胀压力，同时 GDP 较基准水平下降 0.43%。此外，关税政策还引发了供应链紧张和生产成本上升等问题，进一步加剧了通货膨胀的压力。具体来说，特朗普政府对进口钢铁、铝和一些消费品征收了高额关税，导致这些商品在美国市场上的价格上涨。同时，由于关税政策引发了国际贸易紧张局势，一些出口企业也面临着市场需求下降和订单减少的风险，这进一步增加了它们的成本压力。这些因素共同作用，导致美国国内通货膨胀压力增大。

二、特朗普关税政策 2.0 的新特征及潜在影响

（一）实施更加激进的全面关税政策

特朗普在其第一任期内已经通过关税手段向中国施压，试图降低贸易逆差，并推动美国制造业回流。在第二任期中，他很可能继续这一手段，甚至可能采取更加激进的全面关税政策。特朗普曾宣称，要对所有进口至美国的商品实施 10% 至 20% 的关税，并特别针对中国商品提出高达 60% 的关税威胁。考虑到美国的国内政治

环境以及选举周期，特朗普可能在关税问题上采取更加强硬的立场，以巩固其“保护美国制造”和 MAGA 的选民基础。

（二）对中美双边贸易关系由临时性破坏上升至制度性破坏

特朗普在第一个任期内主要援引《1974 年贸易法》第 301 条（即“301 条款”）对华加征关税。如果美国认定其他国家存在违反法律和不正当的贸易行为，并且对美国商业造成了损害，可以对其进行“报复”，包括停止贸易互惠、提高关税、限制进口、对美国境内该国分支机构课征税费或加以限制。从有效期看，“301 条款”设置了四年复审期，如果利益相关方未向美国贸易代表办公室提出延续措施的书面请求，则相关制裁措施在四年期满后终止。严格意义上，援引“301 条款”对华加征关税是对中美双边贸易关系的临时性破坏行为。日前，特朗普及其共和党团队在竞选纲领中提及取消中国的最惠国待遇，即永久正常贸易关系地位（PNTR），美国国会也有部分议员提出相关提案，拟暂停或取消中国的最惠国待遇。最惠国待遇是中美双边经贸往来的基石，由此可见特朗普关税政策 2.0 对中美双边贸易关系的破坏存在上升至制度性破坏的风险。

（三）封堵“转口贸易”漏洞

针对对中国商品的直接依赖程度减弱、但间接依赖程度反而加强的现象，美国可能会进一步加强对进口商品的溯源工作，封堵中国商品通过第三国转口贸易至美国，特别是针对越南、墨西哥等转口贸易的重要中转地。特朗普可能会推动新的监管措施，要求这些国家对中国商品进行额外的关税申报或征税，以防止中国商品绕过关税壁垒进入美国市场。这种做法不仅是对传统贸易通道的封堵，也可能通过加强与其他国家的经济谈判来推动更严格的规则，减少“中国制造”通过“转口贸易”逃避关税的现象。美国或许会通过强力的外交手段，要求其盟友和伙伴国配合打击这种“绕关税”的行为。

（四）继续针对高新科技产品

中美之间的博弈是贸易竞争，更是产业竞争、科技竞争，是一场中长期的发展竞赛。在第一个任期，特朗普政府已经重点针对中国高新科技产品加征关税。可以预见的是，在第二个任期，特朗普关税政策 2.0 仍将聚焦高新技术产业，尤其是半导体、人工智能、5G 通讯设备、机器人、电子产品等领域。特朗普很可能会加大对中国科技公司的制裁力度，特别是针对像华为、海康威视、中兴等在全球市场占据重要地位的企业，继续通过加税、制裁或禁令等手段，限制中国高技术产业的发展。与此同时，美国政府可能会进一步加强对中国企业收购美国高科技公司的监管，以保护美国在全球科技领域的竞争力。

（五）针对跨境电商等贸易新业态

随着跨境电商等贸易新业态的快速发展，特朗普关税政策 2.0 将加强对这些新兴领域的监管和征税。目前，跨境电商已经成为中美贸易中不可忽视的重要力量，许多中国企业通过 Shein、Temu、Tik Tok 等平台直接向美国消费者销售商品。新一任期，特朗普政府大概率会加快推动取消跨境电商“小额豁免”政策的落地，推动对中国跨境电商公司征收特别关税或实行更严格的进出口审查。具体措施包括通过加强对商品标识、进口申报及消费者保护的审查，推动针对跨境电商的“反规避”措施，确保中国商品通过这些新兴渠道进入美国市场时，也能面临较高的关税壁垒。

（六）特朗普关税政策 2.0 的实际执行和效果可能不如 1.0 时期

笔者预测特朗普关税政策 2.0 的实际执行和效果可能不如 1.0

时期。**一方面，对于美国而言，特朗普政府会更加理性**。在 1.0 时期，特朗普考虑到留下政治遗产以争取下任选举的选票，需要在“关税政策”上大做文章。而在 2.0 时期，特朗普没有继任的需求和压力，同时在政治上更加成熟，在对华关税政策有较大的迂回空间。以任命具有华尔街背景的温和派贝森特担任财政部长为例，其表示关税政策将“逐步分层实施”，同时通过去监管等政策抵消通胀的影响，并且认为关税是与贸易伙伴进行谈判的起点。在 2.0 时期，关税更有可能作为谈判筹码、可置信威胁的作用更大，其实际执行程度和效果则在有限可控范围内。**另一方面，对于中国而言，中方政府已经有预期**。经历 1.0 时期，中方政府和民众对于特朗普个人风格和行为，特别是可能公然破坏国际贸易规则的“出格”行为已经有预期，在应对和处理上会更加成熟。同时，对中美之间的关系的认识更加深刻，对中美之间存在长期发展竞争关系、经贸领域的摩擦会长期存在已形成共识，能够更加有理有节采取反制措施。例如，近期有针对性地调整出口退税政策，取消铝材、铜材以及化学改性的动植物或微生物油、脂等产品出口退税，将部分成品油、光伏、电池、部分非金属矿物制品的出口退税率由 13% 下调至 9%；严控对美出口镓、锗、锑、超硬材料、石墨等相关两用物项，同时“严禁他国转卖美国”。考虑到中国相对强硬的态度及行之有效的反制措施，特朗普关税政策 2.0 的制定将不得不有所顾虑。

三、中国的积极应对策略

面对特朗普关税政策 2.0 的挑战，中国需要采取积极、系统的应对策略，以减轻贸易战带来的负面影响，保障经济的持续增长和稳定发展，并抓住国际经济秩序变革、产业转型升级和全球价值链攀升的机遇。

（一）坚持与美方积极对话与沟通

尽管特朗普政府在加征关税方面表现出强硬立场，但中国始终强调通过对话和沟通来解决争端。在面对特朗普关税政策 2.0 的升级时，中国在理智应对和采取行之有效的反制措施的同时，仍然坚持与美国积极对话与沟通，争取通过谈判化解贸易摩擦。这种对话不仅仅是政府层面的，也可以在更广泛的外交和经济合作框架内进行。中国可以通过以下几种方式加强沟通：(1) **加强高层外交互动**。通过加强两国政府高层的对话和磋商，寻求通过妥协达成可持续的解决方案。通过定期的中美战略经济对话，避免误解和冲突的加剧。(2) **借助多边平台**。中国可以利用世界贸易组织 (WTO) 等多边平台，推动美国遵守国际贸易规则，减轻关税政策带来的影响。此外，积极参与全球贸易规则的修订，以应对单边主义的挑战。(3) **加强民间与企业合作**。通过中美两国企业间的合作与对话，增强民间经济沟通，寻求通过市场力量解决问题，如通过美国企业在中国投资或中方在美增加投资，减少贸易摩擦的可能性。

（二）减少对美国市场的依赖

特朗普关税政策 2.0 将使中国面临更大的贸易压力，因此减少对美国市场的依赖是中国必须采取的长期战略。中国应加速推进对外贸易结构的调整，寻找新的市场和贸易伙伴，分散对美国市场的风险。**一方面，培育国内消费市场，减少经济发展对外部市场的依赖**。中国拥有世界上最大的消费市场，但其消费潜力尚未充分发挥。通过推动消费升级、增强中产阶层消费能力等措施提振国内消费，提升经济内循环的动力，能够帮助中国在全球经济不确定性加大的背景下，依靠内需驱动经济稳定发展，逐步减少对外部市场特别是美国市场的过度依赖。**另一方面，培育新兴市场，推动出口多元化发展**。加大对“一带一路”沿线国家及地区的贸易合作，拓展与欧洲、东南亚、非洲等市场的合作。例如，通过自贸区建设、区域全面经济伙伴关系协定（RCEP）的实施，扩大与其他经济体的互利合作，减少对美国市场的依赖。

（三）以产业转型升级驱动全球价值链攀升

特朗普的关税政策不仅加剧了中美贸易摩擦，还迫使中国重新思考如何在全球价值链中提升自身地位的问题。在关税壁垒的压力下，中国可以通过加快产业升级，向全球价值链的高端环节攀升，从而减少低端制造业的依赖，增强经济竞争力。具体策略包括：（1）**推进科技创新和高端制造**。继续加大研发投入，特别是在半导体、人工智能、新能源、高端装备制造等领域，推动从“世界工厂”向“全球创新中心”转型。中国可以通过政策支持、资本投入以及人才引进等方式，加快这些关键领域的技术突破，提升全球竞争力。（2）**提升品牌价值和产品附加值**。加大对自主品牌建设的支持，推动中国制造从低端产品向高附加值产品转型。通过加强对高科技产品和品牌的打造，提升中国企业在全球市场的议价能力。（3）**推动服务业发展**。除了传统的制造业，中国还应加大对服务业（如金融、教育、医疗、物流等）的投入，提升服务贸易的竞争力，避免对低端制造业的过度依赖。

（四）建设更高水平的对外开放

在应对特朗普关税政策 2.0 的过程中，中国可以通过对内深化体制机制改革和对外积极参与多边贸易体系建设，进一步提升开放型经济的质量和竞争力，打造适应新环境的外贸新格局。**一方面，**

对内以体制机制改革激发外贸新活力。深化内部改革是建设更高水平对外开放的关键。通过优化体制机制，提升国内经济与全球市场的契合度，可以进一步增强中国在国际贸易中的韧性和竞争力。具体措施包括：(1) **完善市场化营商环境**。通过进一步简政放权、优化审批流程、加强知识产权保护，为外资和本土企业创造更公平、透明、高效的营商环境，吸引更多国际资源和技术流入。(2) **推动自由贸易试验区和港口建设**。深化自由贸易试验区的改革试点，推动更多贸易便利化措施，尤其是跨境电商、服务贸易和数字经济相关政策的落地。同时，加快海南自由贸易港等开放高地的建设，形成全面开放的新平台。(3) **激发企业创新能力**。通过政策激励，推动企业进行技术创新和产业升级，支持企业参与全球竞争。加强对中小企业的政策扶持和融资便利，帮助它们在国际市场上寻找新机遇。**另一方面，对外更加积极参与多边贸易体系建设**。在全球化的背景下，中国可以通过推动多边贸易合作和国际规则完善，增强自身在全球贸易治理中的话语权，为中国企业创造更加公平的竞争环境。具体措施包括：(1) **深化与全球主要经济体的贸易合作**。加快与东盟、欧盟等地区的自由贸易协定谈判和升级，进一步落实区域全面经济伙伴关系协定(RCEP)，推动“一带一路”沿线国家的经贸合作，实现市场多元化，减少对单一市场的依赖。(2) **积极推动WTO改革**。在多边贸易体系中，中国应更加主动参与规则制定和改革谈判，推动在数字贸易、服务贸易和知识产权等领域建立更加包容、公平的国际规则，防止单边主义对多边贸易秩序的破坏。(3) **引领新兴经济体合作**。通过G20、金砖国家等多边平台，加强与新兴市场国家的协作，共同推动全球经济治理变革，提升发展中国家的整体话语权和利益保障。

特朗普任期对外经济制裁方式与应对策略[1]

庞　琴　欧阳莹珊[*]

特朗普的回归引发了全球广泛关注。受其极强的个性特征和目标驱动型领导风格的影响，特朗普在对外制裁决策的制定中重视国内选民并且忽视客观实力差距和国际合作的影响。他在上一任期中的经济“脱钩”、关税提升等制裁手段可能会延续到下一任期中。面对这种有突出领导风格的领导人，我们应充分认识到其决策结果的不确定性，并结合其领导风格与当前中美双方主要竞争议题，把握未来应对制裁的大致方向。

一、特朗普上一任期内对外经济制裁的倾向及特征

特朗普在上一任期内以强硬、冒进的制裁政策闻名，其对外经济制裁的策略尤其鲜明。通过对特朗普政府时期若干典型制裁案例进行研究分析（如表 1），可以归纳出其制裁决策的特征和模式，理解这些因素将有助于预测特朗普未来对我制裁的潜在路径。

首先，在军事安全类制裁中，特朗普频繁使用高强度制裁作为

*　庞琴，中山大学国际关系学院教授中山大学粤港澳发展研究院教授；欧阳莹珊：中山大学国际关系学院硕士研究生。

1　本文部分数据来源于：庞琴，雷毅怕，欧阳珊，《总统的领导风格如何影响美国对外决策？》，载《当代亚太》，2024 年第 6 期。

处理军事类国际危机的手段，且较少顾及制裁对象国与美国之间的实力差距等客观性因素。曾对多个与美国实力差距不等的国家都发动高强度制裁。即便制裁对象国具备一定的反制能力，他依然选择了孤立主义的经济制裁作为首要手段。尤其是在对待朝鲜、伊朗、古巴、俄罗斯等传统敌对国家，通过高强度经济制裁迎合国内选民的国家荣誉感和政治价值观，并拉拢意识形态类的利益集团等国内利益相关者。

其次，在经济竞争类制裁中，特朗普的决策突出"美国优先"原则，极度重视选民的意见。以对华经济制裁为例，特朗普的选民基础是对建制派和全球化失望的中下层白人，他旨在通过加征关税、限制技术出口等手段向选民展示其兑现竞选时改变"不公平贸易"的承诺，以争取选民的长期支持。此外，其制裁政策背后的推动力量还包括受益于贸易保护的美国钢铁工人联合会和产联—劳联以及全国制造商协会等利益集团，进一步确保其政治资本。

最后，在目标国政治类经济制裁中，特朗普往往带有国内政治考量。例如，他对委内瑞拉的经济制裁旨在争取摇摆州举足轻重的拉美裔选民的支持。早在 2016 年大选中，拉美裔选民就帮助特朗普赢得了 28% 的选票；2020 年更是达到 54%。因此，特朗普在 2020 年中期选举前夕对委内瑞拉极限施压，意在提振国内选情，通过影响委内瑞拉政治局势来增强自身政治资本。

特朗普在决策中偏好采取单边制裁策略，并倾向于用"极限施压"和"交易式外交"等手段迅速实现短期目标。也正是因为这种风险冒进的态度，让特朗普任期内的制裁决策更为激进且具破坏性。

表 1　特朗普政府经济制裁案例

特朗普政府			
序号	案例	事件	制裁手段
1	俄罗斯 1	吞并克里米亚	旭向金融制裁
2	俄罗斯 2	干预美国大选	定向金融制裁
3	俄罗斯 3	北溪二号	定向金融制裁
4	中国 1	301 调查	贸易制裁
5	中国 2	5G 等技术	出口管制
6	中国 3	涉港问题	定向金融制裁
7	中国 4	涉疆问题	定向金融制裁
8	朝鲜	朝核问题	经济禁运
9	委内瑞拉	国内选举	经济禁运
10	伊朗	伊核问题	经济禁运
11	古巴 1	镇压民众	经济禁运
12	古巴 2	移民问题	签证禁令
13	尼加拉瓜	侵犯人权	定向金融制裁
14	阿富汗	恐怖主义	定向金融制裁
15	缅甸 1	边境安全	签证禁令
16	缅甸 2	罗兴亚人危机	定向金融制裁
17	柬埔寨	移民问题	签证禁令
18	黎巴嫩	恐怖主义	定向金融制裁
19	利比亚	恐怖主义	定向金融制裁
20	叙利亚	武装冲突	定向金融制裁
21	南非	为朝购买燃油	定向金融制裁
22	厄立特里亚	边境安全	签证禁令
23	几内亚	边境安全	签证禁令
24	塞拉利昂	边境安全	签证禁令

二、特朗普再次上台可能的对华经济制裁政策走向

2025 年再度执政的特朗普的决策特征和关注议题存在哪些变与不变？至少从目前的情况看，特朗普新任期内的对华制裁显而易见要延续之前的强硬态度，并可能进一步升级。自大选结束后，特朗普已计划提名马可·卢比奥（Marco Rubio）和迈克·沃尔兹（Mike Waltz）等多位对华鹰派官员担任重要职位。卢比奥被称为"反华急先锋"，近年在涉港、涉疆、涉台、封杀中国高科技企业等议题中上蹿下跳，已两度受到我方制裁。对鹰派官员的重用已经显示处特朗普政府或将采取比以往更具攻击性的对华制裁政策。结合其前一任期内的表现和当前中美关系中的关键议题，预计特朗普的制裁将集中在经济竞争类制裁中，策略将主要围绕以下几个方面。

（一）加强经济"脱钩"与核心领域高科技出口管制

特朗普的核心策略之一或将是通过行政手段加快美中经济"脱钩"，特别是针对高科技领域的技术封锁，芯片和人工智能技术更是重中之重。特朗普政府预计将通过更严格的立法加强对美国企业与中国合作的审查，以及限制对中国 5G、人工智能和量子计算等关键领域的投资并禁止技术和设备出口，进一步打压中国的科技发展。苹果、特斯拉等跨国公司，或将面临供应链转移压力，需要逐步向东南亚等新兴市场布局，以减少对中国市场的依赖。同时，特朗普可能会向欧盟施压要求其减少对中国技术依赖，否则将对其设置额外的贸易壁垒和关税。在他看来，欧盟在 5G、清洁能源等领域与中国的合作是对美国经济利益的威胁。

此外，特朗普的强硬派团队在高科技出口限制方面，可能会加强对中国科技企业的制裁。过去针对华为和中芯国际的措施，未来

或将扩展到如大疆、海康威视等与安全技术相关的公司。这一政策将涵盖芯片、航天设备及军事通讯等核心领域，进一步加剧对中国高科技企业竞争力的全面压制。特朗普将利用这一策略彰显其“保护美国技术领先”的政治资本，迎合对“中国威胁”持担忧态度的选民和利益集团。

（二）制裁矛头直指新能源电动车行业

新能源汽车和零部件行业将面临新的制约。在汽车行业，特朗普在大选期间曾多次表态，要对来自墨西哥的中国品牌汽车征收 200% 甚至更高的关税。这一措施的实施将使中国车企通过墨西哥出口美国的路径更加狭窄，并迫使它们在美国本土设厂以继续销售车辆。此举旨在推动更多制造业回流美国，创造更多本地就业机会，同时削弱中国在全球电动车供应链中的竞争力。考虑到 2023 年已有比亚迪等企业在墨西哥设厂生产，特朗普的措施将对这些企业造成重大影响。此外，特朗普可能进一步放宽对燃油车的管制和排放标准，削弱电动车政策扶持，从而打击中国新能源汽车在美市场的份额。

马斯克是新能源电动车行业的一个重要变数。其与特朗普关系的密切，可能为中国提供一种战略上的缓冲。作为美国最大的电动车制造商之一，马斯克的特斯拉在中国市场具有重要布局。如果特朗普对新能源汽车和电动车行业实施进一步制裁，马斯克将面临经济利益的两难，可能推动其在决策上采取较为灵活的态度。中国可以利用这一潜在矛盾，争取在外交和经济谈判中的主动权，形成一张对抗美国制裁的“王牌”。

（三）强化关税和对跨境电商打击

特朗普再次上台后，商品关税政策预计将继续成为其重要的对华打击工具。特朗普在第一任期内已经表现出对保护美国制造业和减少贸易逆差的坚定立场。此次回归，他将大概率重拾高额关税政策，并将其推向新的极限——有可能对所有来自中国的商品征收60% 以上的关税。此类政策将严重影响中国出口商，特别是纺织、电子产品等行业。此外，小额商品免税政策的收紧将显著影响打击Shein、Temu 等跨境电商巨头。美国政府强调，此类政策旨在削弱低价中国商品对美国中小企业和本土就业的冲击，同时进一步减少美中贸易逆差。这些新措施将大大增加中国出口商的运营成本，打击中国企业在美国市场上的占有率。

（四）南海、台海问题或成为军事安全类制裁首选

台海和南海问题将成为焦点，与中国国防、科技相关的实体可能受到制裁升级。具体而言，中国航天科技集团、中国船舶重工集团等关键企业可能成为目标，尤其是在其与军事研发和武器出口相关的项目上。此外，特朗普可能通过"实体清单"扩展制裁对象，针对中国在南海地区的建设活动，制裁相关的基础设施和能源公司。他还可能联合日本、韩国等盟友，共同对我方在南海的主权主张采取更具对抗性的姿态。

制裁背后的政治和经济动因可以通过特朗普的领导风格和国内政治环境来解释。特朗普的政策以"美国优先"为核心，意在通过贸易和技术制裁展示其保护主义立场，以迎合国内支持其政策的选民和利益集团。总体来看，特朗普再次上台后，预计美国对华制裁政策将呈现出高强度、全方位和深度扩展的特点。这一策略在全球经济和安全格局中可能带来更多的不确定性和紧张局势。同时我们也要谨防其以"人权"问题为借口在在涉港、涉疆问题上对我方进行不利攻击。

三、特朗普的人格特质与领导风格对其制裁决策模式的影响分析

（一）特朗普的人格特质与“目标驱动型”领导风格

总统的决策过程往往深受其领导风格的影响，在对外经济政策中体现得尤为明显。特朗普的制裁决策模式与其突出的人格特征和“目标驱动”的领导风格密不可分。

图 1　特朗普的政治人格诊断得分表

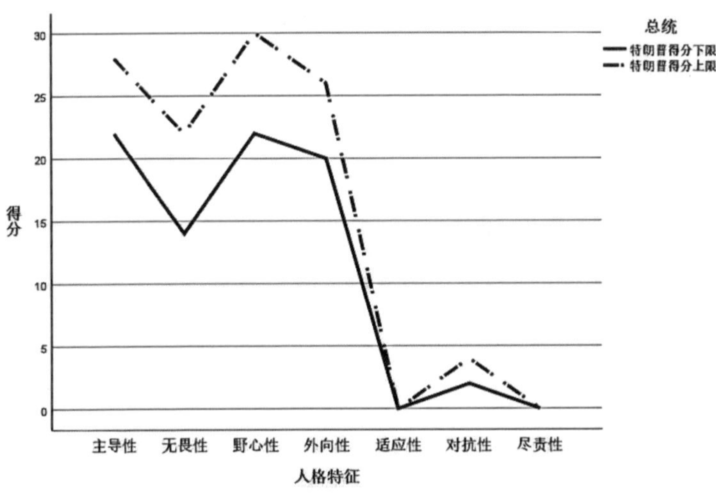

根据特朗普政治人格的定量数据研究（如图 1），我们对其领导风格的基本方面进行深入分析。

首先，特朗普表现出极强的权力、成就动机和相对较弱地亲和动机。这种动机推动他在制裁政策中更多聚焦于实现个人或国家利益的具体目标，不惧冒险并追求短期内的胜利和成果。同时，较弱的亲和动机让他容易忽视他人意见，其决策团队中部分成员曾公开

表达过对其的不满。

第二，特朗普对决策中参考的信息来源的控制性强。特朗普个性特征中“主导性”和“无畏性”特征明显，这使他在决策制定时严重依赖几种既定方式获取信息，通常仅接受来自信任圈的有限信息，忽略外部建议。这解释了他在制裁决策中对风险的冒进性和对复杂情境的漠视。

第三，特朗普总是蔑视传统政治规则和制度，更喜欢通过冲突和竞争达到目标。他的政治人格中主导性，无畏性和野心性三项人格维度得分最为突出，这使得他在决策时遵循个人价值观和直觉行事，较少顾及政治规范和制度等约束。他享受拍板的权力，但不在乎决策的长期影响，倾向于通过冲突和竞争来实现自己的目标，而不是通过合作和共识。

基于上述分析，特朗普的领导风格强调完成任务的重要性，且不易被外界环境左右，明显偏向“目标驱动型”。

（二）特朗普的制裁决策模式——忽略客观因素且重视选民意见

首先，根据特朗普的领导风格分析发现特朗普在决策过程中所需考虑的决策条件少且倾向于忽略某些关键情境或背景性因素（如制裁目标国与美国之间的实力差距、经济相互依赖等）。例如，尽管中美两国在全球经济中高度互相依赖，特朗普政府仍大幅提高关税并加强科技封锁。通常情况下，这种“实力差距”和经济相互依赖会成为传统政治领导人权衡的关键因素，但特朗普的决策似乎忽视了这一点，更多的是基于国内政治需求，尤其是迎合那些认为中国经济崛起威胁美国核心利益的选民群体。正因此，可以看出特朗普容易偏好风险冒进的政策，发动高强度制裁决策的频率较高。

特朗普的领导风格也直接塑造了他在决策过程中对不同利益相

关者的偏好分配。国内利益相关者，尤其是选民，显然是他决策时优先考虑的对象和核心条件，因为国内利益相关者几乎直接决定了他总统的地位及其稳固程度。例如，特朗普为赢得中西部蓝领工人在选举中的支持，频繁炒作我方对美制造业的影响，在制裁中国时采取了更为激进的手段，尽管这可能会对美国的全球贸易关系造成损害。同时，特朗普在制裁决策中对盟友的重视程度明显较低，仅在军事安全类制裁中考虑盟友的意见和影响，经济竞争和对象国国内政治类制裁中盟友的意见都是可有可无的。这进一步凸显了特朗普对外政策中的孤立主义倾向，与其领导风格中的强成就动机和风险冒进性高度吻合。

总之，分析显示特朗普倾向于采取风险态度较为冒进的，高度重视国内利益相关者且忽视情境因素的“国内利益型”决策模式，这与他目标驱动型的领导风格相符。

四、应对特朗普经济制裁模式的政策建议

（一）供应链多元化与提升科技自主性

首先，供应链多元化是应对美国高强度制裁的重要策略。中国应加强与其他经济体如东盟、非洲和中东地区的供应链合作，减少对美国关键技术和原材料的依赖。尤其是在半导体和稀土等关键领域，必须推动产业链的转移和重构，增强供应链的稳定性和灵活性。通过实施区域全面经济伙伴关系协定（RCEP）等贸易协定，中国可以进一步扩大与其他经济体的合作，利用这些地区丰富的资源和劳动力优势，优化全球供应链布局，从而抵御美国制裁带来的冲击。

其次，高科技企业的抗压能力和科技自主创新至关重要。特朗普政府可能加强高科技出口的限制，因此中国应加快科技企业的自主研发步伐。政府应出台扶持政策并提供资金支持，以推动国内科技企业特别是半导体和人工智能领域的研发。通过政策激励，引导企业优先采用国产技术，打造以自主创新为核心的产业生态系统。这不仅能提高中国在全球技术竞争中的抗压能力，还能降低“卡脖子”风险，提升长期战略优势。

新能源产业作为中国突破美国封锁的另一个重要领域，已展现出巨大潜力。中国已经在电动车和新能源技术方面取得显著进展，应继续保持这一优势，推动全球新能源技术合作。中国可以利用气候变化和全球绿色经济转型的议题背景，与欧洲和东盟等国家加强在新能源和电动车领域的合作。通过参与全球绿色经济建立新的合作网络。应加大对新能源技术研发和生产的投资，尤其是在电池技术、绿色能源供应链等领域。确保在关键技术上不依赖于美国，进而扩大中国企业在全球市场的份额。

（二）加强多边合作，减少单边制裁影响

特朗普政府忽视盟友的单边主义政策可能再次对全球合作产生不利影响。但我们可以把握机会，及时开放并加强与其他国家的多边合作，深化与欧盟、东盟、非洲等地区的经济合作和伙伴关系。通过强化与这些国家的双边和多边协议，提升中国在全球市场的影响力，减少对美国市场的依赖。我们还可以利用在基础设施建设、5G 技术、人工智能和新能源等领域的优势，吸引更多国际合作伙伴，形成多方经济合作网络，减少单边制裁的负面影响。

同时，积极参与和推动区域组织的合作也至关重要。中国应继续在区域组织如上海合作组织、金砖国家、亚投行等框架内，推动区域性多边合作。这些组织不仅是中国展示其外交力量的平台，也可以成为协调其他国家应对美国单边制裁的有力工具。通过这些区域平台，中国可以加强合作，建立共同应对经济制裁的联防机制，提高在全球经济体系中的话语权。此外，中国应利用世界贸易组织（WTO）等国际法律框架，有效反制美国的单边制裁，确保自身在国际贸易体系中的合法权益。

（三）重视舆论引导工作与外宣策略

针对特朗普政府可能采取的高压舆论攻势，我们应加强对外宣传在国际舆论场中占据有利位置。美方提出封禁 TikTok 等行动表明舆论宣传工具的影响力已经成为战略博弈的重要组成部分。特朗普善于利用媒体和舆论工具制造话题，影响国内外的舆论走向。因此，我们有必要在全球舆论中找准着手点，增强在国际话语体系中的主动权。

与全球媒体、学术界和智库的合作是提升外宣效果的有效途径。通过与这些机构联动，我们可以强化正面舆论，推动国际社会更加客观地认识中国政策，削弱特朗普单边政策的国际支持基础和舆论攻势。国际社会对中国政策和立场的客观认知需要持续的外宣布局，以确保中国声音能够被更广泛地听到。通过持续传播和解读中国的外交政策和经济策略，可以纠正误解、澄清事实，从而减轻单边制裁带来的国际舆论压力。

此外，全球舆论的长期引导应与科技企业合作，推动国际媒体平台的有效传播。在此过程中，马斯克等美国企业家与中国的商业联系也可以成为制衡特朗普政府单边主义的潜在杠杆。通过推动多边对话与交流，中国能够建立更为多元的国际合作网络，从而在应对制裁时形成稳定的外交后盾。

总而言之，面对特朗普政府可能卷土重来的高强度制裁，中国必须采取供应链多元化、科技自立、国际多边合作和积极外宣等综合应对策略，才能在未来不确定的国际环境中保持战略稳定和竞争优势。

（本文是国家社科基金一般项目“中美经济竞争中第三方国家‘选边’倾向的形成机制与应对策略研究”（项目编号 22BGJ076）的成果。）

特朗普政府的“加密货币新政”与中国的应对

杨芸淞　包　宏*

随着特朗普新任期的临近，其在加密货币领域的人员部署与施政路线已逐渐清晰。总体来看，特朗普将完全扭转第一任期对加密货币的负面态度，转而推出一系列较为激进且具有创新性的支持举措。值得我方高度重视和警惕的是，特朗普政府的“加密货币新政”不仅仅是对加密货币行业支持其竞选的回馈，背后还具有多重战略考量，并**将对全球金融秩序和中国人民币国际化、跨境资本管理以及香港加密货币行业发展等核心利益产生严重冲击**。建议中国在深入研判其意图、影响与劣势的基础上，做好全面应对准备。

一、特朗普政府的“加密货币新政”及其战略意图

（一）特朗普政府将“三管齐下”大力支持加密货币发展

一是委任更多支持加密货币的官员。目前来看，特朗普新任期内的美国财政部、证券交易委员会（SEC）和商品期货交易委员会（CFTC）等与加密货币监管直接相关的部门，均将由亲加密货币的人士担任。与此同时，特朗普还计划设立白宫历史上首个专门负责

* 杨芸淞，香港中文大学（深圳）前海国际事务研究院研究助理；包宏，香港中文大学（深圳）前海国际事务研究院副研究员。

加密货币政策的职位，以协调国会、白宫以及 SEC、CFTC 等监管机构之间的工作。此外，包括副总统万斯、政府效率部负责人马斯克，以及特朗普拟任的商务部长霍华德·卢特尼克、国家安全顾问迈克·沃尔兹、国家情报总监图尔西·加巴德和卫生部长小罗伯特·肯尼迪等高级别官员均持有大量加密货币，并在政策上主张支持加密货币发展。

二是大幅放松对加密货币领域的监管。美国最大的区块链技术倡导组织——Blockchain Association 已向特朗普提出在其上任 100 天内变革加密货币和区块链监管政策的诉求，并得到特朗普及其团队的认可。据悉，未来的施政方向将包括结束拜登政府对加密货币的“执法式监管”，大力支持美元稳定币发展（**其中最需要警惕的是 Meta 公司可能重启全球稳定币项目**），以及加速传统金融与加密货币的深度融合。

三是支持美国政府建立比特币战略储备。特朗普在竞选时便多次表示美国政府将“永不抛售”所持有的比特币，并支持建立“国家比特币战略储备”的构想。近期其再次呼吁比特币的开采回归美国本土。为响应特朗普的号召，美国共和党籍的众议员迈克·卡贝尔和参议员辛西娅·卢米斯已分别在宾夕法尼亚州政府和联邦政府层面提出了建立比特币战略储备的法案，其中卡贝尔的方案是允许州财政部将其资金的 10% 投资于比特币，卢米斯则希望联邦政府未来五年总共购入一百万枚比特币，占其全球总供应量的 5%。

（二）特朗普“加密货币新政”的战略意图

一是将加密货币作为刺激美国国内经济及解决债务问题的新手段。加密货币及其相关行业作为一类新兴产业，已对美国境内的投资、就业和税收等产生较强的拉动作用。其中，在美国与区块链和加密货币直接相关的工作岗位已达到数十万个，涵盖技术开发、市场营销、法律合规、财务分析等多个领域。美国作为全球最大的加密货币市场和比特币挖矿国，拥有全球一半以上的交易量和头部交易所，拉动了硬件制造、能源供应、咨询服务和投资移民等多个行业的增长和就业。特朗普期望区块链技术进一步渗透到医疗、教育、房地产、保险等传统行业，带来更多就业机会和经济效益。

与此同时，美国还是全球最大的比特币持有国，其中美国政府持有 20.8 万枚比特币，并且全球机构投资者正大力购买美国金融机构发行的比特币 ETF。这一方面使得美方理论上能够根据自身需要，控制比特币及全球加密货币市场的价格走势；另一方面，比特币增值将为美国政府提供额外财务保障，也将成为潜在的化债手段。例如美国政府可以用比特币抵押发行低息债务，置换存量高息债务等方式。

二是强化美元在国际货币体系中的主导地位。美联储理事克里斯托弗 · 沃勒曾表示，由于全球约 99% 的稳定币与美元挂钩，表明**美元实际上是加密货币的标价货币和入口**，因此加密货币的繁荣只会加强美元的主导地位。美国货币监理署代理前署长布莱恩 · 布鲁克斯甚至称，对于全球南方国家的民众而言，美元稳定币远比当地货币更可靠，且比实物美元现金更容易获取。同时，当前全球超过 1600 亿市值的美元稳定币不仅大部分由外国人持有，扩大了美元的流通，而且为美国联邦债务创造了一个大买家（发行的美元稳定币大部分都会用来持有美债）。

三是在数字金融及区块链技术领域占据全球垄断地位和话语权。美国目前已是全球区块链技术开发的中心之一，拥有成熟的技术生态系统和顶尖的研发机构。未来随着监管放松，美国区块链技术或将在数字金融、供应链、医疗、物联网等领域迎来更强劲的发展与应用势头，这不仅可以进一步巩固其当前的领先地位，而且有助于美国政府和企业主导全球应用市场、技术协议和标准的制定。

四是进一步提升美国政府支持创新的全球形象和软实力。长期以来，美国通过塑造创新友好型政府的叙事，持续吸引全球资金和人才。对于意识形态更偏自由化的加密货币行业而言，特朗普的宽松政策还可能加强美国作为全球创新中心的形象，甚至引发其他国家模仿。

二、对全球金融秩序与中国的潜在冲击

从根本来看，以比特币为代表的加密货币的崛起，扩大了数字空间这一新的货币流通域。因此，特朗普政府的一系列举措，一方面是为了全面主导数字空间的货币秩序，通过垄断美元稳定币和美国对比特币的控制，将美元信用延伸至数字领域；另一方面，特朗普的新政或将引发全球金融规则的变革。例如，美方将比特币作为储备资产，将推动全球范围内其他国家在其储备资产中增加比特币的占比，造成比特币黄金化，挤占黄金在全球储备中的地位。同时，比特币和其他加密货币还能够作为金融产品的一部分进入全球市场，在资产配置、资产代币化、普惠金融等领域树立新的规则。对于中国而言，以下三方面负面影响未来必定出现且一定要引起高度警惕：

一是挤压人民币国际化的空间。由于加密货币具有便捷性和去中心化特性，其近年来在“一带一路”沿线国家和地区越来越被广泛使用。若未来美元稳定币进一步成为跨境支付和贸易结算的重要

工具，以及比特币等成为各国配置的重要资产，将会削弱人民币在国际贸易中的优势和区域影响力。

二是加大境内的资本外流风险。尽管中国已经禁止加密货币交易，但民间对加密货币的需求并未完全消退，地下交易仍存在。随着美国支持加密货币行业进一步发展，未来中国境内的加密货币投机和非法需求都会加强，会大幅增强资本管控的压力。潜在的较大风险是利用“星链等绕过中国网络监管 + 在线加密货币交易软件”的方式，进行资金渗透或资本外流活动，相关情况曾在委内瑞拉出现过。

三是冲击香港加密货币的发展势头。在拜登政府加强对美国加密货币行业的整顿以及中国香港地区推出一系列支持政策的背景下，香港加密货币行业近年来发展势头强劲。但随着特朗普扭转政策，香港将面临来自美国更大的直接竞争压力。由于香港不掌握稳定币发行权，且缺乏具有吸引力的区块链项目（依赖更大的应用土壤），需要中國内地的帮助。

三、中国的应对建议

面对特朗普政府的加密货币战略及相关负面影响，我们需要统筹国内国外以及外交、金融、宣传等各方面力量进行系统性应对，建议从以下三方面着手：

（一）在国际层面凝聚更大共识，增加美国加密货币行业的发展阻力

特朗普大力支持加密货币发展的一个核心劣势是其依然秉承“美国优先”原则且不喜欢央行数字货币（CBDC），这导致广大发

展中国家受美元稳定币影响严重，且发达国家的 CBDC 项目也将受到冲击（例如数字欧元）。因此，中国需要加强对外工作，**争取联合所有受冲击的国家一同构建加密货币治理领域的“命运共同体”**。具体的政策措施包括：

一是加快多元化的国际货币体系改革。稳定币的崛起不仅表明国际货币体系改革势在必行，而且还指出数字化手段可能是一个关键且有效的改革方向，因此可尝试组建 CBDC 联盟或发起 eSDR 等数字化工具，调动更多国家的积极性，并以官方行为挤出美国私营力量。

二是加快协调落实对美元稳定币的全球监管政策。美元稳定币一家独大，冲击了几乎所有非美国家的利益，为加快构建全球性的美元稳定币监管安排提供了契机。建议中国可积极与国际金融监管机构以及更多国家开展合作，共同探索跨境稳定币监管机制，推动稳定币国际监管标准的制定和监管框架的实施，全面维护国际金融稳定。

三是围绕加密货币的风险和问题加强宣传叙事。具体的话题可包括特朗普家族借 “World Liberty Financial” 项目中饱私囊；去中心化是一种噱头，实际上是再中心化（尤其是美国为中心）；比特币及狗狗币等存在价格操纵，等等。

（二）加强内地港澳联动，促进金融科技创新

利用好内地港澳三地的地理和制度优势是中国进一步加强金融科技创新，提升国家在加密货币及区块链领域竞争力的重要方向。具体地，**一是**可基于多边数字货币桥（mBridge）的成果，进一步推动 CBDC 支付体系的国际化，最大化扩展中国全球交易支付方式，为中国数字人民币的全球推广打下坚实基础；**二是**可尝试在香港、澳门探索离岸的人民币稳定币发行，由此通过民间方式将人民币信用拓展至数字空间，并降低区块链等技术发展的资金成本；**三是**以“港澳开发 + 内地应用”为合作架构，吸引更多人才参与加密货币及区块链项目的开发，加快应用迭代和抢占标准制定的话语权。

（三）多措并举防范加密货币引发的国家安全风险

在促进技术发展的同时，也要兼顾对安全风险的平衡。具体地，**一是要通过技术手段加强对基于加密货币的资本外流的监测和管控**。例如通过与人工智能企业、区块链分析公司、加密货币交易平台等合作（也可在香港培育、打造全球领先的技术公司）；**二是防范去中心化技术的大规模使用**。包括从开发端摸清去中心化合约的具体细节和破解方法，以及从应用端（网络和软件）限制在中国的大规模普及；**三是完善立法和相关监管**。防范以发展加密货币和区块链之名，行非法集资及资本转移之实的行为。

国际关系
观察

“特朗普主义”对中美关系的影响

苏博洋 *

过去八年间，许多美国政治观察家认为唐纳德 · 特朗普赢得 2016 年美国总统选举不过是美国政治史上的一次“反常现象 (aberration)”。[1] 也就是说，只要特朗普下台，美国政治就能摆脱“特朗普主义 (Trumpism)”的影响，回归正轨。然而，作为一种政治思潮，“特朗普主义”并没有随着 2020 年特朗普的败选而“寿终正寝”，而是在拜登任期以一种“没有特朗普的特朗普主义 (Trumpism without Trumpism)”或者“礼貌版特朗普主义 (polite trumpism)”继续主导着美国内政和外交领域政策的制定，并通过美国在世界的支配地位，进一步影响着国际经济政治格局。[2]2024 年 11 月 6 日，特朗普凭借 312 张选举人票，“梅开二度”成功当选美国第 47 任总统，叠加共和党夺得国会两院控制权，并在最高法院占据 6 比 3 的优势，这不仅意味着特朗普“三权合一”或将成为“美国历史上最

* 苏博洋，深圳市前海创新研究院副研究员。

1 Leslie Vinjamuri, ‘The Election Shows That Trump Is Here to Stay’, Nov. 7, 2024, https://www.chathamhouse.org/2024/11/election-shows-trumpism-here-stay.

2 Edward Luce, ‘Biden’s Polite Trumpism on China’, Apr. 17, 2024, https://www.ft.com/content/da53d88b-1630-4b59-a2c6-11a848fb8d05; Ji-si Wang, ‘Even Under President Biden, China Faces Trumpism Without Trump’, Jan. 21, 2021, https://www.caixinglobal.com/2021-01-21/wang-jisi-even-under-president-biden-china-faces-trumpism-without-trump-101653440.html.

有权力的总统”，也说明“特朗普主义”并非美国一时的政治反常，而是已成为美国政治的“常态”。那么，究竟何为“特朗普主义”？在其影响下中美关系将呈现何种走向？中国又该如何应对？本文尝试对“特朗普主义”的内涵进行梳理，并在此基础上分析特朗普第二任期中对华政策，进而探讨中国可能采取的应对之策。

一、“特朗普主义”的内涵

美国作为总统制国家，一贯就有采用“主义（-ism）”一词来概括历任总统执政理念和风格的传统，以此来强调不同“总统主义”之间的差异性和个人色彩。[3] 由此可见，“特朗普主义”是围绕美国总统特朗普任期内的治国方略——包括其政策取向、思想倾向和言论导向——所建立起来的政治理念。

（一）“特朗普主义”是民粹、民族和保守的融合

关于“特朗普主义”是什么，当下学术界虽没有统一的界定，但国内外学者普遍认为“特朗普主义”是民粹主义（populism）、民族主义（nationalism）和保守主义（conservatism）“杂交”的一种“融合式”意识形态。[4]

一是民粹主义。民粹主义作为当今席卷全球的政治现象之一，具有悠久历史，却从未形成一个明确的定义。它是一种“意识形

---

3 韩召颖、黄钊龙：《“特朗普主义”：内涵、缘起与评价》，《国际论坛》2020 年第 4 期。

4 ‘Understanding Trumpism: Nationalism, Populism, and Industrialism’, Baron Public Affiars, 2017 Spring, https://www.baronpa.com/library/understanding-trumpism-nationalism-populism-and-industrialism/; 王建勋：《特朗普主义助推古典保守主义回归》，《探索与争鸣》2021 年第 2 期。

态”、一种“政治运动”或者一种“组织模式”，但无论以何种形式表现，都围绕“人民（the people）”与“精英（the elite）”这一二元博弈而展开。[5] 具体而言，“人民”是由经济上的中下层或政治上的平民阶级构成的有机共同体，他们被认为是权力合法性的唯一来源，具有道德上的纯洁性，是社会中处于弱势地位的“沉默的大多数（quiet majority）”。[6] 与之相对的，精英群体则是“邪恶与腐败”的存在，作为人民的代表，理应以人民的利益为先，却对政治、经济等资源进行垄断，建立以维护自身利益为主的权力运行制度，成为人民的对立面。[7] 因此，民粹主义的基本特征之一就是“反精英”，旨在推动“人民”和“精英”两个对立群体之间权力、资源和机会的再分配，藉以打破阶层分化和固化，寻求更多的、甚至绝对的社会公平。此外，由于精英阶层是国家制度体系的主要制定者和执行者，民粹主义同时具有“反建制”倾向，即对现有权威、政治共识和体制持怀疑和反抗的立场。总的来说，民粹主义本质上是一种以“上下”（精英 - 人民）政治对立为核心的“人民主体性话语”。[8]

二是民族主义。与民粹主义一样，民族主义有着一张普罗透斯似的脸（a protean face），难以被界定。在西方语境下，民族主义普遍被定义为一种强调民族作为基本“政治单位”的意识形态运动，目的在于“谋取和维持自治及个性”，而所谓“民族（nation）”则指

---

5 Benjamin Moffitt (2020), *Populism: Key Concepts in Political Theory* (Cambridge: Polity)；Cas Mudde (2016), 'Europe's Populist Surge: A Long Time in the Making', *Foreign Affairs*, Vol. 11.

6 Mudde, 'Europe'; Paul Taggart (2000), *Populism* (Buckingham: Open University Press).

7 Mudde, 'Europe'; 王联合：<近年来美国民粹主义的兴起及其外交影响》，《人民论坛 · 学术前沿》2024 年第 19 期。

8 Ernesto Laclau (2005), *On Populist Reason* (London: Verso).

“人们在历史上形成的有共同语言、共同地域、共同经济生活以及表现在共同文化上的共同心理素质的稳定的共同体”。[9] 与以亲密的血缘关系为主要纽带的族群（ethnic group）不同，民族具有建构性，主要在与“他者”的对照中，形成“我群”的意识和边界。一个民族想要了解自己的民族特性，除了总结自身已有的特征，更多是通过与另一个民族进行对比，找出两个群体之间政治、语言、生活方式等方面的差异，从而形成一种“非此即彼”的认知。因此，相较于关注“上下”权力对峙的民粹主义，民族主义不拘泥于“民族共同体”中谁是统治者和被统治者，而是横向作“内外”划分，判断谁是“我群”和谁是“他者”。同时，民族对自身存在一种本能的倾向，表现为将本民族及其文化视为中心并产生优越感，而其他民族不仅是“差异性他者”，更是“危险性他者”，与“我群”形成一种敌对关系，是导致“我群”衰落的罪魁祸首，所以一旦“他者”被克服，“我群”即可重现昨日荣光。因此，民族主义通常伴有强烈的排他性，奉行“我族至上”，对“非我族类”不仅进行“客体化”和“他者化”，甚至“妖魔化”。

三是保守主义。作为西方主导性政治哲学之一，保守主义主张维持现状（status quo）。在西方政治现代化进程中，保守主义一直作为自由主义的对立面而存在，被简单地定义为“反自由”、“反进步”和“反变革”，其实不然。首先，保守主义绝非反对个人自由，但强调自由必须受到社会责任、伦理规范和秩序的约束，才能在社

9 J. Stalin, ‘Marxism and the National Question’, https://www.marxists.org/reference/archive/stalin/works/1913/03a.htm#s1; Anthony D. Smith (1973), ‘Nationalism: A Trend Report and Bibiliography’, *Current Sociology*, 21:3, 26; Ernest Gellner (1983), *Nations and Nationalism* (Oxford: Blackwell), 1.

会中得以真正实现和持续。在很大程度上，这是出于保守主义对人类本性的不信任，认为人先天性的缺乏理性，所以必须转而求诸人类长期积累的集体智慧，而“制度、宗教传统和惯例”正是人类“不断尝试、反思和实践的产物”。[10] 因此，保守主义捍卫传统价值观和既有社会秩序，认为他们是国家和社会赖以生存的基石。在保守主义者看来，政府是主要捍卫者，但他们反对政府以捍卫之名对权力过度集中，强调对权力使用加以法律限制。同时，他们寻求进步和改变，但反对激进措施和彻底颠覆，主张通过渐进式改革在现有基础上逐步完善。因此，保守主义的“保守”具体体现为，在经济上倡导自由市场经济和保护私有财产；在政治上强调权威，但支持“小政府”；在文化上坚持主流文化，反对文化多元主义。

（二）“特朗普主义”的政策表现

将民粹主义、民族主义和保守主义三者相结合，便形成了以“美国优先（America First）”为核心，以“美国再次伟大（Make America Great Again）”为最终目标的“特朗普主义”，其对内与对外政策上具体表现如下：

1. 更小的政府。特朗普曾多次表示，美国衰落的根源之一在于“内部的敌人”，即腐败的政党精英和官僚群体。在他们的操控下，美国的政治生态已不再是“民治、民主、民享”，而是被“党派对立、族群之间的冲突和精英阶层的政治洗脑所替代”。因此，特朗普一再承诺，自己上台后的首要任务便是“抽干华盛顿的沼泽”，瓦解

10 丛日云等：《传统政治文化与现代政治文明：一项跨文化研究》，北京：社会科学文献出版社，2008 年，301.

"深层政府"，彻底重塑美国的官僚体制，以保障美国人民的权益。[11]

回顾特朗普第一任期（2017 年 1 月至 2021 年 1 月），他对联邦政府进行大规模裁员、削减开支和精简监管法规，意图巩固总统行政权力。在上任 6 个月之内，就有超过 1.7 万联邦政府人员被辞退，而到了 2017 年 9 月，联邦政府仅拥有 194 万永久雇员，与年初相比少了 1.6 万。[12] 针对高额的政府支出和预算赤字，特朗普则下令减少浪费性开支，并将节省出来的资金集中在基础建设和保障国家安全等优先事项上。例如，在 2018 财年预算报告中，特朗普便寻求在未来 10 年内减少政府开支 3.6 万亿美元，并"历史性"的将军费预算的增幅提高 10%，而接下来的 3 年中，美国国防支出年均增长 5%。[13] 与此同时，特朗普于 2017 年 1 月颁布《减少监管并控制成本》的行政令，提出"两废一增"规则——即每新增一条联邦法规，就必须废除两条现有法规——对奥巴马执政时期制定的银行、能源、劳动等领域的监管法规进行撤销或修改，从而减少政府干预。

从"政府效率部（DOGE）"的设立可看出特朗普将在下一任期

---

11 The White House, 'Remarks by President Trump at National Prayer Breakfast', Feb 2, 2017, https://www.whitehouse.gov/the-press- office/2017/02/02/remarks-president-trump-nationalprayer-breakfast.

12 The White House, 'Presidential Memorandum Regarding the Hiring Freeze', Jan 23, 2017, https://trumpwhitehouse.archives.gov/presidential-actions/presidential-memorandum-regarding-hiring-freeze/ ; 梁娅娟 :《论"特朗普主义"对特朗普执政时期美国气候政策的塑造》，2023 年外交学院硕士研究生学位论文，23.

13 L. Rein and A. Ba Tran, 'Trump Keeps His Pledge to Shrink Size of Government', Dec 30, 2017, *The Seattle Times*, https://www.seattletimes.com/nation-world/trump-keeps-his-pledge-to-shrink-size-of-government/; Office of Management and Budget, 'America First: A Budget Blueprint to Make America Great Again, Budget of the United States Government, Fiscal Year 2018', Mar 15, 2017, https://trumpwhitehouse.archives.gov/sites/whitehouse.gov/files/omb/budget/fy2018/2018_blueprint.pdf.

延续并深化其上一任期的“小政府主义”。作为非正式联邦政府机构，该部门旨在基于现有立法的行政行动推行三大改革，即取消监管、减少行政管理和节约成本，并计划在 2026 年 7 月 4 日美国《独立宣言》签署 250 周年之际完成目标。此外，由美国传统基金会（共和党传统智囊）牵头发起的“2025 计划”也明确提出将进一步对联邦政府拆骨，计划裁撤教育部和环保相关部门，大幅度削减无党派官员职位。这些举措都表明特朗普重塑官僚体制的决心。

2. 更宽松的税收。“特朗普主义”崛起于美国“99% 的平民百姓与 1% 的富豪之间的贫富分化加剧”这一背景下。长期以来，美国社会呈现以中产阶级为主的“橄榄型”社会结构，但过去 40 多年，中产阶级不断萎缩，造成富人越富而穷人越穷的困局。在特朗普看来，建制派对“大政府”和“高税收”的迷恋是导致美国社会悬殊的贫富差距的主因。为了解决这一问题，特朗普在首次执政时期主张减免税收，积极推动税制改革，具体体现为《减税与就业法案》这一标志性税改政策。一方面，该法案针对个人税务宽免提出：1）将采用三种税级（10%、25% 及 35%）；2）废除与《患者保护与平价医疗法案》有关的净投资收入的 3.8% 的税金；3）废除遗产税；4）将标准扣除翻倍；5）取消除按揭利息及慈善捐款外的相关逐项税务抵扣。[14]

14 Tax Foundation, ‘Tax Cuts and Jobs Act (TCJA)’, https://taxfoundation.org/taxedu / glossary/tax-cuts-and -jobs-act/#:~:text=The% 20Tax% 20Cuts% 20and% 20Jobs, before% 20accounting% 20for% 20economic% 20growth; ‘特朗普政府拟大幅削减商业税及个人所得税’, Jones Day, May 16, 2017, https://www.jonesday.com/zh-hans/insights/2017/05/% E7% 89% B 9% E6% 9C% 97% E6% 99% AE% E6% 94% BF% E5% BA% 9C% E6% 8B % 9F% E5% A4% A7% E5% B9% 85% E5% 89% 8A% E5% 87% 8F% E5% 9 5% 86% E4% B8% 9A% E7% A8% 8E% E5% 8F% 8A% E4% B8% AA% E4 % BA% BA% E6% 89% 80% E5% BE% 97% E7% A8% 8E.

五管齐下，中产阶级家庭减负最大，家庭可支配收入增加，从而刺激消费。根据美国税务中心（Tax Policy Centre）数据，年收入在 4 万至 5 万美元的家庭将省税 560 美元，而年收入 5 万到 8 万美元的家庭，将会节省 1000 美元的税务开支。另一方面，《减税与就业法案》永久性的将企业所得税从 35% 降到 21%，这是美国企业税史上最大幅度的削减，旨在减轻企业负担，从而降低外迁的概率，增强美国企业在全球市场的竞争力以及对外资企业的吸引力，特别是高附加值制造业、能源、制药等领域。[15] 通过减免税负，特朗普执政时期内美国经济实现了较快增长，2018 年美国 GDP 增长率达到 2.9%，2017-2021 年间美国联邦政府总税收减少 20,980 亿美元。[16]

《减税与就业法案》中多项重要条款将于 2025 年到期，在本次竞选期间，特朗普已承诺将这些条款延续。从特朗普新政府的经济团队也能看出美国未来四年可能迎来减税新纪元。例如，财政部长提名人斯科特 · 贝森特（Scott Bessent）曾明确表示上任后将优先兑现减税承诺，永久化特朗普首个任期内推行的减税措施，以及取消针对小费、社会保障福利和加班费征收的税收。[17]

3. 更孤立的美国。美国作为世界上最大的经济体，曾经是全球经济一体化的主要推手，在 20 世纪末和 21 世纪初通过自由贸易积累了大量财富。但近年来，随着其他经济体的快速发展，美国在全

---

15 ibid.

16 Brian Riedl, 'Trump's Fiscal Legacy: A Comprehensive Overview of Spending, Taxes and Deficits', May 12, 2022, https://manhattan.institute/article/trumps-fiscal-legacy-a-comprehensive-overview-of-spending-taxes-and-deficits.

17 林倩冰，'贝森特获美国财长提名后发声：兑现减税承诺将是优先事项'，澎湃新闻，2024 年 11 月 25 日，https://m.thepaper.cn/newsDetail_forward_29448670。

球化过程中的获益不仅不复当年，还滋生出许多社会矛盾，因此特朗普政府主张“去全球化”。在特朗普看来，经济全球化给美国带来的收益只集中在华尔街的精英阶层，而以蓝领阶层为代表的普通民众却沦为“输家”。为了更低的成本和更高的利润，美国企业逐渐将劳动密集型的实体产业转移或者空挂在劳动力廉价的国家和地区，这导致美国传统制造业岗位大量流失，对美国白人蓝领带来巨大冲击，不少人被迫失业，资产缩水，社会地位从中产阶级下跌至低收入阶级，成为全球化时代的“新穷人”。对于特朗普而言，过度蓬勃发展的国际贸易给美国带来的“弊”早已远大于“利”，是导致美国产业结构不健全、中下层民众失业问题和贫富差距扩大的罪魁祸首。此外，他认为美国在全球贸易体系中承担了过多不对等的负担，而其他国家则通过低成本生产和不公平贸易及规则侵占了美国市场。因此，特朗普主张一切以美国人民和国家的利益为先，通过提高关税、重谈贸易协定等一系列措施来保护美国经济。例如，2017 年一上任他便宣布美国退出《跨太平洋伙伴关系协定》(TPP)，通过退出多边机制，减少在国际项目上不必要的支出，随后又重谈《北美自由贸易协定》(NAFTA)，对墨西哥征收 20% 的关税，并签署“买美国货，雇美国人”等行政令，促进制造业回流和减少对外国供应链的依赖。这些都表明，特朗普政府坚持“美国优先”的政策，放弃自由贸易原则，转向贸易保护主义。

全球化不局限于超国界的经济活动，同时还渗透到政治领域。政治全球化是指全球范围内的政治合作、治理机制的形成和国家间权力结构的调整，旨在应对超越国界的难题。二战后，作为战后经济、军事和政治上最强大的国家，美国推动了许多以自身价值观和利益为核心的国际机制的建设，包含布雷顿森林体系等货币制度、联合国等国际组织和北约等战略同盟，从而建立起“世界霸主”的地位。然而，在特朗普看来，美国对世界的“奉献”已经够多了，不应再为全球问题和其他国家的利益承担更多，对于收益不多的多边机制，美国应该主动撤出。以北约为例，特朗普曾多次表明北约早已“过时”，认为美国在为同盟体系的维护花费巨额军费、为盟友的发展与安全提供保障的时候，许多盟友在搭“便车”，占尽美国便宜。[18] 因此，他要求盟国承担更多的区域防务责任和成本，否则便以“退群”警告。尽管退出北约最终没有得以实现，但在特朗普执政的四年时间里，美国已先后退出联合国教科文组织、《巴黎气候协定》、世界卫生组织等 12 项国际多边机制，成为“退群”最多的国家。[19] 尽管特朗普频繁“退群”的行为带有“孤立主义”的影子，但值得注意的是，他并非支持美国“闭关锁国”，而是主张以“美国国内事务优先”，不应将美国的物质财富和精力过多地投入到国际事务和盟友关系中，认为只有这样做，美国才能“重新伟大”。

4. 更白人的美国。特朗普强调“美国优先”，但这一概念并不仅仅是指美国作为一个国家在国际上优先，还指在国内层面上“美国人民”优先。那么，究竟谁是美国人民？或者说特朗普的“人民”是谁？特朗普并没有给出准确的定义，但有一点可以肯定，非法移民，尤其是非白人移民，绝不是美国人民。在特朗普眼中，他们不过是吸附于美国福利制度的懒惰“寄生虫”，不仅抢了美国公民的

18 BBC, 'Trump Worries Nato with "Obsolete" Comment', Jan 16, 2017, https://www.bbc.com/news/world-us-canada-38635181; Mikkel R. Olesen, 'Donald Trump and the Battle of the Two Percent: How will the US election impact on the conflicts over defence spending within Nato?', Oct 20, 2020, https://www.diis.dk/en/research/donald-trump-and-the-battle-of-the-two-percent.

19 楚树龙、周兰君 :《特朗普外交特性及其影响》，《现代国际关系》2018 年第 8 期。

"饭碗"，扰乱社会秩序，还改变了美国的人口结构。

据皮尤研究中心调查数据显示，2018 年，美国非本土出生的移民数量达到 4480 万，占全国人口的 13.7%，这比 1960 年增长了四倍之多。[20] 随着大量移民的涌入，美国人口结构从根本上发生了改变，朝着种族多元化方向迅速发展。根据 2020 年美国人口普查报告，西班牙裔和亚裔人口增长迅速，各自从 1990 年的 9% 和 2.8%，增长到 2020 年 18.7% 和 6.1%，而白人族裔人口则从 1990 年的 75.6% 下降至 2020 年的 57.8%。[21] 依据现阶段的人口发展趋向，预估到 2045 年，美国总人口中白人族裔的占比将下滑到一半以下，这也意味着白人族裔将第一次成为"少数族裔"。[22]

伴随着大量非白人移民涌入，美国社会逐渐确立起"政治正确"和"多元文化主义"理念，这诱发了白人群体的身份认同危机，使他们产生被"反歧视"的感觉，担忧他们在美国社会中的主导地位将丧失。对此，特朗普通过对移民的控制来增强白人的主体优越感，极力倡导以安格鲁 - 撒克逊和犹太 - 基督教文化为基础的美国传统观念，旨在重建"白人的美国"。上任初期，他便不顾国会反对签署了"禁穆令"、美墨边境筑墙等带有鲜明排外色彩的政策。此后，更是将美国接纳移民的上限从 2017 年的 5 万名逐年缩减到

20 Pew Research Centre, 'Facts on US Immigrants, 2018', Aug 20, 2020, https://www.pewresearch.org/race-and-ethnicity/2020/08/20/facts-on-u-s-immigrants-trend-data/.

21 Census Bureau, '2020Census Results', Apr 1, 2020, https://www.census.gov/2020results.

22 William H. Frey, 'The US Will Become "Minority White" in 2045, Census Projects', Mar 14, 2018, https://www.brookings.edu/blog/the-avenue/2018/03/14/the-us-willbecome-minority-white-in-204 5-census-projects/.

2018 年、2019 年和 2021 年的 4.5 万名、3 万名和 1.5 万名。[23] 除此之外，特朗普还任命三位保守派大法官来打击“觉醒文化”，反对堕胎、同性恋、平权等议题。这些措施呼应了美国白人群体的诉求，从而巩固了特朗普的民意基础。

特朗普任命“边境沙皇”托马斯·霍曼（Thomas Homan）担任新内阁的移民事务主管预示着其第二任期对移民问题的态度将变得更加强硬。此前，霍曼以其在特朗普执政时期倡导的“零容忍”“家庭分居政策”（family separation policy）而闻名，拆散了上千家庭，引起美国社会广泛抗议，而他此次上任将负责号称“美国史上最大驱逐计划”，在法律允许范围内最大限度动用军队，在未来四年内驱逐所有非法移民。

二、特朗普第二任期对华政策

一个国家外交政策的制定往往深受其领导者政治理念的影响，这一点在美国也不例外。特朗普首任期间，美国对华政策便在“特朗普主义”的指导下完成从“接触”战略到“竞争”战略的转变。这一转变不仅在特朗普执政时期对中美关系产生深远影响，也奠定了之后美国处理中美关系的基本框架。

奥巴马执政时期，美国对国际政治的基本判断是，虽然国际社会存在诸如恐怖主义、核扩散和新兴力量崛起等威胁，美国唯一超

23 BBC, ‘US Slashes Number of Refugees to 30,000’, Sep 18, 2018, https://www.bbc.com/news/world-us-canada-45555357; Camilo Montoya-Galvez, ‘Trump Administration Sets Refugee Cap at 15,000, A New Record Low’, Oct 1, 2020, https://www.cbsnews.com/news/trump-administration-refugee-resettlement-cap-historic-low/.

级大国的地位并没有受到根本挑战。[24] 对于中国，虽然在 2015 年出台的《国家安全战略》中提到“权力的转移”，奥巴马政府更多是认为中国在带来威胁的同时，也带来了合作的机遇。因此，在奥巴马看来，中美之间存在竞争关系，但此竞争是“良性”且“符合国际规则”。[25]

而特朗普上台后，美国对国际政治格局的判断出现重大变化。在上任后首份《国家安全战略》中，特朗普大肆渲染“中国威胁论”，并指出国际政治已经正式“重回大国竞争时代”。[26] 随后，在 2018 年出台的《美国国防战略》中，特朗普进一步强调“国家间的战略竞争已取代恐怖主义，成为美国国家安全的主要威胁”，并首次以官方文件的形式将中国定义为“修正主义大国”和“战略竞争对手”。至此，在特朗普眼中，中美关系已经发生了“质变”，是你输我赢、你兴我衰的“零和博弈”。

“美国再次伟大”的背后隐含着“美国不再伟大”的现实，而在特朗普看来，除了历届政府的一系列错误政策外，强势崛起的中国是造成这一结果的主要原因。因此，在特朗普的威胁叙事中，不仅将中国“他者化”，塑造成与美国截然相反、正邪对立的“他者”，将美国日益激化的国内矛盾归咎到中国身上，将中美之间正常的贸易逆差、技术转让等问题歪曲成中国“国家资本主义”对美国自由

24 韩召颖 :《特朗普主义”：内涵、缘起和评价》，《国际论坛》2020 年第 4 期。

25 BBC, ‘奥巴马：中国是美国重要伙伴和对手”， Nov 10, 2009, https://www.bbc.com/zhongwen/simp/world/2009/11/091110_obama_china.

26 The White House, ‘National Security Strategy’, Washington, 2017.

市场经济的“入侵”，[27] 更将中国描述为威胁国际“自由秩序”的“威权国家”，[28] 从而构建“中国威胁论”的全球共识，合理化美国一系列全方位打压中国的政策。

2024 年特朗普上台后，不出意外将继续视中国为美国全球领导地位的主要挑战者，认为两国之间的竞争是长期且无法避免的，这可从特朗普人事安排中得知。尽管特朗普新内阁成员背景各异，但相当大一部分对中国持强硬立场。例如，国务卿候选人马可 · 鲁比奥（Marco Rubio）被称为“对华鹰派中的鹰派”，而国家安全顾问候选人迈克 · 沃尔兹（Mike Waltz）一直严词抨击中国政府，两人都坚信有必要在所有安全和经济领域对中国实施高压政策，以对抗中国的全球影响力。此外，相较于特朗普本人只有四年任期，其“鹰派”班底中许多官员，如副总统候选人詹姆斯 · 戴维 · 万斯（J.D.Vance），政治生命还很长，其中许多人对“中国威胁论”所持立场比特朗普更坚定。由此可见，美国“竞争性对华策略”将长久持续下去，甚至升级，中美关系将更趋紧张。

（一）继续对华进行“贸易战”。众所周知，特朗普是关税“狂魔”，曾多次表示“关税”是“世界上最美的词”。[29] 在 2017 年到

27 Office of the U.S.Trade Representative, ‘Findings of the Investigation into China’s Acts, Policies, and Practices Related to Technology Transfer, Intellectual Property, and Innovation under Section 301 of the Trade Act of 1974’, March 2018, https://ustr.gov/sites/default/files/Section%20301%20FINAL.PDF.

28 U.S. Department of Defense, ‘Summary of the 2018 National Defense Strategy of the USA’, Jan 2018, https://dod.defense.gov/Portals/1/Documents/pubs/2018-National-Defense-Strategy-Summary.pdf

29 Jenny Leonard, ‘In Trump’s Economic Plan, Tariff Is the “Most Beautiful Word”, Oct 16, 2014, https://www.bloomberg.com/news/newsletters/2024-10-15/in-trump-s-economic-plan-tariff-is-the-most-beautiful-word.

2021 年间，以关税为核心工具，特朗普对中国采取了一系列强硬的经济政策。打着“公平贸易”的旗帜，特朗普政府在 2017 年援引美国国内法（301）对中国进口商品进行贸易调查。随后，特朗普五次对中国总计 5500 亿美元的出口商品加征关税，涉及的商品种类范围前所未有，包括但不限于电子设备、玩具和家具，几乎覆盖所有输美商品。[30] 在此次竞选中，特朗普就表示上任后不仅要废除中国的贸易最惠国待遇，更扬言要对来自中国的所有商品加征至少 60% 的关税，甚至可能扩大至中国在其他国家“绕道”生产的产品。[31] 由此可见，特朗普政府仍将对中国挥动“关税大棒”，作为极限施压手段，这不仅会加速中美经济“脱钩”，也会对全球供应链的稳定性带来冲击，给全球经济格局造成深远影响。

（二）加强组建“反华联盟”。鉴于第一任期内的“退群”行为削弱了美国国际领导力，特朗普 2.0 不会轻易退出由美国主导的强大联盟来应对“中国挑战”，而是致力于构建全方位“反华联合阵线”围堵中国。其中，印太地区是重中之重。奥巴马执政时期，美国奉行“亚太再平衡”策略，以维持地区现状、保持美国在亚太地区军事存在为基本目标，而特朗普上任后放弃了这一战略，并将“亚太”的概念扩展到“印太”，在新的战略布局下采取进攻性极强的军事行为，例如美国军舰多次抵近中国南海地区。随着特朗普回归，美国的战略重心将更加锁定在印太地区，继续实践“安全绑架”

30 “特朗普当选后对华经贸政策及影响分析”，Nov 6, 2024, https://news.qq.com/rain/a/20241106A09FVK00.

31 Marius Zaharia, ‘Why Trump Tariffs Pose A Bigger Threat to China’s Economy This Time’, Nov 7, 2024, https://www.reuters.com/world/china/why-chinas-economy-is-more-vulnerable-trump-tariffs-this-time-2024-11-06/; 特朗普最新宣布对进口自中国的商品征收 10% 关税 (2024/11/25).

施压盟友以实际军事行动捍卫美国在这区域的核心利益，一方面将加强在“第一岛链”的军事部署，提升整体防御和进攻能力，从而遏制中国在印太地区的扩张；另一方面，特朗普将加强“四方安全谈话”，即美国、日本、印度和澳洲之间的战略对话，进一步将其制度化，将议题范围从安全领域向经济、科技等领域扩展。

（三）**继续打“香港牌”**。香港作为中国的一部分，其对美国的战略意义必须放在美国对华政策的大框架之下去理解。如上所述，中国的战略定位从“既是重要合作伙伴，也是竞争对手”转变为美国的重要“战略竞争对手”之一，香港的战略定位也随之出现全盘性转变。

自第二次世界大战以来，香港独特的地位和优越的地理位置使其成为美国在亚洲的前哨站：美国在香港建立全球最大的情报收集中心，用以观察中国及东亚其他国家；香港成为美国全球最大的贸易顺差贡献者和美资企业在亚洲的总部基地；香港是美国军舰在亚洲的重要补给站之一；美国视香港为“自由世界前哨”，是西方民主的示范力量。[32] 总的来说，美国已在香港建立起庞大的经济和战略利益，逐渐成为影响香港事务的最主要外部势力，同时香港对美国的重要性也不再拘泥于经济领域，其作为美国对华“突破口”的政治战略价值日益提升。正如美国驻港澳总领事唐伟康 2019 年所言，在美国遏制中国的战略中，印太战略占有重要地位，而香港则

32 莊志龙：《分析美国“香港人权即民主法案”对香港及美中关系之影响》，《展望与探索》2022 年 5 月第 19 卷第 5 期。

是可以用来打的一张“牌”。[33] 这一张牌不仅可以单独使用，还可以与“台湾牌”、“新疆牌”等叠加使用，以“民主”、“人权”等问题向中国施压。同时，相对于其他“牌”而言，香港牌是美国比较能控制，并避免把中美拖进军事冲突的选项。基于这一认知，香港在美国对华政策中有极其特殊的战术价值，“适度打击香港就是牵制中国，适当利用香港就能影响到中国”。[34]

与奥巴马政府相比，特朗普政府对港事务的干预力度持续加大且干预方式变得多样化、也更为公开和直接。一方面，特朗普通过涉港法案、涉港听证会、涉港报告和组织拨款等政治手段，干涉香港事务。例如，2019 年 9 月美国国会通过了《2019 年香港人权与民主法案》，标志着美国建立以“人权”为由评估香港特殊地位的制度性框架，将香港问题国际化，并为日后美国插手香港事务提供法理依据。另一方面，特朗普继续对香港实施经贸手段来达到削弱中国经济的目的，主要通过：1）将香港问题与中美贸易挂钩；2）监督中国利用香港规避美国出口管制；3）金融制裁香港经济体；4）取消香港在贸易和出口的特别待遇。[35] 例如，在《香港国安法》颁布后，特朗普便立即表示香港已不具备足够的自治权，美国将终止对港特殊待遇。[36] 除此之外，特朗普本人及其前内阁的高层官员，如

33 中央人民政府驻香港特别行政区联络办公室，‘大公报：市民不需要那些抹黑家园的“说客”’，2019 年 4 月 10 日，http://www.locpg.gov.cn/jsdt/2019-04/10/c_1210104319.htm.

34 黎姿、沈文辉：《伦特朗普政府时期美国涉港政策的特点》，《战略决策研究》2021 年第 5 期。

35 Ibid.

36 The white House, ‘Remarks by President Trump on Actions Against China’, May 29, 2020, https://trumpwhitehouse.archives.gov/briefings-statements/remarks-president-trump-actions-china/.

国务卿迈克·蓬佩奥（Mike Pompeo），不仅多次以个人名义公开对中国治港政策发表言论，更频繁接见反中乱港分子，挑战中国国家主权红线。

鉴于美国对华政策的定调不变，始终以“战略竞争”为基点，可以预测在日后与中国的对抗中特朗普不会放弃打“香港牌”，以增加美国与中国博弈的筹码。因此，香港可能面临来自三个方面的冲击。首先，在经济方面，香港可能被卷入中美贸易战之中，美国对香港商品全面征收与中国内地相同的高额关税，增加香港出口成本，削弱其国际竞争力。其次，在科技上，香港作为中国获取国际高端技术的一个窗口，美国可能会在禁止对香港出口高科技产品的基础上，进一步加大对香港技术出口的限制，从而阻断香港建设国际科创中心的进程。最后，政治方面，美国将抓住一切机会炒作香港议题，持续使用香港“人权”、“民主”等问题干涉中国内政，并通过非政府组织（如美国国家民主基金会）为乱港分子在港活动提供人力、资金上的支持，最终干扰“一国两制”在香港特区的实践。

三、中国的应对策略建议

由于“大国竞争”是特朗普政府对华战略基调，中美关系势必受其影响进入战略竞争的新阶段。对此，**首先要深入地分析和判断“特朗普主义”及其影响下的对华政策，保持战略定力，积极理性应对，不陷入美国的战略思维陷阱**。中国应继续以“稳定、协调、合作”为原则，坚持“合则两利、分则两伤”的战略判断，维持中美关系基本稳定，这既符合中国的战略利益，也符合国际社会的普遍期望。从长远来看，中美双边合作的机遇和效益远大于摩擦和冲突，所以即便美国在政治、经济、科技等领域对中国单方面搞“小院高墙”“脱钩断链”，中国也要保持“负责任大国”的心态向美国“单边开放”。坚持与美积极对话，在增强政治互信的基础上，努力在其他领域谋取最大公约数，尽可能维持中美稳定的“竞合并存”的关系。在加强对美开放的同时，中国应加强同欧盟、东南亚联盟、海湾合作组织、非洲、拉美等其他国家的合作发展，尤其是“南方国家”。有序扩大开放中国商品市场、服务市场、资本市场、劳务市场，并继续推动和深化以“一带一路”为代表的多边合作机制的建设。这都有利于在美“战略竞争”对华政策下，为中国创造出更广阔的发展空间。

其次，加强国内建设。只有自身实力强大，才能抵御特朗普再度当选所带来的“已知”和“未知”的压力与挑战。党的十八大以来，中国经济实力、科技实力、国防实力、综合国力实现历史性跃升，逐渐拉近与美国之间的差距。在中美博弈的大背景下，中国应凝神聚力继续把工作重心锚定在中国式现代化建设的大局，特别是经济建设。这需要中国加快构建“以国内大循环为主体、国内国际双循环相互促进的新发展格局”。一方面，中国应加快培育完整内需体系，在保持量的适度增长的同时聚焦质的稳步提升，以便更好满足供需均衡的要求；另一方面，中国要提升创新能力，聚焦培育新质生产力，特别是前沿科技领域，顺应产业发展新趋势，加大芯片制造、量子计算等方面的技术建设。只有这样才能增强内循环的“可靠性”，与外循环综合发力，整体增强中国经济实力和活力。

2024 年 12 月召开的中央经济工作会议也强调在面对目前国内有效需求不足，部分企业生产经营困难，群众就业和增收面临瓶颈，风险隐患仍然较多的经济形势，中国需“坚持稳中求进、以进促稳，守正创新、先立后破，系统集成、协同配合”，实施“更加积极的财政政策”，并将连续实施了 14 年的“稳健的货币政策”改为“适度宽松的货币政策”。随着一系列宏观调控政策的实施和发力，中国超大规模的市场和作为“世界工厂”完整配套的产业链优势将更加突出，经济持续向好指日可待。

最后，针对美国日后不断介入香港事务的可能性，中国需要健全反制外部势力干涉中国内政的机制。一方面，中国可以拿起“法律武器”，建立健全香港特区维护国家安全法律制度和执行机制。目前，中国在应对美国和其他境外势力干预香港事务的法律包括全面性的《香港国安法》、《反外国制裁法》和《阻断外国法律与措施不当域外适用办法》等，日后还可以针对具体的美国涉港法案，如《禁止向香港警方出口相关弹药物项法案》，出台相对应、更细致的法律法规，不断填补香港法律安全机制中的短板，为“一国两制”在香港行稳致远保驾护航。另一方面，中国应加强内外舆论宣传，讲好“香港特区故事”。西方长期存在对“一国两制”和基本法的片面解读，对中国涉港政策多持批判和怀疑的态度，甚至恶意放大对“一国两制”和基本法的错误解读，意图削弱港人对国家的信任。因此，中国政府应强化国际宣传，对中央治港政策进行深入全面的阐释，让国内外人士更多地了解中国“一国两制”基本国策和香港“由乱及治”“由治及兴”的现状，营造有利于中国的国际舆情态势。但最重要的，还是要不断提升香港的综合实力，擦亮这颗璀璨的“东方之珠”。香港应积极融入新一轮改革开放大潮，在中国经济建设中发挥更积极有为的作用。作为全球领先的国际金融中心，香港要当好“超级联系人”联通内地和世界，在持续加强与欧美等传统市场联系的同时，积极扩展东盟、中东等新兴市场，并在此基础上，加快自身向“贸易 + 金融 + 创新科技”转型。

四、总结

特朗普以“美国优先”为核心、以“美国再次伟大”为最终目的的“特朗普主义”再度当选美国第 47 任总统，这意味着“特朗普主义”已成为美国主流政治思潮。尽管人们对“特朗普主义”众说纷纭，褒贬不一，但不可否认其对全球经济和政治格局产生的影响和即将带来的冲击。未来四年，可预见中美两国在经济、安全、文化、科技等不同层面的较量，面对特朗普“变数”，中国应时刻做好准备，以不变应万变。

特朗普新政时代的南海政策走向观察

马金星[*]

南海争端是当前亚太地区最大的安全热点问题。南海问题[1]是中国与越南、菲律宾、马来西亚、印度尼西亚、文莱等南海沿岸国之间历史遗留的局部争议问题，其本源是围绕岛礁及其附近海域的主权和权益之争。美国对南海问题的关注始于1956年“甘泉岛事件”前后，但在当时认为“南海主权争议问题与美国利益相关性低”，“美国不会在中菲越领土争端各方选边站，而是做一个中立的仲裁者”。[2]在冷战期间，美国对于南海问题的关注集中在美苏对抗方面，针对中国与周边国家领土主权和海域划界争议，维持不明确表态的立场，避免卷入相关争端。进入20世纪90年代，伴随南海地缘政治的变化，美国开始调整其南海政策，1995年克林顿政府发表《南沙群岛与南海政策声明》(US Policy on Spratly Islands and South China Sea)，首次公开对南海问题的政策立场，该声明一方面表示美国对于南海各方有关岛、礁、滩、沙竞争性的主权主张及其法理依据不持立场，另一方面主张维护南海地区的航行与飞越自由，反对与1982年《联合国海洋法公约》(以下简称《公约》)不一

---

* 马金星，中国社会科学院国际法研究所副研究员。

1 本文所称“南海问题”的空间范围限定于中国南海“断续线”包围海域，不涉及泰国湾等其他南海区域。

2 鞠海龙：《菲律宾南海政策中的美国因素》，《国际问题研究》2013年第3期，第59-60页。

致的海洋主张及对南海地区活动的限制。[3] 近年来美国对南海问题的关注和介入日益突出，并借口维护“航行及飞越自由”，不断强化地区军事存在，加剧南海紧张局势。2025 年 1 月唐纳德 · 特朗普重返白宫，开始他的第二任期，其任期内的南海政策不仅牵动着南海局势的调整和变化，而且对东南亚地缘政治，以及日本、澳大利亚、加拿大等域外国家南海问题立场，产生重要的影响。

一、当前美国政府在南海问题上的外交政策及发展趋势

2016 年应菲律宾单方面请求建立的南海仲裁案仲裁庭作出裁决后，美国以该裁决为抓手，再次调整在南海问题上的立场，不断反对中国在南海的权利主张，并展开激烈的地缘政治博弈，导致南海问题日趋复杂，增加了南海问题的解决难度，扩大了南海问题的外溢效应，对南海地缘政治产生了重要影响。

（一）特朗普第一任期美国的南海政策

2017 年 1 月至 2021 年 1 月特朗普第一任期内，美国在南海问题上的立场由中立转向“一边倒”，南海政策呈现三方面特征。

第一，以“航行自由”行动为抓手，不断推动南海问题军事化。“航行自由计划”是美国政府自 20 世纪 70 年开始执行的一项外交和军事行动计划，[4] 旨在遏止沿海国所谓“过度海洋主张”，保护美国在国际贸易中的航运利益和军事力量的全球机动畅通，维护美国海

3 See U.S. Department of State, “U.S. Policy on Spratly Islands and South China Sea”, Daily Press Briefings, 10 May 1995.

4 See James Kraska, Raul Pedrozo, International Maritime Security Law, Martinus Nijhoff Pub., 2013, p.202.

洋霸权，美国国防部每年都会发布航行自由年度报告。在 2016 年及之前美国国防部发布的《航行自由报告》，并未将挑战中国在"海洋地物周边主张领海的声明及行动"列入其中。2017 年《航行自由报告》开始将中国在"海洋地物周边主张领海的声明及行动"列为挑战事项，2018 年报告增加挑战中国"宣称对毗连区安全事项拥有管辖权"的表述，而这一挑战事项在以往航行自由年度报告中从未出现。与此同时，美国不断增强在南海地区的军事存在，区域内军事活动也不断增加，多次与日本、澳大利亚等国开展双、多边演习，[5] 仅 2020 年 1 月至 7 月美军机在南海活动就多达 2000 多次，并不断实施抵近侦察，对我东南沿海侦察距离也越来越近。[6]

第二，以南海仲裁案裁决为依据，否定中国在南海的权利主张。2020 年 6 月 1 日美国驻联合国大使凯利 · 克拉夫特（Kelly Craft）致函联合国秘书长（以下简称"凯利信函"），同年 7 月 13 日美国国务卿迈克尔 · 蓬佩奥（Michael R. Pompeo）发表《关于美国对中国在南海海洋主张的立场》（以下简称"蓬佩奥声明"），二者完全否定中国在南海的权利主张。"凯利信函"是对 2019 年 12 月 12 日中国致联合国秘书长第 CML/14/2019 号照会[7]、马来西亚向大陆

5 《南海战略态势感知计划——2020 年美军南海军事活动不完全报告》，南海战略态势感知计划网，http://www.scspi.org，本文中英文网站的最后访问时间均为 2024 年 12 月 2 日，类似脚注不再逐一标注访问时间。

6 《2020 年 7 月 28 日外交部发言人汪文斌主持例行记者会》，中国外交部网，https://www.fmprc.gov.cn/web/fyrbt_673021/t1801674.shtml。

7 2019 年 12 月 12 日，中国常驻联合国代表团致联合国秘书长第 CML/14/2019 号照会中，就马来西亚 2019 年 12 月 12 日向大陆架界限委员会提交的涉南海的二百海里以外大陆架划界案，表达相关立场，指出马来西亚划界案严重侵害了中国在南海的主权、主权权利和管辖权。根据《大陆架界限委贡会议事规则》附件一第 5 条 (a) 项，中国政府郑重要求委员会对马来西亚所提划界案不予审理。《中华人民共和国常驻联合国代表团致联合国秘书长照会》(CML/14/2019)，2019 年 12 月 12 日第 3 段。

架界限委员会提交的第 HA59/19 号划界申请的回应，认为中国第 CML/14/2019 号照会中主张的海洋权利，[8] 不符合《公约》所反映的国际海洋法，这些权利主张旨在非法干涉美国和其他国家享有的权利和航行自由，要求中国遵守 2016 年南海仲裁案裁决。2020 年 7 月 13 日“蓬佩奥声明”指责“北京对南海大多数区域离岸资源的声索完全不合法，与其为控制这些资源采取的霸道行为如出一辙”，“美国采取与（南海仲裁案）仲裁庭裁决一致的立场”，“美国支持东南亚盟国和伙伴保护各自对离岸资源拥有的主权，尊重他们根据国际法拥有的权利和义务”。[9]“凯利信函”与“蓬佩奥声明”标志美国已经完全放弃在南海争端中保持中立的立场，借由否定中国权利主张支持、拉拢南海周边国家，对抗中国。

第三，以“印太战略”为支点，不断推动南海问题国际化。2017 年 11 月时任美国总统的特朗普赴越南参加亚太经合组织工商领袖峰会时，明确提出构建一个“自由和开放的印太”，同年 12 月 18 日美国政府发布的《美国国家安全战略报告》用“印太”取代之前的“亚太”，从而使印太战略正式上升为美国的地区战略，这也是特朗普时期美国印太战略的雏形。[10] 在美国的鼓动下，英国、法国、德国也利用“航行及飞越自由”炒作南海问题。2020 年 9 月 16 日

8 2019 年 12 月 12 日《中华人民共和国常驻联合国代表团致联合国秘书长照会》(CML/14/2019) 第 2 段 :“中国对南海诸岛，包括东沙群岛、西沙群岛、中沙群岛和南沙群岛拥有主权；中国南海诸岛拥有内水、领海和毗连区；中国南海诸岛拥有专属经济区和大陆架；中国在南海拥有历史性权利。中国上述立场符合有关国际法和国际实践，是一贯的和明确的，并为包括马来西亚政府在内的国际社会所周知。”

9 2020 年 7 月 13 日“蓬佩奥声明”的具体内容，参见 : Michael R. Pompeo, “U.S. Position on Maritime Claims in the South China Sea”, U.S. Department of State, https://www.state.gov/u-s-position-on-maritime-claims-in-the-south-china-sea/.

10 杨晓萍 :《特朗普时期美国印太战略回顾》，《军事文摘》2021 年第 4 期，第 13 页。

英国、法国、德国向联合国秘书长古特雷斯递交照会，声称南海航行自由和飞越自由应得到保障，作为《公约》的缔约国，将继续坚持和维护《公约》所规定的权利和自由。国际化使得南海问题大幅突破领土归属和海域划界议题，在影响范围上亦已远远超越了区域地理空间，成为当下中美战略博弈的关键战场和决定两国关系走向的重要风向标。[11]

（二）拜登政府时期美国的南海政策

2021 年拜登政府上台后，基本延续了特朗普政府时期南海政策的基调。从 2021 年 2 月至 2024 年 5 月，拜登政府共计在南海实施 15 次"航行自由"行动，而特朗普在第一任期内共实施了 27 次"航行自由"行动。2022 年 2 月 11 日拜登政府发布任期内首份《美国印太战略》，将战略目标描述为"促进一个更具连结、繁荣、安全与韧性的自由开放印太"，以区别于特朗普政府时期提到的"自由和开放"的印太，其战略途径在于"强化美国角色，并建构其与盟邦伙伴和区域机构的集体能力"，同时提出"十项行动计划"以落实此战略愿景。总体上看，拜登政府注重从权力、规则和秩序三重维度推进美国的南海政策。[12]

一是强化对盟友的军事支持。拜登政府任期内多次明确表达对菲律宾的"安全承诺"，重申对在南海的菲律宾武装力量、公共船只或飞机的武装攻击，将会促使美国援引 1951 年《美菲共同防

---

11 Lyle Goldstein, "Chinese Naval Strategy in the South China Sea: An Abundance of Noise and Smoke, but Little Fire", Contemporary Southeast Asia, Vol.33, No.3, 2011, p.320.

12 韦宗友、张歆伟：《印太战略视角下的拜登政府南海政策：权力、规则与秩序》，《南洋问题研究》2023 年第 1 期，第 48 页

御条约》第四条之规定承担共同防御义务。[13]2023 年 5 月 3 日，美国国防部长劳埃德 · 奥斯汀（Lloyd Austin）与菲律宾国防部长卡尔利托 · 加维斯（Carlito Galvez）确立的《双边防务指导原则》重申，在太平洋，包括在南海的任何地方，对双方的无论是公共船只、飞机，还是武装力量——包括海岸警卫队——的武装攻击将会援引 1951 年《美菲共同防御条约》第四条、第五条之共同防御义务。[14]

二是继续否定中国在南海的权利主张。拜登政府执政之初即重申坚持 2020 年"蓬佩奥声明"，主张"我们对中国（南海）海洋主张的立场，与 2016 年仲裁庭裁决保持一致。"[15] 相比于特朗普第一任期内的政策，拜登政府频繁利用南海仲裁案裁决，试图将中国描绘成海洋规则的破坏者，将美国塑造成海洋规则的维护者。

三是以网络化和北约化模式打造印太同盟体系。拜登政府上台后将"拉帮结伙"和"盟中之盟"视为对华战略竞争的关键举措，小多边主义成为拜登政府推动"印太战略"、构建制华联盟最为倚重的手段之一。[16] 最典型的事例就是将美国与日本、印度、澳大利亚"四方安全对话"进一步制度化，并邀请同盟国家参加四方会议，议题逐渐扩展至网络安全、供应链安全、与东盟关系等领域，扩大

---

13 仇朝兵：《拜登政府对美国印太同盟体系的重塑及其影响》，《国家安全论坛》2024 年第 2 期，第 53 页。

14 U.S. Department of Defense, "Fact Sheet: U.S.-Philippines Bilateral Defense Guidelines", US Department of Defense, https://www.defense.gov/News/Releases/Release/Article/3383607/fact-sheet-us-philippines-bilateral-defense-guidelines/.

15 U.S. Department of State, "Department Press Briefing-February 19, 2021", Ned Price, Department Spokesperson, Washington, DC, February 19, 2021, https: //www. state. gov/briefings/department-press-briefing-february-19-2021/.

16 赵明昊《盟伴体系、复合阵营与美国"印太战略"》，《世界经济与政治》2022 年第 6 期，第 26 页 .

“四方安全对话”的影响范围。[17]

总体上看，尽管拜登政府与特朗普政府诸多执政理念不同，但是在南海政策上具有连贯性和一致性，包括继续实施“航行自由”行动，推行南海军事化政策，谋求掌握南海地区规则的主导权。

（三）特朗普第二任期美国南海政策的走向

2024 年 11 月特朗普在美国总统选举中获胜，从 2025 年 1 月开始第二任期。目前各方都在评估特朗普第二任期内南海政策的走向，尽管美国未来南海政策的具体内容尚不确定，但是不可否认的是，南海问题始终是美国维护地区霸权地位、对中国进行战略牵制的重要抓手。

以新“孤立主义”推行印太战略。[18] 美国“孤立主义”外交政策形成于建国初期，并成为很长一段时间内美国力主推行的对外政策。但是对于“孤立主义”不能望文生义，其并非让美国脱离世界、管好本国，而是“收紧拳头”以更加强硬的姿态，谋求全球霸权。在特朗普第二任期内，料将重启并加强“美国优先”政策，对此，有观点认为，特朗普试图在国内孤立思潮与干涉主义外交之间寻找某种平衡，即通过重新配置资源，将重点放在同大国的“零和博弈”上。[19] 在特朗普胜选后，美、西方国家许多知名智库机构学者开始关注美国南海政策的走向。美国知名智库机构兰德公司高级国防分析师德里克 · 格罗斯曼（Derek Grossman）认为，特朗普政

---

17 夏方波、聂正楠：《动员困境与拜登政府时期美国印太盟伴体系的调整》，《国际关系研究》2024 年第 3 期，第 44 页。

18 也有观点认为，特朗普奉行的并非“孤立主义”，而是“贸易保护主义”，参见：丁原洪：《特朗普执政后的内外政策》，《外交》2021 年总第 123 期，第 80 页。

19 金君达：《特朗普孤立主义倾向对拜登外交政策的影响》，《东北亚学刊》2021 年第 5 期，第 120 页。

府似乎准备重振第一任期内制定的印太战略，而该战略的重点是对抗中国，包括加强印太地区的联盟和伙伴关系，但是特朗普可能转而采取一种更具“交易性”的方式，严格地以实现美国国家利益为目标。格罗斯曼认为，特朗普第一任期内并没有将打造美菲同盟作为对菲政策的重点，在其第二任期内也无意继承拜登政府利用多边组织实现美国在该地区目标的“政治遗产”。[20] 美国外交关系委员会东南亚项目高级研究员约舒亚·库兰茨克（Joshua Kurlantzick）认为，如果特朗普第二任期内中美在南海发生更大的冲突，该地区国家（如菲律宾）可能从“火中取栗”，但总体上将遭受严重损害。[21] 意大利国际政治研究所帕拉·莫瑟丽（Paola Morselli）等学者认为，特朗普第二任期将减少在印太地区的军事参与，要求菲律宾为其安全承担更多的责任，并以牺牲印太经济框架（IPEF）等多边经济平台为代价，转而支持双边协议。[22] 在美菲关系中，美方处于强势地位，菲方处于弱势地位，但是强与弱在外交政策互动上是可以相互转化。2024 年 11 月 8 日菲律宾总统马科斯（Ferdinand Romualdez Marcos）正式签署所谓“海洋区域法”和“群岛海道法”，将南海仲裁案裁决转化为国内立法，实际上这两部立法早在 2024 年 8 月前后就已经获得菲律宾国会通过，菲方或有意等待美国大选结束才签署两部法案，这一举动不仅仅是迎合国内的亲美派和对华强硬派的

20 Derek Grossman, “Trump 2.0 Could Give China a Headache in Southeast Asia”, RAND Corporation, https://www.rand.org/pubs/commentary/2024/11/trump-20-could-give-china-a-headache-in-southeast-asia.html.

21 Joshua Kurlantzick, “Southeast Asia Responds to Trump’s Victory”, Council on Foreign Relations, https://www.cfr.org/blog/southeast-asia-responds-trumps-victory.

22 Paola Morselli, et al., “Trump 2.0, Seen from Asia”, Istituto per gli Studi di Politica Internazionale, https://www.ispionline.it/en/publication/trump-2-0-seen-from-asia-191394.

需要，也有试探和用法案绑定美国新一届政府、随时准备让美方兑现协防承诺的意味。菲律宾将南海仲裁案裁决立法化，必然减少其在处理南海争议时的回旋余地，深度绑定美国以提高自身的威慑能力的同时，也必然牺牲本国战略自主权，甚至不惜铤而走险拉美国“下海”。可以说，伴随美国新“孤立主义”的兴起，特朗普第二任期内南海局势走向充满了诸多不确定性。

二、特朗普第二任期美国南海政策主要内容的预判分析

特朗普及其执政团队主要成员均是对华强硬派，主张通过军事和经济手段遏制中国。但也应看到特朗普执政团队在对外政策领域具有明显的两面性，一方面其主张对华强硬，但鼓励美国盟友承担更多责任；另一方面主张“美国优先”政策、减少对全球其他地区的军事介入，但要求将资源集中用于应对中国“威胁”。

（一）军事博弈与战略调整或将同步升级

对华强硬是特朗普第二任期执政团队成员的主要立场，其影响将直接外溢到军事领域。国务卿、国家安全顾问、国防部长是负责美国外交政策领域的主要政府成员。国务卿在美国对外事务中有着重要的地位和影响力，在执政团队处于首席部长的位置，是外交政策执行人，甚至是决策者。目前马尔科 · 卢比奥（Marco Rubio）被特朗普提名为国务卿，作为总统的外交事务首席顾问，主管外交事务。迈克 · 沃尔茨（Mike Waltz）将出任国家安全顾问，主要负责国家安全、外交协调等多方面的工作，直接参与美国国家安全政策的策划与制定。皮特 · 海格塞斯（Pete Hegseth）被提名为国防部长，担任总统的主要国防政策顾问，规划和执行国防政策。早在 2012

年美国第 57 届总统选举期间，美国《外交政策》杂志挑选了民主党和共和党中对美国外交政策产生重要影响的各 50 个人，卢比奥便位列其中，[23] 可见其对美国南海政策的影响力不容低估。卢比奥是美国保守主义的典型人物和对华鹰派，他视中国为美国最大威胁，甚至为“世纪威胁”，主张制衡和限制中国，支持对华发起贸易战、加征关税和中止对华永久正常贸易关系，他也是美国国会通过的香港和新疆人权法案的直接推手。2020 年 8 月中国宣布对卢比奥等 11 名美方人员实施制裁，截至 2024 年 12 月中国对于卢比奥的制裁仍未解除。沃尔茨也是美国政界的“知名”对华强硬派，认为美国的战略重点是应对中国挑战，他呼吁增加国防开支以应对亚太地区和中国的威胁，增加对台军售，主张重塑与中国的产业链分工。近年来，沃尔茨还曾两次宣称美国与中国在部分领域已经处于“冷战”状态，[24] 批评拜登政府对华表现软弱。海格塞斯具有极右主义倾向，在处理国际关系中强调美国军事力量的重要性，认为美国应该保持强大的军事力量以保护国家利益。上述三人是特朗普执政团队中制定或执行美国外交政策的核心成员，这些人均对华奉行强硬立场，可能会进一步加剧中美两国在南海问题上的观念差异和规则分歧，增加菲律宾误判的可能，推高南海发生军事冲突的概率。

目前关于特朗普上台后美国对外政策将执行战略收缩抑或战略调整，不同智库及分析意见持有相左的观点。一种观点认为，自

23 《影响美国外交政策的 50 名共和党人》，新华网，http://www.xinhuanet.com/world/2012-09/04/c_123666740.htm 。

24 Nectar Gan, “Trump has assembled a team of China hawks: How will Beijing respond?”, CNN, https://edition.cnn.com/2024/11/29/china/trump-cabinet-picks-china-response-intl-hnk/index.html.

奥巴马政府至今，美国事实上采取了战略收缩政策，且战略收缩趋势不断凸显；[25] 另一种观点认为，特朗普外交政策带有一定孤立主义色彩，但并非“战略收缩”而是“战略调整”，尽管美国接连从国际组织“退群”，但并未实质收缩，仍然积极推进同大国的“零和博弈”，因此美国不会在全球外交领域撤退。[26]

本文认为，战略收缩与战略调整可能是美国外交政策的“一体两面”。特朗普第二任期可能形成一种新的对外政策，即通过迅速解决俄乌冲突、巴以冲突、黎以冲突等地区冲突，将战略资源转向对中国，在贸易、海洋、供应链等领域对华实施全面对抗，即在全球其他地区执行战略收缩、减少对外军事干预，在亚太地区对华实施战略调整、专注于应对中国。

做此预判的理由主要在于，美国是在“大国战略竞争”框架内看待南海问题。特朗普在第一任期内更多地是将中国的权利主张和维权行动视为对美国区域军事存在的直接挑战，甚至视为崛起中的中国对美国主导下的全球秩序乃至其“全球领导地位”的破坏。[27] 南海问题不是一个孤立的，或对美国利益影响有限的地区争端，而是中美“大国战略竞争”的重要组成部分，这是特朗普第二任期执政团队主要成员的共识。因此，在未来四年内，南海问题仍将是美国实施印太战略的主要抓手之一，特朗普第二任期内的南海政策只会更具挑战性，不会从现有立场上后退。

25 曹玮、张瀚暘：《战略收缩、同盟牵连与美国政策困境》，《国际政治科学》2023 年第 2 期，第 27 页。

26 金君达：《特朗普孤立主义倾向对拜登外交政策的影响》，《东北亚学刊》2021 年第 5 期，第 120 页。

27 葛汉文：《美国特朗普政府的南海政策：路径、极限与对策思考》，《太平洋学报》2019 年第 5 期，第 76 页。

(二) 拉拢域外国家组建南海“反华联盟”

特朗普第二任期如何对待美国主导的印太安全合作，尤其是澳英美安全协议（Aukus）和四方安全对话（Quad），充满了不确定性。在国际舆论和智库分析中，有观点认为，基于特朗普奉行的单边主义、保护主义和孤立主义政策特征，其第二任期内可能加速大国竞争，疏远印度等新兴大国，使得上述多边安排沦为“波坦金联盟”（Potemkin village）。本文认为，在当前美国两党对华政策达成基本共识，已经明确认定中国是首要战略对手，并且为应对“中国挑战”已决意进行战略调整的情况下，不能简单的认为特朗普奉行的单边主义与当前美国在南海的多边安排存在冲突，相反，从一些蛛丝马迹似乎可以推断出，特朗普可能会偏好拉拢域外国家组建南海“反华联盟”，在南海构筑新的对华包围圈。

一是通过深化美日、美澳及美菲双边防务合作，美军在南海周边军事资产的分散化和韧性加强，构建有利于美国的军事平衡。美日印澳“四方安全对话”是特朗普第一任期内一手打造的地区多边安排，与其任期内排斥多边主义和联盟相比，特朗普对“四方安全对话”展现区别对待的态度。拜登上台后在大的方向上，延续了特朗普第一任期内美国的印太战略。美国战略界也认为，形成于特朗普时期的《美国印太战略框架》是一个“一贯的、系统的、可操作”的文件，具有很强的战略性。[28] 一些美国学者在评价特朗普第一任期对外政策及本次竞选期间的承诺时认为，[29] 尽管普遍认为特朗普

28 杨晓萍：《特朗普时期美国印太战略回顾》，《军事文摘》2021 年第 4 期，第 16 页。

29 Derek Grossman, “America’s Indo-Pacific Alliances Are Astonishingly Strong”, RAND Corporation, https://www.rand.org/pubs/commentary/2023/12/americas-indo-pacific-alliances-are-astonishingly-strong.html.

第二任期内美国外交政策面临诸多不确定性，但是其主张的印太政策和战略将不会发生实质性变化，加之美国朝野上下对于中国“威胁论”的高度认可，以及拜登政府推动巩固联盟和伙伴关系的强劲势头，特朗普任期内最有可能是保持美国印太战略的连续性，维护当前双边或多边防务合作，通过冷战式联盟制造地缘政治分歧和紧张局势，煽动周边国家与中国对立对抗。

二是组建南海“反华联盟”与美国军事实力收缩密切相关。自奥巴马政府至今，美国在极力强化军事实力的同时，又在慎重对外使用武力。典型事例为 2023 年 10 月新一轮巴以冲突爆发后，也门胡塞武装使用无人机和导弹多次袭击红海水域目标，美军也仅仅是对胡塞武装目标发动空袭，没有投入地面部队深入胡塞武装控制区实施打击的迹象。仅从表面看，这种判断显然与当前美国在南海愈发激进的军事冒险存在明显的逻辑冲突，但是与“大国战略竞争”、集中资源对华进行零和博弈的战略趋向，却是吻合的。由此推论，通过联盟方式“收紧拳头”，构建全方位的对华军事封锁链，完全符合美国印太战略的需要。此外，值得注意的另一个迹象为，美国还在涉及盟友利益的安全问题上，放松了对日本、菲律宾等盟友的制约，支持甚至鼓励盟友的挑衅行为，如美国正进一步对日本发展进攻性武装力量松绑，并将其纳入美军的指挥系统，在南海争端中支持菲律宾的挑衅行为。美国将日本、菲律宾等捆绑在牵制围堵中国的战车上，使其成为美国的“桥头堡”“马前卒”，以分担其在“第一岛链”的军事压力。

综上，尽管日本、菲律宾在南海“反华联盟”中难以与美国形成平等关系，但是并不妨碍其寄望于通过加强同美国的战略合作，来实现本国在安全、地缘政治、海洋利益等领域的目标，全面配合美国的地区战略。鉴于特朗普、卢比奥和赫格塞斯都曾公开批评美国盟友在防务支出上的“搭便车”行为，未来可能会要求盟友国家通过美国对外军售或商业销售，更多地买入美国国防物资和服务。

（三）鼓动他国再次对华发起所谓“法律战”

南海仲裁案是中国自 1996 年批准《公约》以来，首次被缔约国依据该公约条款诉诸强制措施程序，也成为新中国成立以来首例南海声索国“状告”中国的案件。美国曾幕后操纵南海仲裁案，为菲方的权利声索提供所谓“法理依据”，美国炒作所谓南海仲裁案裁决“具有法律约束力”，完全是出于破坏地区和平稳定、遏制中国发展的霸权图谋。[30] 不排除特朗普第二任期内策动南海周边国家或其他国家，模仿南海仲裁案操作模式，对中国发起新的法律战。从制度设计及既有案例看，如下方式都有可能被用以发起对华法律战。

一是菲律宾针对仁爱礁、黄岩岛问题进行法律包装，再次对华发起强制仲裁程序。2024 年 6 月以来，前菲律宾最高法院大法官安东尼奥 · 卡皮奥（Antonio Carpio）、菲律宾国防部长吉尔伯特 · 特奥多罗（Gilberto Teodoro）均在媒体采访中放言，要对中国发起新的仲裁程序，彻底否定中国在南海的所有海洋权益主张。[31]

二是其他南海周边国家对华发起的强制仲裁程序。南海仲裁案仲裁庭虽然对南海历史性权利、“断续线”合法性、南沙群岛及黄

30 钟声 :《翻炒所谓南海仲裁案掩盖不了侵权挑衅的实质》,《人民日报》2024 年 7 月 13 日第 2 版。

31 Rhoanne De Guzman, “Carpio renews call to ‘pile up’ more arbitral awards against China over ‘baseless’ claim of WPS”, VERAFILES, https://verafiles.org/articles/carpio-renews-call-to-pile-up-more-arbitral-awards-against-china-over-baseless-claim-of-wps.

岩岛法律地位、中国海上执法、岛礁建设及环境保护等问题做了裁决，但是并没有触及西沙群岛、航行自由、海上勘探等活动，为菲律宾、越南等国继续利用《公约》程序漏洞和仲裁庭扩权倾向将中国拖入法律战，留有可以发挥的空间。

三是第三国之间通过国际诉讼、仲裁分割中国在南海享有的海洋权益。这并非理论假想，在国际法律争端解决领域已经出现类似案例。如在查戈斯群岛问题上，毛里求斯和英国系领土主权的争端当事国，但是 2019 年毛里求斯依据《公约》附件七就查戈斯群岛划界问题对马尔代夫发起强制仲裁程序，该案与南海仲裁案非常类似。第三国之间还可以通过国际机构分割中国在南海“断续线”内的海洋权益，类似于 2009 年马来西亚和越南联合向《公约》项下的大陆架界限委员会提交两国在南海的外大陆架划界案。

四是利用国际组织发起咨询管辖。国际法院咨询意见没有法律拘束力，但是其与司法诉讼判决具有同等的权威性。2019 年国际法院就查戈斯群岛案发表咨询意见的过程表明，领土主权争议不影响国际法院行使咨询管辖权。国际海洋法法庭及其海底分庭都可以受理咨询意见申请，一旦咨询程序启动，当事国即便予以反对，通常也无法阻止国际司法机构行使咨询管辖权。

五是对中国特定海上行为发起诉前措施。包括针对中国在南海执法中扣押外国渔船，缔约国依据《公约》第 287 条、第 292 条对华发起迅速释放程序。也可以在南海环境保护、海上捕捞、污染物排放等领域，对华发起临时措施程序。

三、如何应对特朗普第二任期美国南海政策？

（一）坚持以发展为第一要务，以“四个自信”保持战略定力

中美博弈具有长期性、对抗性和复杂性特征。改革开放以来，中国始终聚精会神搞建设，一心一意谋发展，成为世界上唯一从“低人类发展水平”跃升到“高人类发展水平”国家。党的十八大以来，中国经济实力与综合国力大幅跃升，达到新的历史高度，中美之间的全方位差距正在缩小。发展带来了中国综合国力不断提升，发展让中国人民生活更美好，发展让中国面对国际风云变幻更加从容和自信，发展也让中国与世界各国更紧密的联系在一起。无论中美之间的关系如何变化，都必须坚持以发展为第一要务，不断增强综合国力，“只有牢牢扭住经济建设这个中心，毫不动摇坚持发展是硬道理、发展应该是科学发展和高质量发展的战略思想，推动经济社会持续健康发展，才能全面增强中国经济实力、科技实力、国防实力、综合国力，才能为坚持和发展中国特色社会主义、实现中华民族伟大复兴奠定雄厚物质基础”。[32]

保持和增强战略定力，坚定“四个自信”。面对特朗普第二任期中美关系的波诡云谲、国际秩序的变革动荡，面对中美博弈风险和挑战越多，需要坚定中国特色社会主义道路自信、理论自信、制度自信、文化自信。中国取得的举世瞩目的成就证明，中国特色社会主义道路适合中国国情、能够为中国发展进步开辟广阔前景，中国式现代化道路是一条比资本主义现代化道路更加可行、更加优

32 习近平：《改革开放四十年积累的宝贵经验》（2018 年 12 月 18 日），载《习近平谈治国理政（第三卷）》，外文出版社 2020 年版，第 186 页。

越的道路，中国特色社会主义理论体系具有科学性、真理性、正确性，中国特色社会主义文化具有强大的文化价值和生命力。当前美国国内政治极化、党派对立、种族和意识形态冲突变得愈演愈烈，2024 年 9 月美国知名民调机构皮尤研究中心的调查数据显示，对民主党和共和党都持负面看法的美国人占比从 1994 年的 6% 上升至 2023 年的 28%，大多数人认为，共和党和民主党在经济、环境、预算赤字、移民、枪支政策或堕胎等问题上几乎没有共同点，形容当前美国内政治最常用的词是分裂、腐败和混乱。[33] 以“民主灯塔”自诩的美国，民主共和两党为追求自身利益而互不相让，政治极化正在加剧，仇恨、种族歧视、枪支暴力、通货膨胀等社会问题在美国愈发加剧，三权分立式的“程序民主”异化为大利益集团和政客之间寻租交易的制度渠道，美式民主制度的结构性缺陷暴露无遗。2024 年 10 月《纽约时报》和锡耶纳学院联合发布的民调数据显示，45% 的人认为美国的民主制度未能很好地代表普通民众；四分之三的美国选民认为，民主正受到威胁，尽管对于究竟是什么在危及民主，他们的看法因党派倾向而大相径庭。大多数选民认为，这个国家深受腐败的困扰，62% 的受访对象表示，政府主要忙于自己和精英阶层的利益，而非公共利益。[34]2024 年 11 月 8 日美国知名国际政治学者、塔夫茨大学教授丹尼尔 · 德雷兹纳（Daniel Drezner）在接受《外交事务》（Foreign Affairs）采访时认为，特朗普“美国优

33 Jenn Hatfield, “How U.S. Public Opinion Has Changed in 20 Years of Our Surveys”, Pew Research Center, https://www.pewresearch.org/2024/09/13/how-us-public-opinion-has-changed-in-20-years-of-our-surveys/#fnref-187129-1.

34 Nick Corasaniti, Ruth Lgielnik, Camille Baker, “Voters Are Deeply Skeptical About the Health of American Democracy”, New York Times, https://cn.nytimes.com/usa/20241028/american-democracy-poll/dual/.

先”的理念，以及胁迫、施压、交易化手段，将导致美外交政策愈加自私自利，远离西方民主与人权等过去倡导的理想与价值。在此环境下，美方将不再自视为全球的“道德楷模”，而回归至一个普通大国，美国例外主义或将终结。[35] 当今世界正经历百年未有之大变局，伴随特朗普第二任期的开始，中美博弈进入全新阶段，中美之间是国力的竞争，但更是道路、理论、制度和文化的竞争。只有坚定“四个自信”，通过改革开放发展壮大自己，才能不断增强战略定力，才能最终赢得中美大博弈。

（二）谈判协商解决南海争端，反对少数国家曲解滥用国际法

南海问题是中国与越南、菲律宾等部分东南亚国家间历史遗留的争议问题，其本源焦点是部分岛礁及其邻近海域的主权和权益之争。菲律宾单方面发起南海仲裁案，仲裁庭扩权滥权，此种举动是对法治精神的亵渎，对当今国际秩序构成威胁。菲律宾及南海仲裁案仲裁庭滥用国际法，就是挖国际秩序墙脚。美国不断敦促中国遵守所谓“裁决”、用《公约》要求其他国家，但自己却不批准《公约》。南海仲裁案既不会也不可能成为解决南海问题的法理基础。

坚持直接当事国通过谈判和协商解决南海争议。中国主张南海问题有关具体争议由直接当事国通过谈判和协商解决，符合《联合国宪章》所倡导的通过谈判协商和平解决争端宗旨，也完全符合中国与菲律宾、越南等东盟共同签署的《南海各方行为宣言》第四条规定，即“有关各方承诺根据公认的国际法原则，包括 1982 年《联

35 “The World of Trump 2.0: A Conversation With Daniel Drezner and Kori Schake”, US Council on Foreign Relations, https://euromaidanpress.com/2024/11/13/foreign-affairs-trumps-foreign-policy-stance-to-test-us-role-as-global-threats-rise/ ; https://www.foreignaffairs.com/podcasts/world-trump-second-term-foreign-policy.

合国海洋法公约》，由直接有关的主权国家通过友好磋商和谈判，以和平方式解决它们的领土和管辖权争议，而不诉诸武力或以武力相威胁”。2011 年，中国和东盟十国进一步就落实《南海各方行为宣言》后续行动指针达成一致，开启了全面有效落实《宣言》的历史进程。[36] 在相关国际争端解决实践中，“由直接有关的主权国家协商解决”的约定具有排除第三方管辖的效力。《南海各方行为宣言》上述规定为中国与南海周边国家提出了解决争端所应遵守的国际法原则，界定了参与争端解决的适格主体和基本方式，划定了处理南海主权及管辖权问题的底线，对建立互信关系及互信机制提出了初步的构想，属于《公约》第 281 条第 1 款要求的争端当事国自行选择的和平方法。

反对单方将南海问题诉诸国际司法或仲裁程序。自 2019 年以来，菲律宾、越南等南海周边国家政界和学术界主张将南海争端提交国际司法或仲裁程序的声音不断出现。由于南海仲裁案裁决并未触及西沙群岛、航行自由、海上勘探等，这为一些国家继续利用《公约》附件七强制仲裁程序将中国拖入法律战，留有可以发挥的空间。同时，国际司法及仲裁机构存在通过法律解释扩大管辖权的偏好，例如 2010 年毛里求斯诉英国“查戈斯群岛”仲裁案、2013 年南海仲裁案、2014 年荷兰诉俄罗斯“北极日出号”仲裁案等案件均表明，当事国以争议涉及主权为由否定国际司法及仲裁管辖权，往往不被法院或仲裁庭采纳。在管辖权争议过程中，国际司法或仲裁机构通常会逾越国家同意原则，借助条约解释等理由，绕开或避

---

36 钟声：《< 南海各方行为宣言 > 不容妄议——菲律宾南海仲裁案闹剧系列评论（三）》，《人民日报》2015 年 12 月 16 日，第 3 版。

免直接触及国家主权争议，变相主张管辖权，呈现出“为了管辖而管辖”的揽权趋势。中国2006年管辖权排除声明，将涉及海洋划界、历史性海湾或所有权、军事和执法活动等方面的争端，排除出《公约》强制争端解决程序，该声明一经作出即应自动适用，其效力是，根据《公约》第299条的规定，未经中方同意，其他国家不得针对中国就相关争端单方面提交强制争端解决程序。[37] 个别国家就南海问题单方面提起国际诉讼或仲裁，是在滥用《公约》规定的强制争端解决程序，对公约争端解决机制的严肃性构成严重的挑战。

（三）不断拓展海上务实合作，强化对南海领土及海域的管控

当前特朗普和美国共和党明确表达了对全球化的反对，意图与南海周边国家趋向合谋对抗中国，南海地缘政治斗争与法理斗争交织在一起，破坏地区和平安定局势，使地区态势有进一步陷入动荡的风险。

在南海管控分歧和开展海上务实合作。根据国际法和国际实践，在海洋争议最终解决前，当事国应保持克制，尽一切努力作出实际性的临时安排，包括建立和完善争议管控规则和机制，开展各领域合作，推动“搁置争议，共同开发”，维护南海地区的和平稳定，为最终解决争议创造条件。有关合作和共同开发不妨害最后界限的划定。[38] 南海既是沟通中国与周边国家的桥梁，也是中国与周边国家和平、友好、合作和发展的纽带，南海争端最终妥善解决，

---

37 2014年12月7日《中华人民共和国政府关于菲律宾共和国所提南海仲裁案管辖权问题的立场文件》第71段，载中国外交部边界与海洋事务司编：《中国应对南海仲裁案文件汇编》，世界知识出版社2016年版，第21页。

38 《中国坚持通过谈判解决中国与菲律宾在南海的有关争议》第132段，中国外交部边界与海洋事务司编：《中国应对南海仲裁案文件汇编》，世界知识出版社2016年版，第122-123页。

有赖于中国与有关当事国通过谈判和协商解决。在此进程中，应坚持倡导各方在全面有效落实《南海各方行为宣言》框架下，积极推进“南海行为准则”磋商，制定“海上风险管控预防性措施”。这些努力将有助于进一步完善本地区的规则体系。[39] 在南海事务合作方面，力推海洋科学研究、防治船舶污染、海洋生态环境保护、海上通航安全、搜寻与救助、打击海盗等低敏感领域的合作，努力增进互信。在南海争端解决方面，中国与东盟国家应在《南海各方行为宣言》框架下，通过缔结双边或多边协定的方式，进一步确认通过双边友好协商和谈判解决南海有关争议的立法，共同努力防止争议复杂化、扩大化和影响地区和平稳定的行动。南海仲裁案本质上是一场披着法律外衣的政治闹剧，菲方不惜以牺牲中菲关系为代价，实际上已落入美西方国家的圈套和陷阱，为自己戴上枷锁，成为一些国家构建反华遏华“小圈子”的工具。菲律宾视裁决和《公约》为其在南海政策和行动的两大基石，但裁决本身又严重背离该公约，这暴露出菲方立场的自相矛盾。菲方顽固坚持错误立场，死守裁决结果不放，只会让自己在错误的道路上越走越远。[40]

针对南海紧张局势加强对管辖海域的常规性管控。2024 年 11 月 10 日，针对中国政府划定并公布黄岩岛领海基线，是中国政府依法加强海洋管理的正常举措，符合国际法和国际惯例，也是针对菲律宾近期通过国内立法将中国黄岩岛和南沙群岛部分岛礁及海域非法纳入到其海洋主张范围的反制行为。在应对个别国家不断挑动

---

39 黄惠康 :《中国特色大国外交与国际法》，法律出版社 2019 年版，第 215 页。

40 《2024 年 7 月 12 日外交部发言人林剑主持例行记者会》，中国外交部网，http://us.china-embassy.gov.cn/lcbt/wjbfyrbt/202407/t20240712_11453092.htm 。

南海局势升温、采取挑衅性行动的情势下，中国应当加强对管辖海域的常规性管控，采取以下应对措施：一是通过岛礁建设强化区域控制。中国在南沙、西沙、中沙岛礁进行岛礁建设，在上述岛礁周边 12 海里区域设置海上构造物，属于国家主权范畴。对于中国实际控制的、尚未进行陆域吹填的岛礁或暗沙，可以考虑因势建设不同类型海上构造物，通过填海将面积狭小的礁盘予以扩建，并配置相应的机场或港池，并根据需要在已建成的海上构造物上配置一定的搜寻、救助和打捞力量，便于及时应对区域内突发事件，并为在南海执行巡航执法的公务船舶、飞机提供靠泊和补给。二是在南海争议海域设置防空识别区。防空识别区是为空域预警及识别敌我而设置的空间区域，航空器进入中国防空识别区后，必须开启并保持双向无线电通信联系，及时准确回答防空识别区管理机构或其授权单位的识别询问和雷达应答。位于防空识别区飞行的航空器，应当服从防空识别区管理机构或其授权单位的指令，对不配合识别或者拒不服从指令的航空器，中国武装力量有权采取防御性紧急处置措施。[41]

四、结语

中国对南海诸岛的主权和在南海的相关权益，是在漫长的历史过程中确立的，具有充分的历史和法理依据。根据国际法和海洋法，领土主权是海洋权益的基础，海洋权益是从领土主权派生出来的。任何国家都不能将海洋管辖权扩展到别国的领土上，更无权以

---

41 参见《中华人民共和国东海防空识别区航空器识别规则》第 3 项。

主张专属经济区或大陆架为由侵占他国领土。

领土主权及海洋划界争议是南海问题的本源。中国在坚定维护中国在南海的领土主权和海洋权益的同时，坚持通过谈判协商解决争议，坚持通过规则机制管控分歧，坚持通过互利合作实现共赢。南海问题国际化、多边化、扩大化，是某些国家不断炒作的结果，美国等域外大国强势介入南海问题，混淆是非，将南海问题作为地缘政治博弈和制衡中国的抓手，不仅加剧地区紧张局势和冲突风险，也增加了部分南海声索国对形势误判的概率，不利于区域和平、地区发展。

特朗普第二任期内南海态势有进一步陷入动荡的风险。中国坚持以"双轨思路"处理南海问题，致力于同直接有关的当事国在尊重历史事实的基础上，根据国际法，通过谈判协商和平解决有关争议，符合包括《公约》在内的国际法规定。滥用《公约》争端解决程序、域外大国干涉，不仅侵犯了中国作为公约缔约国享有的自主选择争端解决程序和方式的权利，也无助于维护南海地区的安全与稳定。有关各方只有善意、准确、完整地解释和适用国际法律规则，坚持发展与周边国家的睦邻友好和互利合作，实现互利共赢，才能妥善解决南海问题，实现地区的和平稳定。

（本文获中国社会科学院学科建设"登峰战略"（DF2023YS34）资助计划资助。）

特朗普新政时代的国际法观察

何田田 *

世界之变、时代之变、历史之变正以前所未有的方式展开。美国大选结束，特朗普时隔四年再次当选美国总统。特朗普重返白宫预示着未来四年全球局势与中美关系将面临新的复杂局面，以国际法为基础的国际秩序可能进入一个更为动荡的阶段。

与特朗普第一任期（2017 年 1 月 -2021 年 1 月）相比，当今国际形势更为复杂且充满不确定性。2022 年，乌克兰危机全面升级；2023 年，巴以冲突再度爆发。地区冲突的加剧、新兴技术迅猛发展，以及全球治理赤字的扩大，国际社会面临前所未有的多重挑战。当今的国际秩序主要是在美国为首的西方国家主导下建立的。美国等国家对有利可图的规则“把控主导”，对与自身利益冲突的条款“着力规避”，对束缚其霸权行为的规范则“打破重塑”，将国际法作为维护霸权的政治工具。特朗普在他的第一任期内以“美国优先”的政策思路，对国际法和国际机制采取明显的“合则用、不合则弃”的态度，削弱了多边主义与全球合作的基础。展望特朗普新政，在可能延续其第一任期的部分政策特点的同时，也可能会根据新的国际形势有所调整。本文将首先回顾特朗普第一任期的对外政策，梳理其对国际法和国际机制的主要态度；在此基础上，展望特朗普新政在全球治理、地区冲突、中美关系等方面可能采取的

* 何田田，中国社会科学院国际法研究所副研究员。

新政策措施，并分析这些变化对国际法和国际秩序的潜在影响与挑战。通过揭示未来四年美国的国际行为模式和国际法律秩序变动的关键趋势，旨在为我们在复杂国际环境中采取应对策略提供有益参考。

一、特朗普第一任期对国际法的态度

特朗普第一任期的外交政策呈现出如下两个鲜明特点：孤立主义倾向和交易型的实用主义，两者共同反映了其时美国对国际法的态度。

一方面，特朗普的孤立主义倾向明显体现在他的“美国优先”政策中。“美国优先”强调美国自身利益，淡化国际合作和全球责任。特朗普 1.0 政府曾多次退出国际条约，退出多边国际合作机制，打破多边合作框架。例如，美国曾于 2020 年正式退出 2015 年 12 月通过的应对全球气候变化的《巴黎协定》，理由是声称《巴黎协定》对美国经济发展不利。再如，美国曾于 2018 年单方面宣布退出旨在限制伊朗核武器发展的《伊朗核协议》，理由是协定存在“严重缺陷”；还如，美国曾于 2017 年退出促进亚太经济一体化的《跨太平洋伙伴关系协定》，以“保护美国工人”。

特朗普 1.0 政府的国际机制政策同样反映了其对多边主义的不信任。在特朗普第一任期时，美国“退群”多个国际组织。美国曾多次威胁退出北大西洋公约组织，指责北约其他成员国未能分担足够的军事开支。在人权领域，美国曾于 2018 年宣布退出联合国人权理事会，理由是该机构对以色列存在“长期偏见”及“无效保护人权”。事实上，人权理事会长期把“巴勒斯坦及其他阿拉伯国家被占领土的人权状况”列为会议议程，审议以色列涉嫌在巴勒斯坦被占领土侵害人权的行为，美国一直要求取消这项议程。再如，美国曾于 2017 年宣布退出联合国教科文组织，主要原因是美国不断拖欠会费、美国认为联合国教科文组织需要根本性改革及对该组织所谓的对以色列有持续偏见。更广为人知的是，美国在特朗普第一任期内，曾严重阻挠世界贸易组织上诉机构新成员的遴选，导致这一被美誉为“世贸组织皇冠上的明珠”的争端解决机制陷入瘫痪，严重损害了多边贸易体制的权威性和有效性。再者，在 2020 年新冠疫情期间，美国曾质疑世界卫生组织的公正性和有效性，不仅削减对世界卫生组织的资助，还最终宣布退出世界卫生组织。可见，美国在特朗普第一任期频繁退群，不仅损害了美国自身的形象，更是破坏了国际合作机制和全球治理体系。

另一方面，特朗普的外交政策也展现出强烈的交易型和实用主义特点，倾向于通过双边谈判实现具体的短期目标，而非依赖多边框架开展长期合作。例如，在中东事务上，美国曾于 2020 年促成了《亚伯拉罕协议》，推动在阿联酋、巴林等阿拉伯国家与以色列之间实现关系正常化。特朗普曾表示，《亚伯拉罕协议》将是中东地区全面和平的基础，“黎明将在和平中到来”。但是，《亚伯拉罕协议》的达成依赖于美国在谈判中提供经济激励和军事支持，是试图通过利益交换来达成局部和平，并未改变中东地区的结构性冲突和矛盾。《亚伯拉罕协议》是美以双方政治与外交需要的产物，而非中东地区矛盾缓和的结果。

美国曾经的一系列“退群”行动及其交易型策略在其时就引发国际社会的广泛关注和强烈批评。特朗普第一任期的外交方式以实际回报和可见成果为导向，将盟友关系视为利益交换的工具，反映了其对国际法、全球治理多边框架持普遍怀疑和漠视的态度。特朗普第一任期的外交政策与对外行动削弱了国际法的普遍性和权威性，“美国优先”下的政策与传统多边主义精神相悖。即使后来拜登政府在上台略作调整，重新加入了一些国际组织和多边条约，特朗普第一任期政策的负面影响依然存在。

二、特朗普第二任期的外交政策与对国际法的预期影响

特朗普重返白宫后，其第二任期的政策团队及潜在新政策方向已经初见端倪。从特朗普的竞选情况和目前公开的信息来看，特朗普第二任期可能延续他第一任期时的政策特点，即在“美国优先”下继续展现出交易型和孤立主义的政策倾向，并对国际法和多边主义持冷漠态度。以下选取全球卫生治理、全球气候治理、全球人权治理以及地区冲突解决四个方面作探讨。

第一，在全球卫生治理领域，特朗普政府一直以削减卫生预算和聚焦美国国内利益为核心策略。回顾他的第一任期，特朗普曾多次提议大幅削减对全球卫生援助的资金支持，并最终决定退出世界卫生组织。虽然拜登在就任后撤销了这一“退群”决定，并恢复了美国对世界卫生组织的参与和支持，但根据目前公开报道，特朗普在第二任期很可能再次推动类似的退出行动。

特朗普的全球卫生政策不仅可能重现“退群”，还可能伴随更大力度的预算削减，尤其是针对国际疫苗接种计划和公共卫生合作的资助。尤其值得关注的是，特朗普可能明确反对当前有效的全球卫生合作框架，包括即将生效的《国际卫生条例》修正案和正在世界卫生组织框架内谈判的“大流行病条约”。具体而言，2024 年 6

月，世界卫生大会通过了一揽子《国际卫生条例》修正案。修正案引入了诸如“大流行病突发事件”的定义，并建立了新的“协调财政机制”，旨在为未来的全球公共卫生危机提供更高效的资金和资源分配依据。根据《国际卫生条例》的修正条款，修正案将于 2025 年 9 月正式生效。美国作为最早在世界卫生组织内部提出修正提案的国家，本应发挥更为关键的作用。然而，特朗普 2.0 政府很可能拒绝接受修正条款的约束。此外，“大流行病条约”的谈判目前仍在进行中，该条约旨在以法律手段强化各国在传染病防控中的协作。但特朗普政府的单边主义倾向和对国际组织的不信任态度，或许会使其对该条约持消极甚至抵制的态度。

第二，在全球气候治理方面，特朗普对气候变化和全球变暖长期持怀疑态度，这可能进一步影响其 2.0 政府的全球气候政策。如前述，特朗普在其第一任期内，美国就宣布退出《巴黎协定》。《巴黎协定》是继《京都议定书》后第二份有法律约束力的气候协议，是开启全球气候治理新阶段的重要协定。截至 2024 年 10 月，《巴黎协定》是一份拥有 195 个缔约方的普遍性多边国际公约。也就是说，几乎所有联合国会员国都加入了《巴黎协定》。就这样一份反映全球应对气候变化的广泛共识，特朗普仍极有可能在第二任期内继续退出。

特朗普在第二任期不但可能再次退出《巴黎协定》，还将减少在联合国气候谈判中的参与力度，甚至否定其国内的清洁能源政策，例如废除拜登政府通过的《通胀削减法案》。《通胀削减法案》法案是拜登政府通过的、旨在通过引导美国未来十年内向能源安全和气候变化领域投资，发展在岸绿色工业生产和刺激绿色消费，支持和保护本土制造业，并扶持新能源汽车等新兴产业，但特朗普在竞争时就声称其为“绿色骗局”。据报道，特朗普预计还将结束向亚洲和欧洲庞大市场出口新液化天然气的禁令，并撤销一项允许加利福尼亚州和其他州实施更严格污染标准的豁免。同时，特朗普在第二任期还可能重新支持化石燃料产业。特朗普如果在第二任期采取这些气候政策，不但损害美国自身的碳减排目标，还与当前全球气候治理脱钩，为其他不愿履行气候承诺的国家提供“借口”，甚至加剧全球气候合作的困境。

第三，在全球人权治理方面，特朗普 1.0 政府的人权政策一直是奉行显著的“双重标准”。特朗普 1.0 政府经常在国际场合将人权问题工具化，将其作为对抗特定国家的政治手段，对某些国家的人权问题大肆批评，却对一些盟友国家的严重侵犯人权行为选择性忽视甚至保持沉默。在与人权问题密切相关的国际刑事司法机制方面，特朗普 1.0 政府表现出强烈的敌意。国际刑事法院检察官曾计划对美国及其盟国可能犯下的战争罪行开展调查，其中包括美国相关人员在阿富汗战争中的行为。但美国政府认为国际刑事法院对美方人员不具备管辖权，并认为该调查是对美国的威胁。2020 年，特朗普签署行政命令，对参与调查的国际刑事法院官员实施制裁和入境限制。美国其时对国际刑事法院官员的制裁引发了多国批评，有媒体其时评价道，美国此举是对“不听话”国际组织的又一次“发难”，显示出美国对国际法治的蔑视。展望特朗普第二任期，这种策略可能进一步延续甚至强化，双重标准的人权政策将加剧全球人权治理的两极分化，使人权问题或将成为全球治理中更为复杂和棘手的议题。特朗普还可能进一步削弱国际刑事司法机制的权威性，甚至对其他国际组织采取更多对抗性措施，冲击国际法治。

第四，在地区冲突解决方面，特朗普第二任期政策仍可能围绕短期交易和单边利益展开，而非致力于构建长期和平框架。如前述，特朗普在第一任期时曾承认耶路撒冷为以色列首都，并试图以经济和军事利益换取阿拉伯国家与以色列关系正常化。但是，特朗普其时的政策并未有效解决巴以冲突。在当前巴以冲突再次成为全球焦点的背景下，特朗普在第二任期可能采取更为明显的偏袒政策。特朗普在第二任期将可能加大对以色列的军事和情报支持，同时进一步边缘化巴勒斯坦的诉求。此外，特朗普可能延续其对伊朗的强硬立场，通过强化经济制裁或军事威慑进一步施压。而在乌克兰危机上，他或将采取选择性干预策略，以服务于美国的短期利益为导向。巴以局势或将进一步恶化，国际社会在调解和解决这些冲突时，将面临更大的挑战和障碍。

可以看出，特朗普在制定对外政策和处理国际事务时，倾向于抛开国际法和多边框架，更倾向于单边主义和交易导向的决策。传统的国际法框架强调各国在《联合国宪章》基础上共同遵守全球规则，但特朗普以单边行动强化美国的“例外性”，并试图用美国定义的“规则”重新界定国际法。国际社会以多边协作为基础的法律框架可能因此更加碎片化，国际法作为全球规范的重要作用也将面临进一步削弱的风险。

三、特朗普第二任期的中美法律关系走向预测

在国际法中，双边法律关系一般是指两个国家通过签订条约或协议来确立的双边法律关系，也包括双方围绕国际法在涉外方面展开的行动和对抗。在特朗普第一任期，中美法律关系既有冲突也有合作，双方贸易关系尤为紧张。展望特朗普第二任期，这一趋势可

能进一步加剧。

第一，特朗普可能重启“贸易战”。中美经贸关系将面临更大不确定性。回顾特朗普的第一任期，他曾于 2017 年 8 月援引《美国贸易法》第三百零一条，调查中国是否侵犯美国知识产权，此举视为其时中美“贸易战”的开端。随后，特朗普继续以加征高额关税为主要手段，向中国施压。到 2019 年，美国已对约 3600 亿美元的中国进口商品加征最高达 25% 的关税，双方关系紧张升级。尽管 2020 年 1 月双方签署了《中美经济贸易协议》，暂时缓解了部分经贸冲突，但并未从根本上解决争端。在特朗普第二任期，特朗普可能有新理由继续延续这种关税策略。根据当前信息，特朗普在竞选成功后已再次打出“关税牌”，声称计划在 2025 年对包括中国在内的多国进口商品征收高额关税，理由是这些国家为芬太尼等毒品提供原材料，助长了犯罪团伙的活动。

第二，特朗普在第二任期可能会进一步干预南海事务，损害国际海洋法律秩序。近年来，南海问题逐渐成为地缘政治博弈的热点，美国频繁利用该问题作为遏制中国的抓手。特朗普 1.0 政府通过军事行动、法律解读和外交压力，多次对中国的南海主权主张发起挑战。例如，2020 年 7 月 13 日，借所谓的“南海仲裁案”裁决四周年之时，特朗普第一任期的国务卿迈克尔 · 蓬佩奥公开声明支持仲裁庭的裁决，否定中国在南海权益。随后，美国国务院于 2022 年 1 月发布《海洋界限第 150 号报告》，试图通过所谓“国际法分析”全面质疑中国在南海的主张。此外，特朗普 1.0 时期的“航行自由行动”是其干预南海问题的重要手段。在其第一任期内，美国针对中国南海的军事行动频率显著提高，共计近 30 次派遣军舰进入南海相关岛礁 12 海里范围，声称其行为符合《联合国海洋法公约》，旨在维护“航行自由”。与此同时，美国还通过与区域盟友的合作进一步施压，例如承诺《美菲共同防御条约》适用于南海问题。

展望特朗普第二任期，美国预计延续甚至加剧类似政策，通过法律和外交手段介入南海问题，包括支持菲律宾依据“南海仲裁案”提出更多主权诉求、再度高频次开展所谓“航行自由行动”、推动盟友如英国和澳大利亚承担更多南海事务责任，以及在国际舞台上构建针对中国的所谓“集体行动”联盟，等等。南海问题将可能进一步升级。

第三，特朗普在第二任期在技术领域将继续将中国视为全球竞争的关键对手。特朗普在其第一任期时，美国曾采取严格的技术出口限制和投资审查政策，造成中美在关键科技领域逐渐“脱钩”。具体而言，特朗普曾签署多项行政命令，限制中国企业在美投资，并扩大对高科技产品出口的限制范围。例如，华为和中兴等中国科技巨头因涉嫌违反美国对伊朗的出口禁令遭到制裁。2019 年，华为被美国商务部列入“实体清单”，使其在获取先进芯片和其他高科技产品方面遭遇重创。特朗普在第二任期内将可能继续扩大这些限制范围，不仅针对中国企业，还可能施压盟友加入技术封锁行动。特朗普或会强化“芯片四方联盟”（美国、日本、韩国和中国台湾地区）框架，限制中国在全球供应链中的参与。此外，特朗普第一任期曾通过舆论工具强化对中国的指控，频繁贴上“不遵守国际法”“破坏国际法”的标签。特朗普第二任期可能会延续这一策略，进一步利用舆论抹黑中国的国际形象，以此为其政策提供合法性支持。

总之，特朗普第二任期的中美关系将面临高度不确定性。美国的南海政策可能激化地区国家间的对立，增加军事摩擦的可能性，威胁亚太地区的和平与稳定；贸易战的延续和扩大会对全球经济复苏构成阻碍，造成严重的经济冲击。各国在新的地缘政治格局中都将面临战略选择的新评估。

四、中国的应对之策

特朗普第二任期可能采取的外交政策，极有可能破坏现有的多边主义国际规则体系。特朗普一贯漠视国际法，甚至善于通过曲解国际法，以看似用中立的国际法语言来达到自身政治目的，对以国际法为基础的国际秩序和国际法的发展都产生了负面影响，中国必须采取妥善应对之策。

第一，加强国内建设。国内建设是应对外部挑战的基础。我们必须认识到，美国政策具有每四年一变的周期性特点。尤其在当前全球局势更为危险、分裂与不可预测的背景下，“以不变应万变”应是我们应对外部风险挑战的重心。中国的强健与壮大是应对一切不确定性的基石。例如，我们需要加快产业结构优化，推动传统产业升级和智能化转型。在传统领域，提升劳动生产率和资源利用效率；在新兴领域，如芯片制造、人工智能、新能源和量子计算等前沿技术领域，加大投资力度，确保在关键领域实现技术自主可控，提升国家科技创新能力。当前，我们提出“加快发展新质生产力”。党的二十届三中全会强调，要健全因地制宜发展新质生产力体制机制。新质生产力以信息技术、生物技术、新能源技术为核心，推动科技创新与产业深度融合，加速突破关键核心技术，将为中国打造一个具有全球竞争力的现代化产业体系。加快发展新质生产力是我们应对外部挑战的重要基础。

第二，加快扩大高水平的对外开放。“要扩大高水平对外开放，为发展新质生产力营造良好国际环境”。在判断国际形势发生新变化的当下，我们更需要加快扩大高水平的对外开放，主动适应经济全球化新趋势。党的十八大以来，中国加强改革开放顶层设计，统筹推动深层次改革和高水平开放，已经取得显著成效。例如，为促进中外人员往来，中国近日通过单向免签政策推动更大范围的对外开放。单向免签、签证便利已成为提升中国公民国际交流便利的重要工具。在这些举措的基础上，我们要继续以制度型开放为重点，聚焦投资、贸易、金融、创新等对外交流合作的重点领域，完善配套政策措施，积极主动把中国对外开放提高到新水平。加快高水平的对外开放，是应对单边主义、保护主义、霸权主义对中国外部环境安全稳定构成威胁的战略部署。

第三，深化多边合作平台机制。深化多边合作平台，可以倡导与维护真正的多边主义，塑造更加公正、合理的国际秩序。在当前国际形势复杂多变的背景下，加强多边合作能够为全球治理带来更多确定性，为应对共同挑战提供多边解决方案。多个重要的多边合作平台都可以推进这一目标。例如，上海合作组织自 2001 年成立以来，已经成为涵盖地区安全、经济合作和文化交流等多个领域的重要多边平台。上海合作组织于 2022 年和 2023 年相继接纳了伊朗和白俄罗斯为正式成员，进一步扩大了影响力。作为创始成员国之一，中国可继续通过上海合作组织这一平台与中亚、东欧等地区国家开展应对气候变化和打击恐怖主义等领域的广泛合作。再如，金砖国家机制近年来也取得重大突破。金砖国家成员于 2023 年从五国扩展到十国，新增的成员包括沙特阿拉伯、埃及、阿联酋、伊朗和埃塞俄比亚。在金砖机制平台上，中国可以通过推动金融机制创新、加强基础设施投融资合作，聚焦可持续发展议题，为全球经济治理贡献智慧。扩大后的金砖机制也为全球南方国家在国际舞台上发出更强有力的声音提供了新的契机。

第四，掌握在国际关系中使用国际法的语言。当前，国际社会越来越重视国际法在全球治理中的作用，国际法是全球通用的法律语言，我们应更加重视国际法的运用，以此维护多边主义和推动全球治理。近来，中国在外交政策中已经娴熟地运用了国际法的语言，例如在《中国和阿拉伯国家关于巴勒斯坦问题的联合声明》中，双方重视和运用了国际法的话语，强调支持国际法院的临时措施命令，"认为以色列应遵守有关法律规定特别是国际人道法。双方强调，作为占领方的以色列对加沙恶劣的人道状况负有责任"。这些表述不仅体现了中国支持"以国际法为基础的国际秩序"的坚定立场，也展现了中国在复杂国际问题上通过法律手段推进和平与正义的能力。

特朗普 2.0 时期的政策可能削弱国际法的权威性，甚至鼓励一些国家无视现行国际法规则。在这样的背景下，中国需要在重要的多边国际舞台上以国际法为语言，与各国共同推动国际规则的制定与有效实施，特别是在应对如气候变化、公共卫生等全球性挑战时，用国际法语言寻求广泛共识，避免陷入无休止的政治争论，更能积极倡导国际法在全球治理中的重要作用，维护以联合国为核心的国际体系。

第五，加强涉外法治能力建设。特朗普第一任期执政期间，美国经常利用国内法对其他国家施加单边制裁和长臂管辖，其所发动的贸易战、技术封锁以及对中国企业的限制，不但影响正常的国际经贸活动，凸显了海外法律风险的复杂和严峻。为有效应对这些挑战，党二十大报告提出：“统筹推进国内法治和涉外法治”，为加强涉外法治能力建设指明了方向。在当前外部遏制升级、国际局势复杂化的背景下，加强涉外法治能力建设是必然选择。具体而言，我们可以：加强理论与实践研究，深入研究国际法、区域法与国别法的理论与实践，全面提升应对复杂国际法律问题的能力；培养专业化涉外法治人才：建立一支精通国际法、熟悉区域法和国别法的人才队伍，确保参与涉外谈判和活动的人员具有国际法律视野并熟悉国际规则；与“一带一路”沿线国家开展法律合作，推动相关法律制度的对接，加强区域法律标准的制定，促进法治“一带一路”；创办具有国际影响力的国际学术期刊，举办高水平国际法律论坛，增强中国在国际法治领域的影响。

五、结语

随着特朗普新政的到来，国际多边法律规则与中美法律关系都将面临更多的不确定性。特朗普的外交政策将可能继续延续单边主义和交易主义，利用法律工具达成其战略目的，对国际法律秩序、双边关系与全球治理都会带来负面影响。面对这一局面，我们需要保持冷静的心态，以务实的态度和开放的胸怀应对外部挑战、化解潜在风险。在国际法治的理念下，中国积极倡导和践行真正的多边主义，推动各国权利平等、规则平等、机会平等，构建相互尊重、公平正义、合作共赢的新型国际关系，为构建人类命运共同体贡献更多中国智慧与力量。

（本文获中国社会科学院学科建设“登峰战略”（DF2023YS34）资助计划资助。）

美国涉华法案的走向、影响及应对

杨永聪　何明豪 *

近年来，美国涉华法案数量持续激增，总体表现出了“制裁加码 + 系统围堵 + 精准打击”的新动向，相关制裁措施也逐渐“由虚入实”。从内阁人选的构成来看，特朗普在第二任期内仍会延续甚至加码对华强硬姿态。受此影响，中美双方在科技、贸易、投资、金融等领域的系统性脱钩风险大幅上升，中国也面临着关键技术领域被排除、贸易投资份额被挤出、外部发展环境复杂化等风险挑战。为此，有必要通过加快推进涉外立法工作、加强预期管理和舆论引导、抓紧建设更紧密的国际合作网络、开展关键领域压力测试等方式，有效消减美国系列涉华法案给中国发展带来的负面冲击。同时，加强科技创新和产业升级，提升自我核心竞争力也显得尤为重要。

一、引言

在 2024 年美国总统选举中，特朗普以显著优势成功胜出。在美国政治社会极度极化、两场地缘冲突持续不断的背景下，特朗普的再次当选标志着美国政治进入了一个新的转折点。其政策走向

* 杨永聪，广东外语外贸大学粤港澳大湾区研究院副院长、大湾区建设与区域协调发展重点实验室副主任；何明豪，广东外语外贸大学经济贸易学院硕士研究生。

将对全球产生深远影响，特别是在经贸领域，“美国优先”原则的延续将对中美关系产生重大影响。特朗普的胜选并非仅仅反映了广泛的选民需求，而是与社会变革和党派动态紧密相连。在全球经济不确定性加剧、社会动荡频发的当下，特朗普“让美国再次伟大（MAGA）”的口号再次赢得了众多选民的支持，尤其是那些对现状不满、渴望改变的群体。可以预见，特朗普政府大概率将继续推行保护主义政策，增加关税和贸易壁垒，并且针对中国推出系列制裁措施和相关法案，这将对中美关系造成更大冲击。

当前，中美关系正面临前所未有的挑战，双方贸易摩擦持续升级，科技领域的竞争也日益白热化，地缘政治对抗不断加剧，人文交流受到限制。这些因素相互交织，共同为中美关系的未来增添了诸多不确定性。特朗普赢得第二任期，其潜在影响将包括贸易紧张关系的进一步加剧、科技领域竞争的激化、军事安全领域对抗的升级等。特朗普可能会继续加大对中国的关税及经济制裁力度，推动全球供应链去中国化进程，并强化在中国南海、中国台湾等敏感地区的军事存在，从而进一步加剧地区紧张局势。此外，特朗普政府继续秉持“美国优先”的外交政策，减少美国在国际组织和多边协议中的参与度，这不仅可能削弱美国的国际影响力，同时也为中国在国际舞台上发挥更大作用创造了新的机遇。

在上述背景下，研究美国涉华法案的意义和紧迫性正不断凸显。在 2024 年“中国周”期间，美国国会通过了一系列涵盖国家安全、经济贸易、科技竞争等领域的涉华法案，其中包括限制中国公司获取美国生物技术资源、加强出口管制和制裁等措施。这些立法行动充分暴露了美国在经济和技术领域对华采取的强硬立场。这些法案的通过和实施，不仅加剧了中美关系的紧张局势，特别是在经贸摩擦、科技交流限制以及人文交流受阻等方面产生了深远的影响，而且对全球政治经济格局也构成了潜在威胁，可能导致全球供应链重组、科技发展受阻以及国际关系进一步紧张。这些法案的提出和通过，不仅反映了美国国内政治需求的变化和经济竞争的加剧，也折射出冷战思维的残留。未来，这些法案的走向和具体内容将继续对中美关系和全球格局产生重要影响。

综合来看，在特朗普第二任期内，中美关系将面临更为严峻的挑战，特别是在贸易和科技领域的博弈将更加白热化。因此，深入了解特朗普政府对华的基本立场，全面剖析美国涉华法案的特点，以及密切关注针对中国的立法动向，对于预判和塑造未来双边关系的走向、及早未雨绸缪采取应对措施具有至关重要的现实意义。

二、特朗普第二任期对华政策基调

从特朗普第一任期的政策延续及其当前内阁人选背景来看，其第二任期的对华政策基调明显趋于强硬。具体来看，特朗普第二任期对华政策基调主要体现在以下几个方面：

（一）坚持"美国优先"的对外政策。回顾特朗普第一任期（2017年初至2021年初），他实施了一系列标志性政策，深刻塑造了其政治形象，并对美国乃至全球产生了深远影响。其中，在税收领域，其减税政策旨在刺激经济增长和投资，但引发了财政赤字和收入不平等的讨论；在能源领域，美国退出《巴黎气候协定》并放宽环保法规，虽增强了美国能源独立性，却加剧了全球气候变化问题；在贸易领域，美国对包括中国在内的多国施加惩罚性关税，加剧了全球贸易摩擦，对国际贸易网络带来冲击；在移民领域，其移民政策如旅行禁令和美墨边境墙建设等虽旨在控制非法移民，却引发了广泛的人权和伦理争议。此外，在国防和外交领域，增加军费开支、采取强硬外交立场、退出多个国际组织和协议等“美国优先”政策，实际上推卸了美国的国际责任，在一定程度上削弱了美国的全球领导地位。

（二）**内阁成员展现出对华强硬立场**。特朗普第二任期提名团队由背景各异但目标相似的成员组成，大部分内阁成员在经济、安全和技术领域均对中国持有强硬立场。例如，国务卿候选人马尔科 · 卢比奥以对中、古、伊强硬态度著称，其上任可能进一步加剧中美紧张关系，特别是在贸易和安全领域。商务部长候选人霍华德 · 卢特尼克（Howard Lutnick）明确支持加征关税政策，其负责执行特朗普的关税政策会直接影响中美贸易关系。总统国家安全事务助理候选人“鹰派”人物迈克 · 沃尔兹（Mike Waltz）曾表示美国需为亚太地区潜在冲突做准备，显示出对华极端强硬立场，并主张通过强硬外交遏制中国崛起。这些内阁成员的背景和立场预示着特朗普第二任期对华政策将继续沿袭其在第一任期的强硬立场。

（三）**对华加征更高额关税势在必行**。特朗普政府在第二任期预计将进一步推动对中国的经济制裁，特别是在高科技产业、金融领域和能源进口等关键领域。例如，美国已对华为等中国科技公司采取严厉措施，显示出其意图通过更激烈的手段迫使中国科技企业和中国做出妥协。特别是，特朗普政府可能会滥用“长臂管辖”，以“国家安全”和“人权”等为由，对中国实施直接或连带制裁。这种单边主义做法不仅会加剧中美紧张关系，还会对全球正常的贸易投资活动造成冲击。在贸易方面，特朗普政府仍会继续采取保护主义政策，并且倾向于进一步加征关税和打造贸易壁垒。特朗普在竞选期间曾表示计划对大多数外国商品征收 10%-20% 的关税，并特别指出对来自中国的进口商品可能征收高达 60% 的关税，极端情况下甚至可能达到 150% 至 200%。这种做法不仅会加剧中美贸易摩擦，还可能导致全球经济增长放缓和通胀加剧。同时，特朗普政府还可能加强对中国金融机构的限制，削弱中国在全球资本市场的影响力，并加大"脱钩"力度，减少中美经济合作。特朗普政府的这些举措如果付诸实施，将对中美经贸关系乃至全球经济格局产生深远影响，可能导致中美贸易战进一步升级，加剧全球供应链的重组和经济的不确定性。

综合来看，在第二任期，特朗普的对华政策预计将延续其"美国优先"的立场，从其对内阁成员的选择和大选政策承诺中可以看出，中美之间的紧张关系在特朗普的第二任期内将进一步加剧。这种政策基调不仅可能在贸易和科技等领域对中国形成更大压力，还可能在全球经济和政治格局中引发更广泛的连锁反应。面对复杂多变的外部环境，中国需要保持战略定力，深化改革开放，加强国际合作和市场多元化，以更好地提升发展韧性。

三、美国涉华法案的主要特征和发展动向

美国对华政策极具复杂性和多维度，其涵盖的方面广泛且深入。在此背景下，美国涉华法案的主要特征和发展动向需要引起注意。这些法案不仅体现了美国对华政策的实施路径，还深刻揭示了美国在处理与中国关系时以"美国优先"为核心理念的战略考量与立法动态。通过对这些法案的细致分析，我们能够更准确地把握美国对华政策的未来走向，以及这些政策将如何进一步塑造中美两国

关系的发展方向。

（一）近年来美国涉华法案的主要特征

鼓吹对华遏制是美国民主共和两党为数不多的共识，在中国议题上展现对华强硬也已经成为美国政客捞取政治资源的重要手段。在这一背景下，美国涉华法案数量大幅增长、打击范围不断扩大、对华施压力度持续加强，意图通过不断升级和加码制裁迫使中国就范。对近年来美国系列涉华法案进行梳理和总结，可以发现有以下三大特点：

1. 数量井喷式增长，但最终成为法律的比例不高。据统计，从第 108 届国会（2003-2004 年）到第 115 届国会（2017-2018 年），美国涉华法案数量在波动中增长，处于每届 100-200 项的区间内。但美国第 116 届国会涉华法案数量迅速激增至 400 项以上，随后第 117 届国会涉华法案更是突破了 600 项的关口，目前尚未完成任期的第 118 届国会涉华法案数量也已达到 574 项。总体来看，美国近三届国会涉华法案数量已经超过此前十四届国会涉华法案数量的总和。但是，相关法案最终得到总统签署成为法律的数量不多，比例也持续走低。根据美国智库国际战略研究中心（CSIS）的统计，第 118 届国会已提出的涉华法案通过并获总统签署成为法律的只有 5 项，成为法律的比例不到 1%；相比之下，第 117 届和第 116 届国会涉华法案最终成为法律的则分别为 12 项和 4 项。

2. 打击面持续扩大化，并且逐渐“由虚入实”。美国涉华法案涉及领域众多，涵盖了经贸、金融、科技、人权、军事、网络和意识形态等方面，打击范围逐渐延伸和拓展。结合议题来看，美国近三届国会涉华法案集中度最高的是影响力和经贸金融这两大方面，其次是与意识形态、通信技术、生物医药、军事安全等相关的领域，再次是涉台港澳、涉疆、涉藏等领域。可以看出，美国涉华法案的涉及面较广，并且有串并联动、形成合力的迹象。特别是，和以往涉华法案大多象征意味浓厚、制裁手段单一、力度更有弹性的特点不同，近年来新提出的各类涉华法案聚焦性更强、制裁工具更多元、制裁力度更有刚性。综合来看，相关涉华法案逐渐表现出了“由点到面”“由虚入实”等特点，“制裁加码 + 系统围堵 + 精准打击”可能是未来较长一段时期内美国涉华法案的总体发展趋势。

3. 以限制发展潜能为核心，以“脱钩断链”为重点。美国涉华法案数量众多、涵盖范围广，但其核心无非是要限制中国发展潜能，确保中国无法对美国的世界霸权地位构成挑战。为了达成上述目的，美国涉华法案正更多地聚焦于战略性产业领域和关键性科技领域，以“脱钩断链”为重点推动自身及其盟友产业链和创新链“去中国化”。特别是，美国制定了关键与新兴技术（CETs）清单，重点在人工智能、生物技术、半导体和微电子等前沿领域对华构造“小院高墙”，力图将中国排除在国际科技创新合作网络之外。配合相关法案，美国对华制裁的工具组合也更趋多元化，较为常见的措施包括了出口管制、进口限制、投资限制、人员交流限制、金融制裁等。

（二）未来美国涉华法案的发展动向

根据特朗普第二任期对华政策的基调以及近年来美国涉华法案的主要特征，我们可以推测，从趋势上看，美国涉华法案未来仍将全方位地围绕技术、经济、安全和地缘政治等多领域进行限制和打压。这种“多维施压”的趋势不仅将对中美关系的未来走向产生深远影响，还将在全球经济、科技及国际秩序中引发一系列连锁反应。具体来看，未来美国涉华法案的发展动向主要有：

1. 以国家安全与知识产权保护为幌子，继续限制中国科技发展。美国涉华法案将继续以国家安全为借口，重点保护知识产权、防止技术“泄露”，并限制中国在敏感领域的投资。例如，“中国行动计划 2.0”旨在加强对科研人员和实验室的监管，以降低所谓的间谍活动风险，通信、人工智能和基因研究等领域将成为受限重点。美国还通过立法手段限制中国企业获取关键技术和市场。在人工智能领域，美国可能会利用出口管制法案禁止向中国出口相关算法和高性能计算设备，从而不断强化技术封锁。这将不可避免地加剧中美在科技领域的对抗，并可能引发一系列连锁反应，如推动其他国家对中国采取类似的技术限制措施，以及促使中国加速推进核心技术自主研发。这种动态博弈将深刻影响全球科技供应链和创新合作格局，加剧科技领域的“冷战”态势。

2. 进一步强化经济脱钩效应，包括通过关税等措施继续对华施加压力。在经济层面，美国涉华法案可能推动更深层次的脱钩措施，如对中国商品进一步加税。特朗普在竞选中曾承诺加征高达 60% 的关税，若该政策得以实施，中美贸易格局将被彻底重塑。此外，美国国会还可能通过立法限制中国企业对稀土矿产、农业用地等战略资源的投资，削弱中方在全球供应链中的重要地位。根据相关数据，2023 年中国对美国出口商品总值为 5002.91 亿美元，同比下降 13.1%，显示出此类关税和投资限制政策对中国出口企业的直接影响。美国智库彼得森国际经济研究所的研究指出，这种脱钩趋势可能导致全球产业链的分裂，并对中美两国经济造成双重伤害。未来，这一经济脱钩的方向还可能扩展到服务贸易领域，进一步扩大双方在经贸关系中的裂痕。

3. 联合盟友对华“围追堵截”态势日益明显，可能形成国际性

的规则扩展。近年来，美国不断加强与欧洲盟友在技术出口管制和关键供应链方面的合作，力图构建以技术优势为核心的联盟，以限制中国在全球科技竞争中的地位。美、荷、日三国达成的先进芯片制造设备对华出口限制协议，预示着这种合作模式可能扩展至其他高科技领域。通过协调盟友的出口管制政策，美国试图建立统一战线，对中国技术发展构成更大挑战。此外，美国还可能借助多边机制，推动制定更为严苛的国际贸易规则，以此对中国企业实施系统性限制。这些规则的扩展范围不仅涵盖传统制造业，还可能延伸至新能源、数字经济等新兴产业。在绿色能源市场领域，美国的相关涉华法案可能对中国的太阳能电池、风能设备等产品施加额外的限制，并推进具有歧视性的"碳边境税"等政策。

4. 地缘政治议题法案化，涉港澳台和涉疆议题的法案数量仍会有所增加。近年来美国涉港澳台和涉疆议题的法案数量增长已显示出美国国会将地缘政治议题法案化的倾向。这一趋势一方面为美国对华政策提供了表面上更为"合法"的工具，另一方面也导致中美在政治、经济、外交等方面的矛盾持续升级。未来，美国可能继续以法案形式推动对地缘政治敏感问题的干涉，试图通过立法的方式强化其在中美竞争中的主动权。这不仅会恶化双边关系，还可能对亚太地区的稳定造成深远影响。尤其是，这些法案表面上关注人权、民主和自由，但在实际操作中，更多地成为遏制中国崛起的工具。例如，美国国会提出的针对香港驻美经贸办的法案，旨在削弱香港在国际金融和贸易体系中的特殊地位，从而限制中国在全球经济中的影响力。同时，美国涉台法案可能促成更高层级的官方互动，并增加对台军售，以此加大对中国的军事和外交压力。新疆问题预计将持续成为美国涉华法案的焦点之一，《防止强迫劳动法案》

已对中国的供应链产生了显著影响，未来类似法案的适用范围可能扩展至更多产业。

四、美国涉华法案对中国的影响研判

全面开花、四处点火的美国系列涉华法案对中国的影响正在逐步显现并不断加深。具体来看，美国系列涉华法案的影响主要体现在以下几个方面：

（一）庞大的美国涉华法案数量促使美国行政部门对华采取更强硬的立场。美国涉华法案虽然最终得到总统签署成为法律的比例不高，但是其庞大的数量有利于提高国会在对华事务上的话语权，倒逼行政部门在涉华决策上也相应采取更为强硬的立场。可以看到，众多涉华法案即便未成为法律，美国行政部门仍然采取与国会保持一致的立场，制定并实施了系列对华遏制措施，主要体现为提高加征关税幅度、制定针对企业和个人的黑名单、加强关键技术领域审查、设置更高市场进入门槛等。在特朗普第二任期，基于民主共和两党"去中国化"共识的相关制裁工具组合必将更加常态化，进而导致中美关系"压舱石"逐渐式微，双方系统性脱钩风险急剧上升。

（二）中国在关键技术领域被排除在国际科技创新合作网络之外的风险持续上升。科技领域是美国涉华法案的关键焦点之一，美国基于关键与新兴技术（CETs）清单不断推动自身及其盟友在关键技术领域对华脱钩，为中国企业开展国际科技创新合作设置了诸多障碍。根据工业和信息化部对全国 30 余家大型企业 130 余项关键基础材料的调研，中国 32% 的关键材料仍为空白，52% 依赖进口，关键技术、基础零部件、核心设备等领域存在 35 项“卡脖子”之处。在中国产业链供应链自主可控水平仍未得到显著改善的背景下，美国在科技领域的涉华法案会削弱中国在关键技术领域开展高水平国际科技创新合作的能力，不利于中国产业链供应链的稳定发展。

（三）美国涉华法案带来的外部环境不确定性会导致中国更多贸易份额和外资份额流失。受到美国系列涉华法案的冲击，中美贸易脱钩现象愈发突出。2017-2023 年期间，美国自欧盟、日韩、英国、印度、越南等市场的进口大幅增长，同期自中国进口降幅为 14.5%；其中，2023 年美国自中国进口额降幅达到了 20.5%。除了贸易份额流失以外，中国实际利用外资金额也出现了大幅下滑。2024 年 1-8 月，中国实际利用外资金额 5801.9 亿元人民币，同比下降幅度达到 31.5%，这其中固然有全球经济增长乏力、国际投资萎靡的影响，但是与美国相关涉华法案导致外资企业对在华投资更趋谨慎、更愿意采取“中国 +1”保守投资策略也有密切关系。

（四）美国涉华法案在更大范围内产生的“寒蝉效应”对中国的负面冲击尤为值得警惕。由于美国擅长滥用“长臂管辖”策略，相关涉华法案的影响也不仅仅局限于中资企业或美资企业，而是会在更大范围内产生“寒蝉效应”，抑制包括美资、日资、韩资等在内的外资企业和机构对华投资合作意愿。同时，系列涉华法案打击面持续扩大化、宽泛化，制裁清单越拉越长、限制领域越列越多，也导致更多外资企业和机构在与中国开展合作时心存疑虑，这在与科技创新等涉华法案重点关注的领域表现尤为突出。例如，2024 年 1-7 月，上海市科学研究和技术服务业实际利用外资金额下降幅度达到了 36.3%；相比之下，该市在租赁和商务服务业、批发和零售业等领域的实际利用外资额取得了两位数的正增长。从这个角度来看，在特朗普第二任期，美国系列涉华法案可能会在更大范围内对中国在高技术领域形成“围追堵截”之势。

（五）美国涉华法案对中国在关键技术领域的限制反向促进了中国科技创新朝着自主可控的方向发展。美国涉华法案对中国在关键技术领域的限制，虽然带来了诸多挑战，却也在一定程度上反向促进了中国科技创新朝着自主可控的方向发展。这些外部压力不仅激发了中国在研发和创新上的巨大潜力，还推动了国内产业的升级和转型。例如，华为作为中国科技企业的杰出代表，在面对外部压力时，毅然加大了自主创新的力度。近十年来，华为累计投入的研发费用已超过 9773 亿元人民币，全球范围内持有的有效授权专利更是超过 12 万件。尤其在 5G、云计算、人工智能等前沿技术领域，华为展现出了强大的技术实力和创新能力，成为了国际科技舞台上的佼佼者。又如，在存储芯片领域，长江存储作为中国领军企业，也成功研发并全球首发了最高的 232 层 3D NAND 芯片。这一突破性成就不仅打破了外国企业在存储芯片领域的长期垄断，更为中国在全球科技竞争中赢得了一席之地，彰显了中国科技创新的无限可能。与此同时，中国政府也积极出台了一系列支持科技创新的政策措施。如“科八条”“并购六条”等，这些政策不仅深化了资本市场改革，还促进了科技创新和产业升级，提高了并购重组市场的效率和活力。这些政策的出台，为科技重组带来了前所未有的机遇，也为科技企业的创新发展提供了明确的方向和支持。因此，美国涉华法案的限制虽然带来了压力，但也在一定程度上激发了中国科技创新的活力，推动了中国科技企业朝着自主可控、创新发展的方向不断前进。

（六）涉华法案带来的贸易不确定性，反而成为中国深化多边贸易合作与市场多元化的重要驱动力。中国积极促成并实施了区域全面经济伙伴关系协定（RCEP），这一协定囊括了全球人口最多、经贸规模最大、发展潜力最强劲的自由贸易区，旨在推动区域内90% 以上的货物贸易实现零关税。举例来说，中国与印尼合资的三一帕卡萨有限责任公司在 RCEP 生效后，机械进口关税从 10% 降至零，极大提升了其产品在全球市场的竞争力。此外，中国通过"一带一路"倡议，与多国构建了紧密的经贸联系，包括与非洲国家共同打造的中非合作论坛，以及助力巴基斯坦、尼泊尔等国进行机场等基础设施的升级扩建，促进了当地旅游业的发展。同时，中国与韩国、澳大利亚、格鲁吉亚、马尔代夫等国家和地区签署了自贸协定，构建起以周边为基础、辐射"一带一路"、面向全球的自贸区网络。通过举办广交会、进博会等国际经贸平台，中国不仅为全球企业提供了进入中国市场的新机遇，也为中国企业提供了展示前沿科技和产品的舞台。这些举措充分展示了中国在推动多边贸易合作方面的积极作为和显著成效。

五、总结和对策建议

综合来看，特朗普在第二任期内将继续推行对华强硬政策，中美关系有进一步复杂化的可能。回顾以往美国涉华法案，其数量众多、打击面广、以"脱钩断链"为核心，精准打击中国关键领域，充分暴露了"美国优先"压迫型政治政策的危害。未来，美国仍将围绕技术、经济、安全和地缘政治等多领域，对中国实施全方位的限制和打压。特别是，美国擅长利用"长臂管辖"策略，在大范围内制造“寒蝉效应”，导致中国贸易份额和外资流入减少，同时在关键技术领域对中国构成极大挑战。然而，我们也应看到美国涉华法案所带来挑战背后的机遇。在涉华法案和中美关系压力之下，中国充分发挥政府政策激励作用，加大研发投入，推动自主创新，同时加强多边贸易合作，实现市场多元化，这些举措已产生积极效应。为了更好地因应特朗普第二任期内美国涉华法案的潜在风险挑战，力争转“危”为“机”，我们提出以下对策建议：

（一）**加快推进涉外立法工作，优化反制措施工具箱**。在现有反外国制裁法的基础上，加快推进在反外国技术封锁、反外国“长臂管辖”、反外国干涉内政等领域的专项涉外立法工作，为有力打击境外反华势力和敌对势力的嚣张行径提供法律依据。同时，要更充分综合应用立法、司法、执法等手段，进一步优化和充实反制裁、反干涉、反“长臂管辖”的政策工具箱，通过多种方式、多种措施有效反击包括涉华法案在内的对华遏制打压行为。

（二）**加强预期管理和舆论引导，坚定市场信心**。美国系列涉华法案致力于对中国进行抹黑、攻击、遏制和打压，这不可避免对包括外国投资者在内的市场主体发展信心带来了负面影响。为此，要积极借助国际组织、国际会议、国际媒体等平台和渠道，重申和宣传中国经济发展前景不会因为美国单方面通过任何法案而发生变化，增强世界各国投资者对中国发展前景的信心。与此同时，要积极营造正确认识、充分尊重、积极关心外资企业、民营经济的良好社会氛围，依法打击蓄意炒作、造谣抹黑外资企业和民营企业的现象，规范相关信息传播秩序。

（三）**抓紧建设更紧密的国际合作网络，对冲美国涉华法案带来的“脱钩断链”风险**。全面加强与世界各国在产业、商贸、科技、人才和文化等领域的交流与合作，力争在反对单边主义、保护主义等方面达成更多共识，构建更紧密的国际经贸合作网络和科技创新合作体系。通过共建区域产业链供应链、合作建设境外产业园区等方式，积极拓展中间品贸易，深挖中间品贸易潜力，延伸中间品贸易链条，扩大其贸易规模，提升中国在全球产业链供应链中的参与度，有效对冲美国系列涉华法案进出口限制措施带来的风险挑战。

（四）开展关键领域压力测试，做好应急储备和预案。针对通过概率较高、影响较恶劣的美国系列涉华法案，要在摸清情况、做好研判的前提下开展专项市场压力测试，避免美国相关涉华法案对中国科技、金融、产业等重要领域带来休克性冲击。同时，加强创新链、产业链、供应链管理和风险预警机制，提前谋划并做好应急储备和预案，提升经济发展韧性和稳定性。特别是，要千方百计稳住产业龙头企业和关键配套企业，牢牢稳住产业链供应链，引导其将总部机构、研发机构、运营中心及结算中心稳定在国内。

（五）加强科技创新和产业升级，提升核心竞争力。为了有效应对美国涉华法案对中国发展的不利影响，必须坚定地走科技创新和产业升级之路，着力提升产业链供应链的自主性。一个自主可控的产业链供应链体系，不仅能够有效保障国家的经济安全和战略自主性，更是推进新型工业化、加速建设现代化产业体系的核心驱动力。在当前复杂多变的全球经济环境中，科技自主创新已成为提升国家核心竞争力的不二法门。为此，应在集成电路、5G 通信、航空航天等关键领域持续加大研发投入，致力于全面提升核心技术的自主研发能力。通过政策激励和资金支持，鼓励企业和科研机构深入钻研，攻克技术难关，加速科技成果的产业化应用，从而逐步打破外部技术封锁，减少对外部技术的依赖。此举不仅能显著增强国家产业链的安全性，还能在全球供应链格局中占据更为有利的战略地位，提升中国在国际博弈中的主动性和话语权。同时，通过优化产业空间布局，构建国家战略腹地和关键产业备份体系，可以进一步提升产业链的韧性和抗风险能力，为长远发展奠定坚实的基础。

（六）加强中美民间交流对话，努力发展中美友好关系

民间交流是跨国关系中不可或缺的桥梁和纽带，这超越了政治和经济层面的界限，有助于以更加温暖和人性化的方式增进国家间的相互理解。通过民间交流，两国民众能够增进相互理解和信任，有效缓解政治和经济摩擦带来的紧张关系，为两国关系的稳定发展注入正能量。特别是青年一代的交流，对于塑造未来中美关系具有至关重要的作用。青年是国家的未来和希望，他们的交流和互动将为中美关系的发展注入新的活力和动力。例如，美国青少年来华研学活动就是一个很好的例子，通过亲身体验中国文化，美国学生增进了对中国的了解和认识，为两国关系的友好发展奠定了坚实的基础。未来，应继续通过教育交流项目、文化节、体育赛事等多种方式，促进两国青年的直接对话和交流。这些活动不仅能够增进两国青年的相互了解和友谊，还能为中美关系的长期稳定打下坚实的社会基础。通过更多民间交流活动的举办，中美人民将能够携手共进，共同为两国关系的未来发展注入更多的正能量和希望。

对港台政策观察

特朗普 2.0 时期美国对香港经贸政策走向研判及应对策略

谢　熙[*]

美对港政策一直以来是中美关系中的重要范畴，预计在地缘政治背景下、特朗普 2.0 时期美国民主、共和两党遏制中国的大方向不会有大分别，香港经贸、金融、科创等领域发展将面临进一步干预和挑战。特朗普 1.0 时期，美国将香港作为中美竞争的筹码，通过立法与政策紧密关注香港局势。中美贸易谈判期间，特朗普政府多次将香港问题与贸易协定挂钩，并以《香港人权与民主法案》等立法推动对港制裁，包括取消香港特殊关税区地位以及实施签证及金融制裁。拜登延续了特朗普时期的制裁政策，对港实施相同关税政策并长期维持“紧急状态”。虽然未进一步扩大制裁范围，但同样将香港与内地等同，试图夺取香港国际话语权。拜登时期的制裁延伸至科技领域，如对香港科技企业和美港数据合作实施限制。美国国会审议的相关法案也显示，美方正在推动削弱香港国际金融和贸易中心的功能性地位。特朗普再度当选的背景下，美国可能进一步升级对中国内地及香港特区的贸易制裁，特别是在科技领域。香港在全球供应链中的地位可能因中美贸易纠纷而受到连带冲击，例如转口贸易下降、物流业衰退等。同时，欧盟等地开始逐步仿效

*　谢熙，香港政策研究所广东代表处助理研究员。

美对港经贸制裁手段。然而，美港经贸关系仍保留一定空间，香港的投资和金融制度吸引力未完全丧失。

在中美博弈的大背景下，美国对香港实施长期制裁，但其庞大的经济利益以及香港独特的制度优势使得美港关系仍存合作空间。香港应通过融入国家发展战略与全球经济一体化，加强自身优势，继续在全球贸易和投资中发挥重要作用：一是持续深化与欧美国家的经贸交流，同时积极参与“一带一路”倡议，加强与中东、东南亚等新兴市场合作。在粤港澳大湾区框架下，优化跨境要素流通机制，继续发挥国际仲裁和法律服务中心的作用。二是加强本土科研投资与科技成果转化能力，借助粤港澳大湾区科技集群优势吸引全球资本和科研人才。对于科技领域的长期封锁，香港应提升本地研发实力，同时强化知识产权保护和法律制度吸引外资。三是利用香港全球化优势，加强与世界贸易组织、亚太经济合作组织等国际机构合作，推动全球多边贸易体系。凭借普通法体系和国际标准管理机制，香港应继续保持全球贸易和金融枢纽地位，并争取在服务贸易、电子商务等领域的政策支持。

一、特朗普 1.0：立足“以港遏华”，力图去除香港特殊性

（一）密切关注香港动态，将香港局势列入中美谈判筹码之中。特朗普 1.0 时期为 2017-2021 年，正值香港修例风波及《国安法》订立时期，以“Hong Kong”为关键词在美国国会官方网站检索立法相关法案及决议数量，发现 2017-2018 年第 115 届国会期间，相关内容仅 21 项，而 2019-2020 年第 116 届国会期间飙升至 1038 项。比较而言，拜登就任时期 2021-2024 年两届国会相关法案及决议数量

则分别为 124 项和 129 项。同时，特朗普多次对香港抗议运动发表评论，并在 2019 年 8 月 15 日首次公开表态将香港局势与中美贸易协议挂钩，称香港在中美贸易战中“没有帮助”，暗示香港局势将对中美关系及贸易谈判产生负面影响，并提议通过一次“私人会面”来帮助解决香港危机。[1] 同月 19 日，美国国务卿迈克·彭佩奥接受福克斯新闻采访时，也明确地将香港与贸易挂钩——“当我们试图和他们达成贸易协定的时候，我们试图制定程序确保我们有机会对香港进行核实。”[2]2020 年全国人大颁令订立《香港国安法》，特朗普随即发表声明，指控香港的“一国两制”已变为“一国一制”。[3]

（二）**聚焦“取消特殊待遇”对港实施经贸制裁手段**。美企图藉助单方面取消香港单独关税区地位、不承认“香港制造”等方式去除香港在经贸范畴的独特性。2019 年 11 月 27 日，美国国会通过《香港人权与民主法案》和《禁止向香港警方出口有盖弹药法案》，并在同日由特朗普签署后生效。法案授权美国总统对相关官员采取拒绝入境、冻结在美资产等制裁措施，并要求美国务卿每年提交香港事务报告，禁止美国向香港出口催泪瓦斯、胡椒喷雾、橡胶弹和电击枪等警用装备。[4]2020 年 5 月 29 日，时任美国总统特朗普宣布

---

1 ‘特朗普表示，在与中国的贸易战中“香港没有帮助”——特朗普总统对香港的抗议运动发表了他迄今为止最广泛的评论，并表示其命运与贸易协议有关’，纽约时报，2019 年 8 月 15 日， https://www.nytimes.com/2019/08/15/world/asia/donald-trump-hong-kong.html?searchResultPosition=3.

2 ‘特朗普对香港抗议态度转向，视之为贸易谈判筹码’，纽约时报，2019 年 8 月 23 日，https://cn.nytimes.com/usa/20190823/trump-china-hong-kong/.

3 ‘特朗普大战贺锦丽对香港有何政经影响？细数二人对港公开言论’，星岛日报，2024 年 11 月 5 日，https://www.stnn.cc/c/2024-11-05/3932651.shtml.

4 ‘美国干预香港事务、支持反中乱港势力事实清单’，中华人民共和国外交部官网，2021 年 9 月 24 日，https://www.fmprc.gov.cn/wjbxw_673019/202109/t20210924_9584041.shtml.

取消香港特殊地位和香港商业优惠措施；6 月 29 日，时任美国商务部长罗斯发表声明，正式取消对香港的特殊贸易待遇，禁止向香港出售军民两用高科技装备；6 月 30 日，美国商务部宣布终止香港出口许可例外待遇，禁止向香港出口国防设备和敏感技术；8 月 11 日，美国国土安全部宣布，自 9 月 25 日起，香港出口美国商品必须注明来源地为“中国”，禁止使用“香港制造”标签。同时，美以威慑相关金融机构实体，降低国际资本对港预期。2020 年 7 月 14 日，美国国会通过《香港自治法案》，要求国务院应每年向国会报告与国安法实施密切相关的个人和实体及与此类已识别的个人和实体进行重大交易的外国金融机构，要求总统对报告中提到的个人或实体实施财产封锁制裁，并对被指定的个人实施签证封锁制裁。同日，特朗普签署 13936 号“关于香港正常化的总统行政令”，对香港的政策及关系与内地看齐，终止香港特殊优惠待遇，以及同相关个人或实体进行重要交易的外国金融机构并先后对 42 名内地官员和香港官员实施了金融制裁。

二、拜登任期：“常态化”将内地与香港划入同一范畴

（一）无限期延长香港“紧急状态”，延续特朗普 1.0 时期对港经贸制裁安排。拜登任内（2021-2025 年）虽然没有主动扩大对香港的制裁令，但亦大致保留了特朗普时代的关税安排，即 2020 年以来对香港和内地实施相同关税政策，取消香港特殊贸易地位。2021 年至 2024 年，美国白宫每年持续发布《关于继续就香港局势维持国家紧急状态的通知》，宣布延长 2020 年 7 月 14 日特朗普第 13936 号行政命令中就香港局势宣布的国家紧急状态，维持美国对

港制裁措施。同时，美国国会已开始审议 S.4467 号法案，要求重新授权《2019 年香港人权与民主法案》有效期，以延长年度报告要求，反映出美对港维持长期经贸制裁的统一政策考量。

（二）执行“去功能化”，进一步削弱香港国际金融、商业中心地位。同时，拜登任内逐步扩展制裁手段至美港旅游、文化、商业、国际交流等其他领域合作。2024 年 9 月 10 日，香港经济贸易办事处（HKETO）认证法案获美国众议院审议通过，9 月 25 日提交至参议院，列入参议院立法日历，根据众议院票选情况预计该案也将通过参议院审议。该法案要求总统定期决定是否允许香港经济贸易办事处（HKETO）继续在美国运营，要求美国国务卿在法案生效后 30 天内，并在之后每次根据 1992 年《美港政策法》第 205(a)(1)(A) 条进行认证时，对香港经济贸易办事处是否应继续享有特定特权、豁免和豁免权进行单独评估。评估需包括一份详细报告，说明评估理由。如国务卿评估认为香港经济贸易办事处不再值得延续这些特权，则办事处需在评估结果提交给相关国会委员会后的 180 天内终止运营。2023 年 3 月以来，S.Res.106、H.Res.636 号等多项决议案均鼓励美国政府和其他政府在多边机构采取措施，确保投票程序承认香港和中国内地之间不再有有意义的区别，力图取消香港在国际组织特殊地位。

（三）开展科技领域对港限制，监控在港美企数据利益。在美国将内地与香港等同一致的背景下，香港科技企业将受到与内地同等力度封锁。2023 年 8 月 29 日，拜登签署行政令《解决美国在特定国家安全技术和产品方面对重点关注国家的投资问题的行政命令》，该命令授权财政部长对美国在半导体和微电子、量子信息技术以及人工智能三个领域中涉及对国家安全至关重要的敏感技术活动的实体，在重点关注国家的投资进行监管，中华人民共和国（中国），包括香港特别行政区和澳门特别行政区，列为重点关注国家。美国国会目前仍有多项涉港美企相关法案开展审议程序，如 2023 年 4 月 25 日众议院提出 H.R.2815 号《香港商业诚信与透明度法案》，要求商务部长在法案颁布后的 180 天内，并向国会提交报告，此后每 180 天提交一次，报告在香港经营的美国公司所掌握消费者信息的保护情况；香港政府向这些公司发出获取消费者信息、内容下架或执法协助的请求：包括哪些公司满足了这些请求、这些请求所依据的香港法律、在满足这些请求时，可能违反的美国消费者保护法律。

三、特朗普 2.0 时期美国对港经贸政策走向研判

（一）香港将持续经受中美贸易纠纷升级连带影响，科技范畴受限程度有增无减。特朗普 1.0 时期，美国曾向中国进口货品加征大额关税，覆盖超过 3,800 亿美元的进口商品，累计征税额接近 800 亿美元。本届总统竞选过程中，特朗普仍然提倡升级贸易纠纷，扬言取消与中国的“永久正常贸易伙伴关系”（PNTR），对中国征收全面 60% 关税，对中国在墨西哥生产的商品加征关税。在此背景下，虽然美港货物贸易额仅占香港整体的极小部分，但预计全球两大经济体贸易纠纷的升温，香港无可避免会受连带影响，远期影响全球供应链改变后的全球贸易格局：一是关税持续降低商品竞争力，大量企业不通过香港进行“再加工”或“重出口”以规避美国高关税，特别是内地企业可能会选择其他转口地（如越南、马来西亚或其他东南亚国家），对香港转口贸易产生不利影响，使香港港

口货物处理量下降，对香港的物流行业、仓储和贸易服务等相关行业均产生直接影响；二是两国贸易磨擦增加，关税堡垒会推高跨国业务企业的经营成本，连带金融市场亦可能受间接影响。

同时，据《环球时报》，计划于 2025 年 1 月 7-10 日举办的美国消费性电子展（CES）已有世界各地约 4000 家参展商报名参加，其中 30% 以上来自中国，但近期大批参展企业反馈即使持有参展邀请函却仍然被美国拒发签证。反映美国对中国科技领域限制已从投资贸易领域限制关键技术的出口、限制美国资本对中国科技企业的投资、拒绝中企参与美国市场、加强对中国科研人才的签证限制等手段，蔓延至中美科技交流合作等"软领域"，企图遏制双方对话态势，势必进一步对香港科技范畴形成制裁影响。此外，2024 年 12 月 4 日，特朗普宣布硅谷著名风险投资人大卫 · 萨克斯（David Sacks）将担任白宫人工智能和加密货币事务主管。萨克斯是 PayPal 的早期高管，与埃隆 · 马斯克关系密切，是硅谷保守派的代表人物之一。[5] 这一职务旨在统一管理美国技术政策，特别是在人工智能和加密货币两大领域。萨克斯支持宽松的市场政策，主张减少对新兴技术的监管，强调为加密货币行业建立更清晰的法律框架，并推动人工智能技术的发展，同时监督总统的科学与技术顾问委员会。反映了特朗普 2.0 政府的技术政策方向：减少监管，促进创新，以确保美国在全球技术竞争中保持领先地位，香港本土人工智能产业范畴将面临监管差异、技术研发、跨国研究、成果转化等方面的更大挑战。

5 ‘特朗普任命硅谷顶级保守派监督加密货币和人工智能’，纽约时报，2024 年 12 月 6 日，https://chatgpt.com/c/674d529b-2f38-800f-903b-0692b512cdf7.

（二）美对港经贸制裁将进一步在欧盟等地形成连锁效应，引发次生政策影响。美国自 2020 年起对香港采取取消其特殊关税待遇、制裁中国内地和香港港官员，以及限制与香港的高技术出口等一系列强硬制裁措施逐步在国际社会形成示范效应，开始扩展至欧盟等其盟友采取类似行动。2024 年 11 月 28 日，欧盟议会通过（2024/2950(RSP)）号《关于香港问题的决议》[6]。决议指出，呼吁欧盟对外行动署（EEAS）及成员国警告中国，其在香港的行为将对欧中关系产生后果；呼吁欧盟理事会审查 2020 年关于香港的结论，并对李家超及其他官员实施制裁，取消香港的优惠关税待遇，并审查香港经济贸易办事处在布鲁塞尔的地位。该决议内容与美制裁政策高度相似，显示出美欧对港经贸制裁政策上的趋同性。同时也表现了欧盟近期拟削弱香港在全球贸易和金融网络中的独特地位、利用香港的经济特殊性间接打击中国的经济政策、外资吸引力和金融稳定等相关企图，以及其出于降低对与中国经济相关的供应链或资本流动的依赖，增强欧盟内部经济韧性、展现欧盟独立自主性的战略考量。

（三）警惕美禁止将香港清算所作为美国资本投资中国大陆的中转点。2022 年起，美国来自保守运动的 100 多个组织聚集发起《2025 年项目》组织以协助下一任保守派总统，[7] 该组织于 2023 年 4 月发布的《2025 年总统过渡计划》（The 2025 Presidential Transition Project）是一个保守派政治计划，旨在为特朗普可能的第二个总统

---

6 < 欧洲议会 2024 年 11 月 28 日关于香港的决议，特别是 Jimmy Lai 和最近根据国家安全法被定罪的 45 名活动家的案件（2024/2950（RSP））>- 欧盟议会官网 -2024 年 11 月 28 日 https://www.europarl.europa.eu/doceo/document/TA-10-2024-0051_EN.html

7 ‘关于 2025 年项目’, https://www.project2025.org/about/about-project-2025/.

任期塑造议程，该计划由一群右派政策专家和特朗普的盟友开发。该计划起源于一群保守派人物和前特朗普政府官员，他们在特朗普第一次任期内开始草拟这一计划，代表了保守派对美国联邦政府进行结构性改革的愿景。该报告《贸易》章节中提出“禁止香港清算所作为美国资本投资中国大陆的过境点”政策建议，[8] 旨在阻止美国资本绕过对中国内地的直接投资限制，通过香港金融系统间接向中国内地的公司或市场注资，即防止美国资金通过香港“曲线”流入中国内地市场。具体而言，一是可能限制美国资本通过香港交易所 (HKEX) 沪深港通机制投资中国 A 股；二是可能限制美国资本通过香港金融管理局债务工具中央结算系统 (CMU) 债权通“北向通”机制投资内地债券。预计内地企业港股上市等任何涉及美资在亚洲地区通过香港间接投资内地的活动都将受到高度关注，亚洲结算银行 (ACU) 等在港设有人民币清算交易节点的金融机构业务可能受到波及。香港长期以来是连接内地与国际金融市场的桥梁，若这一提议成为现实，将削弱香港在全球资本流动中的作用，对香港作为国际金融中心的地位产生重大影响。同时，近期《纽约时报》指出，特朗普对《2025 项目》立场发生了变化。在竞选期间，特朗普曾否认与该计划有关，甚至称其为“荒谬”，表示自己“与此无关”。然而，在赢得连任后，特朗普开始接受这一计划的原则，并任命了一些曾参与该计划的关键人物担任政府重要职务。[9] 在此背景下，需高度警惕美禁止将香港清算所作为美国资本投资中国内地的中转点这一

8 ‘2025 年领导的使命 : 保守党的承诺’ , https://static.project2025.org/2025_MandateForLeadership_CHAPTER-26.pdf.

9 ‘特朗普在竞选期间否认与 2025 项目有关，但现在不再是了’ , 纽约时报 , 2024 年 11 月 29 日 , https://www.nytimes.com/2024/11/29/us/politics/trump-project-2025.html.

极端制裁手段实施，或其他形式阻碍美港金融活动与资本流动。

（四）美在港仍有庞大经济利益，香港投资贸易制度具备既有优势。美国国务院 2023 年 11 月 9 日发布的《美港双边关系事实清单》对美港经贸关系基础进行了全面梳理——香港仍然是美国投资和贸易的热门目的地。香港是美国第十二大出口市场，农产品总量第十三大出口市场，高价值食品和饮料产品第六大出口市场。根据香港 2022 年普查数据，大约有 1258 家美国公司位于香港，大约一半是区域总部，即不仅仅在香港运营，还将香港作为整个亚太区域（甚至更广泛的区域）业务的指挥中心或运营基地。美国仍然是香港最大的外国直接投资存量来源之一。

同时，《美港双边关系事实清单》仍罗列了香港在投资、贸易、产权保护等领域具备的独特优势，指出香港是与内地分开的海关领土和经济实体，可以维持和发展经济和文化关系，并与国家、地区和相关国际组织缔结相关协议——“香港普遍欢迎外国投资，既不提供特殊激励措施，也不为外国投资者制造障碍。香港是与中国内地分开的关税区，是世界贸易组织的正式成员。香港通常提供强有力的知识产权保护和执法。”[10] 美国国务院 2024 年 9 月 24 日发布的《香港营商建议事实清单》也指出香港具有法律、货币、贸易等方面优势——“香港在商业和民事诉讼方面维持了一个独立的普通法法律体系。香港还维持着香港国际仲裁中心（HKIAC），该中心为商业纠纷提供替代性争议解决服务。香港还维持着独立的货币和

---

10 ‘美国与香港的双边关系事实清单’，美国国务院东亚和太平洋事务局，2023 年 11 月 9 日 https://www.state.gov/u-s-relations-with-hong-kong/.

单独的监管结构来监督在该地区经营的公司。”[11]

在此背景下，香港仍可扮演全球贸易枢纽及总部角色与美国企业常态化保持关系，美企短期内仍将继续留港发展。2024 年 1 月，香港美国商会 2024 年会员商业信心调查结果也显示，81% 的受访者在 2023 年的收入增长相同或有所增加，76% 的受访者认为香港是亚洲有竞争力的国际商业中心——由于香港的国际连接、资本自由流动以及低而简单的税收制度、法律和监管制度等，78% 的人没有计划在未来 3 年内将区域总部迁出香港。[12]

四、坚持“双重融合”战略，巩固香港经贸制度优势

特朗普 1.0 时期以来，美国持续削弱香港功能性、特殊性，在经贸领域实施基本等同于内地的制裁手段，香港长期以来与欧美国家实现良好互动的基础条件已发生根本性改变，[13] 在此背景下，香港应坚持双重“融合”：一是深度融入全球化，以开放优势捍卫香港国际地位；二是深度融入国家发展战略，在协调与国家发展步调的过程中积极开辟广阔机遇与合作渠道。具体而言：

（一）持续发挥香港作为内地门户的作用，持续优化香港全球

11 ‘香港营商建议事实清单’, 美国国务院发言人办公室 , 2024 年 9 月 25 日 https://www.state.gov/hong-kong-business-advisory/.

12 ‘2024 年会员商业信心调查’, 香港美国商会 , 2024 年 1 月 https://www.amcham.org.hk/sites/default/files/content-files/2024%20AmCham%20Business%20Sentiment%20Survey%20-%20Findings%20Report.pdf.

13 ‘拜登政府的香港政策 : 特征、动因与影响’, 中评社 , 2024 年 4 月 21 日 https://gb.crntt.com/doc/1068/6/9/1/106869162_3.html?coluid=7&kindid=0& docid=106869162&mdate=0508111956.

经贸对话交流的功能。一是依据《粤港澳大湾区发展规划纲要》深化规则衔接机制对接工作，推进三地人流、物流、资金流、数据流、政策流等经济贸易要素进一步便利流通。近年来，粤港澳三地规则衔接机制对接工作已取得阶段性突破，2024 年 5 月，广东省人民政府再次遴选一批典型案例，大湾区互联互通在车辆通关、数据跨境、多元商事纠纷解决等新领域取得重要进展。未来三地应继续围绕要素跨境流动、营商环境、民生融合、重大平台建设等重点领域，不断创新运用规则衔接新模式、新方法。二是香港仍应坚持积极耐心的态度和方法，保持、延续及发展与西方国家特别是美国各界人士在不同领域的交流来往。坚持组织商贸洽谈会、论坛和商务代表团等商业对话活动，为全球企业提供直接对话的平台。香港虽已开拓阿联酋和沙特阿拉伯等中东国家市场以寻找商机，但始终与西方国家保持多年的联系交往，这是香港的独特优势，是香港充分“联通世界”作用的体现。三是鼓励香港企业扩大与“一带一路”沿线国家的贸易和投资合作，尤其是在新能源、数字经济和高科技等领域，加强香港的法律和金融服务在“一带一路”中的角色，推广香港作为国际仲裁和法律服务的中心，吸引更多国家和企业通过香港解决争端和进行合同审查。

（二）持续提升营商环境巩固香港优势，做好科技领域长期受限应对机制准备。据《金融时报》，在香港设有区域总部的跨国公司数量从 2019 年的 1,541 家下降到 2023 年的 1,336 家，其中来自美国的跨国公司是最大的下降之一。[14] 在此背景下，香港更应强化

14 ‘图表展示：香港经济正在努力收复失地’，金融时报，2024 年 10 月 13 日，https://www.ft.com/content/b552f50c-b601-4443-833a-bba0f8d372dc.

已有投资、贸易、法律等制度优势，加强与美国的商业合作与对话：一是进一步优化投资环境，吸引更多美国和其他国家的企业来港设立总部或研发中心。继续提供透明、稳定的市场环境，以及符合国际标准的投资保护体系，为外资提供便利的投资平台。在跨境融资、证券市场和金融创新等领域，积极响应国际反洗钱和反恐怖融资的要求，确保在全球金融系统中的透明度和可信度。二是以金融科技吸引全球资本流入，通过加强与各国的金融合作，推动香港与各国在金融监管、绿色金融、数字货币等领域的合作。

同时，在中美科技领域博弈的背景下，美国可能采取限制关键技术出口、增加对香港科技企业的制裁名单、限制美国企业与香港的科技企业或大学在特定领域进行合作研究、限制美国投资者向香港科技公司注资、禁止香港科技公司参与国际标准化组织的讨论等制裁措施，这要求香港应做好科技创新领域长期接受制裁的机制准备及应对举措。一是用足用好香港本土基础科研和作为全球化平台的能力，依托粤港澳大湾区产业集群优势参考借鉴形成本土科研投资、科技转化模式。世界知识产权组织（WIPO）发布的 2024 年全球创新指数（GII），香港在亚洲排名保持第五位，在全球 133 个经济体中排名第 18 位。二是强化科技转化和产业链整合。目前，香港创新科技署推出的大学科技初创企业资助计划每年向 6 所本地大学提供资助，每所大学的资助额高达 800 万港元，鼓励大学师生创立科技初创企业，已宣布将资助额倍增至 1,600 万港元，以协助大学将其研发成果商品化。粤港澳三地业已搭建系统的科技集群网络，根据 2024 年全球创新指数 (Global Innovation Index)，由香港、深圳及广州的创新及科技业组成的广深港科技集群位列全球“最佳科技集群”第二位。三是吸纳海外研发人才。香港投资推广署的

2023 年香港初创企业统计调查结果，约 26% 受访初创企业由非本地人创办，受中国内地市场吸引的跨国企业也把研发部门设于香港，原因是对海外研发人才而言，在香港生活和工作可能比在内地更易适应。[15]

（三）**强调经贸领域香港“特殊性”，拥护国际贸易“再全球化”**。《世界贸易报告 2023》指出，推动全球贸易并强化多边合作，有助于保证安全及和平、推动减贫及应对气候转变，但地缘政治冲突、不平等情况的增加及气候转变，令不少地区的人认为全球化使其国家面临过度风险，因而采取单边政策以改变与别国的贸易关系。美国和香港都属于世界贸易组织、亚太经济合作组织和金融行动特别工作组。同时，香港的“全球性”特质已深度、牢固和全面地嵌入社会制度及运作、市民日常生活形态、文化和意识形态等范畴：普通法制度，在社会各层面和领域采用国际专业标准、规则和管理机制，以及资金、人才和信息自由流通。香港将中英文并列为官方语言，本地大学以西方大学模式运作并在世界大学排名中表现优秀。香港人口流动度很高，约 50 万名来自世界各地的外籍人士在港读书、工作、经商和定居，港人习惯到海外旅游、探亲、留学、工作及居留，又出现数次移民潮与回归潮，使得不分社会阶层的港人都或多或少地有亲友网络和工作关系在世界各地[16]。香港应利用其独特的国际化优势，进一步加强与各类国际组织的合作，借此提升其在全球贸易中的重要性和影响力，如加大在 WTO 中的发

---

15 ‘香港创新及科技业概况’，香港贸易发展局，2024 年 10 月 10 日 https://research.hktdc.com/sc/article/MzEzOTIwMDIy.

16 馮可強：香港的“全球性”——由自由開放、多元包容到“再全球化”- 香港政策研究所 -2024 年 5 月 10 日 https://www.hkpri.org.hk/research/detail/20240510-01

声力度，推动改革全球贸易规则，特别是在服务贸易、电子商务和金融服务等领域，为香港争取更为有利的政策和市场准入机会。同时持续倡导和推动多边贸易体制，提升其作为全球商贸、金融中心的地位。

附件 1　**特朗普 1.0 时期美对港经贸制裁相关法案**

提出时间	法案名称	主要内容	最新进展
2019 年 6 月 13 日	S.1838- 第 116 届国会（2019-2020 年）：2019 年香港人权与民主法案	该法案指示各部门评估香港的政治发展是否证明根据美国法律改变香港的独特待遇是合理的。国务院应每年向国会报告和认证香港是否与中国有足够的独立性，以证明其独特的待遇是合理的。该报告应涉及以下问题：(1) 普遍选举权的要求；(2) 执法合作，包括引渡请求；(3) 制裁执行和出口管制；(4) 香港政府内部的决策；(5) 司法独立；(6) 香港的公民自由，包括集会自由和新闻自由；以及 (7) 香港自治的任何侵蚀如何影响美港合作领域。 商务部应每年向国会报告中国利用香港规避美国出口管制和制裁的努力，以及香港普遍发生的此类违规行为的程度。该报告还应 (1) 确定任何从香港不当再出口的物品，(2) 评估受美国出口法约束的两用物品是否通过香港转运，以及 (3) 评估此类两用物品是否被用于开发各种大规模监控和预测警务工具或提议在中国部署的社会信用系统。 如果总统确定香港已提出或颁布立法，使美国公民面临引渡到中国大陆或缺乏被告权利保护的另一个国家的风险，总统应向国会报告 (1) 保护香港美国公民和企业的战略，以及 (2) 香港是否有法律权限管理香港和美国之间的各种执法协议。 总统应向国会报告一份对在香港犯下侵犯国际公认的人权行为负责的个人名单，包括对香港任何人的法外引渡或酷刑。该法案禁止这些人进入美国，并对他们实施制裁。	2019 年 11 月 27 日成为第 116-76 号公法。

提出时间	法案名称	主要内容	最新进展
2019 年 10 月 24 日	S.2710- 第 116 届国会（2019-2020 年）：禁止向香港警察部队商业出口有盖弹药的法案	该法案指示总统禁止向香港警察部队和香港辅助警察部队颁发出口特定弹药的许可证。指定物品包括催泪瓦斯、橡皮子弹和手铐。总统可以在向国会证明此类出口对美国国家利益和外交政策目标的重要性时破例。	2019 年 11 月 27 日成为第 116-77 号公法。
2020 年 7 月 1 日	H.R.7440- 第 116 届国会（2019-2020 年：香港自治法	该法案对中国未能维护香港自治有重大贡献的外国个人和实体实施制裁。香港是中国的一部分，但有一个在很大程度上独立的法律和经济体系，保护言论自由等公民权利。这一安排载于（1）《联合宣言》，1984 年一项与英国将香港主权移交给中国有关的条约；以及（2）《基本法》，这是香港的宪法文件。 国务院应每年向国会报告有关以下情况的信息：（1）对中国不遵守《联合声明》或《基本法》有重大贡献的外国个人和实体；以及（2）明知故犯地与此类已识别的个人和实体进行重大交易的外国金融机构。个人、实体或金融机构可能会出于各种原因被排除在本报告之外，例如保护情报来源。 总统应对报告中提到的个人或实体实施财产封锁制裁，并对被指定的个人实施签证封锁制裁。总统应对报告中提到的金融机构实施各种制裁，例如禁止该机构从美国金融机构获得贷款。总统可以放弃或终止根据该法案实施的制裁。国会可以通过不批准的联合决议来推翻这种放弃或终止。	2020 年 7 月 14 日成为第 116-149 号公法。

（来源：美国国会官网）

附件 2　**特朗普 1.0 时期美对港实施的经贸制裁**

日期	主要内容
2020 年 5 月 29 日	时任美国总统特朗普宣布取消香港特殊地位和香港商业优惠措施。
2020 年 6 月 29 日	时任美国国务卿蓬佩奥宣布，即日起禁止美防卫装备出口香港，并限制美国防、军民两用技术出口香港。
2020 年 6 月 29 日	时任美国商务部长罗斯发表声明，正式取消对香港的特殊贸易待遇，禁止向香港出售军民两用高科技装备，并将继续评估取消香港其他特别待遇。
2020 年 6 月 30 日	美国商务部宣布终止香港出口许可例外待遇，禁止向香港出口国防设备和敏感技术。
2020 年 8 月 11 日	美国国土安全部宣布，自 9 月 25 日起，香港出口美国商品必须注明来源地为“中国”，禁止使用“香港制造”标签。
2020 年 8 月 19 日	美国国务院宣布暂停或终止同香港签署的移交逃犯、移交被判刑人员、豁免国际船运利得税等三项双边协议。
2020 年 10 月 14 日	美国国务院根据“香港自治法”要求向美国国会提交首份涉港报告，将 10 名中国中央政府和香港特区政府官员列为所谓破坏香港自治人员，威胁对与上述人员有关的金融机构实施制裁。

(来源：中华人民共和国外交部官网)

附件 3　拜登任期内美对港经贸制裁相关法案

提出时间	法案名称	主要内容	最新进展
2023 年 2 月 17 日	H.R.1103 号法案 - 第 118 届国会 (2023-2024)：香港经济贸易办事处 (HKETO) 认证法案 同一内容法案： 1.S.490 号法案 - 第 118 届国会 (2023 年 2 月 16 日提出)； 2.H.R.956 号法案 - 第 117 届国会 (2022 年 12 月 14 日提出)； 3.S.5253 号法案 - 第 117 届国会 (2022 年 12 月 14 日提出)；	该法案要求总统定期决定是否允许香港经济贸易办事处 (HKETO) 继续在美国运营。 1. 特权、豁免和豁免权的确定：法案要求美国国务卿在法案生效后 30 天内，并在之后每次根据 1992 年《美港政策法》第 205(a)(1)(A) 条进行认证时，对香港经济贸易办事处是否应继续享有特定特权、豁免和豁免权进行单独评估。评估需包括一份详细报告，说明评估理由，这可能涉及美国国家安全利益等因素。 2. 特权、豁免和豁免权的延续或终止：如果国务卿评估认为香港经济贸易办事处不再值得延续这些特权，则办事处需在评估结果提交给相关国会委员会后的 180 天内终止运营。如果评估结果为值得延续，则办事处可继续运营至下一次认证提交之日或一年内，以先到者为准，除非国会通过了不批准决议。 3. 与美国政府合作的限制：法案规定，美国政府实体在与香港经济贸易办事处签订旨在促进香港旅游、文化、商业或其他事务的协议或伙伴关系前，需满足特定条件，包括国务卿的积极评估、国会未通过不批准决议，以及协议内容不促进损害香港自治的宣传。	2024 年 9 月 10 日获美国众议院审议通过，9 月 25 日已提交至参议院，列入参议院立法日历，等待全体参议员的辩论和投票。

提出时间	法案名称	主要内容	最新进展
2023年4月25日	H.R.2815号法案 - 第118届国会(2023-2024)：香港商业诚信与透明度法案 同一内容法案：H.R.8739- 第117届国会(2022年8月23日提出)	本法案要求商务部长在法案颁布后的180天内，并向国会提交报告，此后每180天提交一次，报告内容关于：在香港经营的美国公司所掌握消费者信息的保护情况；香港政府向这些公司发出获取消费者信息、内容下架或执法协助的请求：包括哪些公司满足了这些请求、这些请求所依据的香港法律、在满足这些请求时，可能违反的美国消费者保护法律。	2023年4月25日提交至众议院外交事务委员会。
2023年4月25日	H.R.2865号法案 - 第118届国会(2023-2024)：关于关闭位于纽约市的中华人民共和国驻纽约总领事馆及香港经济贸易办事处的法案	本法案要求总统采取必要行动，在法案颁布后的72小时内：关闭位于纽约市的中华人民共和国驻纽约总领事馆，并驱逐所有派驻该领事馆的外交人员。不顾《关于给予香港经济贸易办事处某些特权、豁免和豁免权的法案》(公法105-22)的规定，关闭位于纽约市的香港经济贸易办事处，并取消所有派驻该办事处且为中国公民的人员的签证或其他入境文件。	2023年4月25日提交至众议院外交事务委员会及司法委员会
2024年6月5日	S.4467号法案 - 第118届国会(2023-2024)：重新授权《2019年香港人权与民主法案》	延长年度报告要求。将《2019年香港人权与民主法案》第5条中的"7年后"修改为"12年后"，以延长该法案要求的年度报告期限。 延长法案终止日期。将《2019年香港人权与民主法案》第7(h)条中的"5年后"修改为"10年后"，以延长该法案的有效期。	2024年6月5日，参议院读两遍，提交给外交事务委员会审议。

(来源：美国国会官网)

附件 4　拜登任期内美对港实施的经贸制裁

日期	主要内容
2021 年 6 月 3 日	时任美国总统拜登签署总统令《针对中华人民共和国某些公司证券投资威胁的行政命令》，禁止美国对中华人民共和国军工复合体的投资，列出 59 个制裁实体，包括中国联通（香港）有限公司。17
2021 年 7 月 7 日	美国白宫发布《关于继续就香港局势维持国家紧急状态的通知》，宣布延长 2020 年 7 月 14 日特朗普第 13936 号行政命令中就香港局势宣布的国家紧急状态 1 年，延长美国对港制裁措施一年。
2021 年 7 月 16 日	美国国务院、商务部、国土安全部和财政部发出“香港商业警告”，并制裁 7 名香港中联办官员。
2022 年 7 月 11 日	美国白宫发布《关于继续就香港局势维持国家紧急状态的通知》，宣布延长 2020 年 7 月 14 日特朗普第 13936 号行政命令中就香港局势宣布的国家紧急状态 1 年，延长美国对港制裁措施一年。
2023 年 6 月 20 日	美国白宫发布《关于继续就香港局势维持国家紧急状态的通知》，宣布延长 2020 年 7 月 14 日特朗普第 13936 号行政命令中就香港局势宣布的国家紧急状态 1 年，延长美国对港制裁措施一年。

17　‘关于应对资助中华人民共和国某些公司的证券投资威胁的行政命令’，美国白宫，2021 年 6 月 3 日 https://www.whitehouse.gov/briefing-room/presidential-actions/2021/06/03/executive-order-on-addressing-the-threat-from-securities-investments-that-finance-certain-companies-of-the-peoples-republic-of-china/.

日期	主要内容
2023 年 8 月 9 日	时任美国总统拜登签署行政令《解决美国在特定国家安全技术和产品方面对重点关注国家的投资问题的行政命令》，该命令授权财政部长对美国在三个领域—半导体和微电子、量子信息技术以及人工智能—中涉及对国家安全至关重要的敏感技术活动的实体，在重点关注国家的投资进行监管，中华人民共和国（中国），包括香港特别行政区和澳门特别行政区，列为重点关注国家。18
2024 年 7 月 10 日	美国白宫发布《关于继续就香港局势维持国家紧急状态的通知》，宣布延长 2020 年 7 月 14 日特朗普第 13936 号行政命令中就香港局势宣布的国家紧急状态 1 年，延长美国对港制裁措施一年。
2024 年 9 月 6 日	美国国务院、农业部、商务部、国土安全部和财政部联合发布有关更新香港营商警示，警告美企在港营商面对新增风险。该警示提到，基本法 23 条立法包含广泛而含糊的条文，如涉及国家机密及间谍的罪行，都可能会影响或损害在香港的日常商务活动，例如分析中国大陆及香港的经济情况、研究港府政策等，或与在港的国际组织、媒体等接触，及进行跨境转移数据等；美国等国家已对俄罗斯实施制裁，俄罗斯越来越多地使用第三国家或司法管辖区，如香港进口军工用品，并指中国大陆及香港成为军民两用商品转口到俄罗斯的重要转运点；香港可能成为与中国化学或药物公司共同非法散播药物的中心，包括芬太尼的前体化学品和相关制造设备。同时，香港也被用来规避美国对中国大陆半导体制造设备出口限制的一个途径。

(来源：中华人民共和国外交部、美国国务院官网)

18 ‘关于解决美国在关注国家对某些国家安全技术和产品的投资的行政命令’，美国白宫，2023 年 8 月 9 日 https://www.whitehouse.gov/briefing-room/presidential-actions/2023/08/09/executive-order-on-addressing-united-states-investments-in-certain-national-security-technologies-and-products-in-countries-of-concern/.

特朗普第二任期"对台政策"趋势、影响与对策

段哲哲　焦嘉欣　单琳*

美国前总统、共和党候选人唐纳德·特朗普击败美国副总统、民主党候选人卡玛拉·哈里斯，当选为下一任美国总统，共和党重夺美参、众院控制权，美国未来几年的政治格局走向**"特朗普成为总统，共和党横扫参、众两院"**，台海议题将失去制衡的力量。一方面，特朗普 2.0 内阁成员群"鹰"荟萃，对台海虎视眈眈；另一方面，美国两党形成"共谋"，美国国会挑衅中国红线的动作会越来越多，走得更远，台湾问题有走向更坏局面的可能。共和党控制国会，将有助于政策的顺利通过，未来特朗普"以台遏华"政策将在政治、经济、军事和外交方面升级形成"一体化威慑"，"战略模糊"与"策略清晰"共同构成未来美国台海威慑战略的总体态势，我需对特朗普的再次执政保持警惕并做好应对准备。

一、特朗普及其"对台政策"核心团队构成及对台主要态度

（一）美国政府涉台政策的主要构成人员。特朗普第一任政府的决策模式为小集团模式，即以总统国家安全事务助理和总统亲

---

* 段哲哲，深圳大学政府管理学院长聘副教授、研究员，深圳大学全球特大型城市治理研究院决策咨询部部长，深圳大学新质生产力研究院副院长；焦嘉欣，深圳大学传播学院博士生，深圳大学全球特大型城市治理研究院科研助理；单琳，深圳大学全球特大型城市治理研究院科研助理。

信为主，国务卿、国防部长为辅的决策模式。截至 2024 年 12 月 4 日，随着特朗普宣布最新一波内阁人选和其他任命的提名，其上任后的新"领导班子"逐渐成形。根据特朗普第一任期的决策模式，未来可能负责会参与涉台事务的成员包括：**副总统——J·D·万斯（JD Vance）**，对华鹰派代表，认为中国是美国最大威胁，主张要加强对台军援，向台湾提供更多"爱国者"导弹等武器装备。**国务卿——马尔科·卢比奥（Marco Rubio）**，素有"反华急先锋"之称，曾参与《台湾旅行法》、打压华为和 TikTok、取缔孔子学院等，宣称美国能够做的事是提高大陆的"武统代价"，直到大陆不愿意付出这些"代价"。**国防部长——皮特·赫格塞斯（Pete Hegseth）**，支持"美国优先"和孤立主义，批评拜 登的援乌行为，期待乌克兰能够自卫，以便美国可以适当远离欧洲事务。**白宫幕僚长——苏珊·威尔斯（Susie Wiles）**，此前担任特朗普的竞选经理，目前在台湾问题上的态度尚不明确。**国家情报总监——图尔西·加巴德（Tulsi Gabbard）**，支持孤立主义，反对美国卷入外国军事冲突。**中情局长——约翰·拉特克利夫（John Ratcliffe）**，妄称"中国是对美国和自由世界其他地区的最大威胁"。**驻联合国大使——埃利斯·斯特凡尼克（Elise Stefanik）**，重视遏制中国，认为反制中国构成的安全威胁和经济威胁是美国头等大事之一。**白宫国家安全顾问——迈克·沃尔茨（Michael Waltz）**，其 2023 年出版的《硬道理：以绿色贝雷帽的方式思考和领导》（Hard Truths:Think and Lead Like a Green Beret）提出，新政府应增加国防开支，重振国防工业基础，确保美国武装力量有能力阻止台海冲突，同时他还建议增加对台军售。**总统助理兼首席副国家安全顾问——黄伟雄（Alex Wong）**，主要强调印太地区联盟建设，遏制中国崛起，推进民主与自由贸易政策，强化美日及美韩合作。

（二）特朗普“友台”即“遏华”。中美建交后，美国政府针对台海两岸采取了“双轨策略”，试图既保持中美关系的基本稳定，又维持台湾的“事实独立”，同时增进美台实质性关系。然而在特朗普任内，双向平衡策略受到了质疑和挑战，把台海推向遏制中国前线的主张在美国决策者的思维中占据上风（汪曙申，2021）。美国对台政策服从和服务于其对华政策。在特朗普政府推动对华政策由“接触”转向“竞争”时，美国对台政策的目标也由“以台制华”转向“以台遏华”（张文宗、常方煜，2023）。特朗普政府及共和党关于台湾问题的立场，更倾向将对台政策归于对我策略中的一部分，目的是“以台遏华”，通过在台海问题上施压，使美方获得对我方的某种主导地位、有力地位，尽可能通过“美国优先”的外交政策收益回馈自己的基本盘。特点表现为：**一是**交易性，特朗普在台湾问题上追求显性经济收益，他在 2024 年竞选期间不止一次提出要台湾交“保护费”。**二是**随机性，特朗普一直对美国支持“台独”的益处持怀疑态度，但当特朗普需要对我施压时，都会增加与台湾的往来。例如，特朗普于 2020 年邀请时任台当局副领导人赖清德访问华盛顿，随后对我半导体企业进行制裁，其谋利之心昭然若揭。**三是**“个人主义”，不同于民主党的“国际主义”，特朗普及共和党强调“美国优先”为宗旨、以经济民族主义和外交单边主义的特征。**四是**反建制的惯性思维模式，美国“一中政策”属于建制派产物，为民主党和共和党建制派所共同拥护，未来不排除特朗普出于反建制的惯性思维，在“一中政策”上不断滋事。此外，共和党 2024 年党纲也删去了关于台湾的内容，这与之前的共和党竞选纲领强调维护美国《与台湾关系法》（TRA）的承诺不同。以上特征表明未来特朗普会继续打“台湾牌”，给自己留下利益最大化的空间，目的是以此对我形成遏制，谋求美方利益。台“国安”局长**蔡明彦** 11 月 6 日称，无论谁当选下一任美国总统，“在两岸政策部分，我们认为美国会延续现在制中友台的政策路线”。还称，台湾会持续与美国现任、新任政府维持战略沟通，把重点放在重新对焦“下阶段”台美合作的重点议题，并与国际友盟合作，交换情资，特别是针对中国的政治意图和军事动向的信息。各种资料表明未来特朗普会继续打“台湾牌”，目的是以此对我形成遏制，谋求美方利益。**“陆委会”** 11 月 7 日书面报告指出，无论美国大选结果为何，美方在政治、军事、经济及关键科技等领域强化对中围堵，维持全球领导地位，对中长期竞争政策立场应不致改变。

（三）特朗普核心团队友台人士众多，打“台湾牌”意图明显。一是特朗普 1.0 时期就曾任命多位“友台鹰派”执掌要职。特朗普第一任期主管涉台事务的两位官员，一位是特朗普的第三位总统国家安全事务助理**约翰·博尔顿（John Bolton）**，他一贯亲台，对于美国的一个中国政策历来不满，对于美台没有官方关系愤愤不平，并多次撰文批评“一中”政策，认为“毫不含糊地支持台湾能最好地服务于美国利益”“美国应该加强对台军事合作，并应考虑重新派兵驻守台湾”。另一位是负责东亚事务的助理国防部长**薛瑞福（Randy Schriver）**，也是“友台鹰派”代表，他曾称“台湾的生存与安全是美国确保整个自由开放的印太的关键，美国也开始将台湾视为现代的‘福尔达地带’，台湾的一些南太邦交国是我们第二岛屿链上的重要据点”。还有美国前白宫幕僚长**雷恩斯·普利巴斯（Reince Priebus）**还曾于 2015 年率团访台，并与蔡英文建立密切的私人联系。**二是“友台制中”已成为美国两党共识**。台“外交部部长”**林佳**

龙 11 月 7 日指出，截至目前，参议院有 30 多位友台小组成员，9 位面临改选，目前已知有 6 位连任，所以相当稳定；众议院方面，4 位共同主席均顺利连任，更增强台湾在国会支持力量。据我们的统计，目前“台湾连线”已经具有成员 214 位，未来两院新当选的议员有可能加入“台湾连线”，使其影响力增加。12 月 4 日美国在台协会处长**谷立言 (Raymond Greene)** 在台湾高雄的中山大学发表演说称:“台湾政治分裂严重，美国共和党和民主党的共识也很少，但在美台关系的重要性以及台湾安全方面，他们完全一致。所以在国会，你看到一项又一项与台湾有关的立法皆获两党压倒性多数的支持。也不管是共和党、还是民主党主政的行政团队，我们的政策都具一致性。这是非常独特的。”**台“外交部”** 11 月 6 日晚送至“立法院”的报告提及，美方从联邦到地方、从行政部门到国会，具备跨党派支持基础的各项台美关系成果可看出，美国对台湾的支持立场具备高度延续性，台美间安全、经济等跨领域的各项合作也已一一建制化，使其不受政府更迭影响。再加上特朗普竞选期间的各种资料显示，其可能指派“友台”人士担任重要职位，参众两院中台湾连线力量的增多，使得台湾在走议会路线上有更多的机会。

三是特朗普 2.0 体系群“鹰”荟萃，将进一步推进“以台遏华”策略。美国意欲将台湾打造成潜藏的“军事基地”或“准军事同盟”，以更有效地对中国进行遏制（李鹏、谢银萍，2021）。为了推进整个“印太战略”的实施，美国已强化“利用台湾”的思维，对台湾的战略“价值”进行新一轮评估，台湾在美国对华竞争版图中的位置进一步凸显。特朗普在 2024 年大选的竞选期间不止一次提出台湾要交保护费，为日后加强对台售武作铺垫，进一步武装其对华竞争“堡垒”，为美军在远离本土的军事活动提供准备。就其第二任期组阁成员来看，外交、国安团队可谓群“鹰”荟萃，比如卢比奥、沃尔兹和斯蒂芬尼克对华立场都很强硬，卢比奥更被视为鹰派中的鹰派。卢比奥 9 月 23 日在美国智库机构哈德逊研究所（Hudson Institute）参与活动称，“首先我们不应该帮助台湾在一场与中国（大陆）的‘全面冲突’中获胜，那是不可能的，而是要把这种军事冒进的‘代价’提高到中国（大陆）不愿意付出的程度。（美国）要非常小心谨慎地处理这一问题，努力避免引发冲突。”**外媒**称，2.0 班子表明特朗普将兑现竞选承诺、贯彻“MAGA（让美国再次伟大）”理念的坚定决心，整体对华态度、立场以及当前美国国内对华认知和政策方面呈现愈加强硬趋势。在可以预见的时间里，竞争仍旧是中美关系发展的主要基调，特朗普会加强“以台遏华”等战略，试图限制我的发展。

二、特朗普 2.0 体系主导的对台政策走向

特朗普政府的对台政策是在美国重新定位中美战略关系、对华实施全面遏制打压政策的背景下演变和发展的。它反映出在中美战略竞争的新阶段，中美双方围绕台湾问题产生的矛盾更加尖锐和凸显，美国跨党派、跨政府部门更加重视台湾的战略地位和价值。特朗普政府的对台政策推动台湾 问题走向中美博弈的前沿位置，其影响是长期且深远的。特朗普政府试图从中美“新冷战”的方向突破美国对台传统政策，将台湾融入对华全面遏制框架，激发美国战略界再度思考“战略模糊”与“策略清晰”问题。“战略模糊 ”赋予美国介入台海冲突的政策灵活性，也可以充当威慑政策的话语叙事，即奉行基于“与台湾关系法”、中美三个联合公报和“六项保证”

的“一个中国政策”，美国对维持台海和平稳定有着持久利益，反对任何一方片面改变现状，不支持“台湾独立”，持续支持台湾“自我防卫”。但在“涉台防卫”问 题上采取“策略清晰”的做法，例如实质性地强化与台湾的军事合作。特朗普第一任内，美国对台军售及双方军事关系均达到美台“断交”以后的高点。美台联合加强了针对中国大陆的威慑，以吓阻、迟滞大陆可能采取的对台军事行动。

特朗普在 9 月与哈里斯的电视辩论中声称“中国是剥削我们的国家”。**万斯** 7 月 15 日接受彭博社访问时表示，中国是美国的“最大威胁”；在福斯新闻的访问中提到，要尽快结束乌克兰战争，“这样美国就能专注于真正的问题，那就是中国”。**华盛顿邮报** 7 月 19 日评论指出，特朗普与万斯的外交主张是“唯中国论”。美国在台协会处长**谷立言（Raymond Greene）**12 月 4 日发表演说时表示，将从韧性、安全和互联互通三大核心要务，来深化美台合作。还称，中国打压台湾的国际空间是台湾的最大挑战，美国将致力于协助台湾融入全球经济，并支持台湾积极且有意义地参与联合国等国际组织。可以预见，如果特朗普再次当选，美国会将原本放在东欧与中东的外交注意力与资源投射在对我策略中，台湾问题作为中美博弈的关键，将继续充当特朗普政府制衡我方的明牌。

（一）“唯中国论”之下的政治“走秀”。一是增进美台高层互动，对我造成压力以抬升谈判资本。1 月 24 日，美国国会的一个跨党派代表团窜台，再次强调美国对台岛的支持。该代表团包括美众议院“国会台湾连线”的两名成员，其中一位是共和党众议员**迪亚兹 · 巴拉特（Mario Diaz-Balart）**。5 月 26 日，美国国会众议院外交委员会主席、共和党人**迈克 · 麦考尔（Michael McCaul）**率团窜台。8 月 21 日，特朗普任内的美国驻联合国代表、共和党人**妮**

基·黑利（Nikki Haley）出席在台北召开的所谓"印太地区安全论坛"，再次发出"友台"信号。12月1日和12月4日，共和党籍的众议院议长**麦克·约翰逊（Mike Johnson）**和民主党籍的前众议院议长**南希·佩洛西（Nancy Pelosi）**分别与**赖清德**通了话，就中国对台军事威胁、美台经贸关系、半导体产业发展、人工智能等议题交换意见，凸显美国对台湾的坚定支持。赖清德办公室发言人**郭雅慧**说，赖清德除了与佩洛西通电话外，还与美国几位"好朋友、老朋友对谈"，这些美国政坛的跨党派人士都表达了"对台湾一致的支持"。"以台遏华"实际上是"唯中国论"的产物，为了抬升可能与我进行谈判的资本，特朗普2.0体系可能加强高层"互蹿"、会谈等高调的政治"走秀"，对我施压。根据我们的统计，过去一年来美国两党议员窜台人数达到了20余位，次数达到7次。预计在新一轮的参众两院选举之后，访问台湾的参众两院议员会纷纷亮相。这一方面是台湾在州一级开展外交活动的必然结果，也是显示与党派利益和当下政治立场站队正确的利益所在。**二是建立新的美台双边合作机制，助台提升"韧性"，加大我的统一阻力。谷立言（Raymond Greene）**12月4日发表演说称，

在第一任特朗普政府期间启动的美台"经济繁荣伙伴对话"（Economic Prosperity Partnership Dialogue,EPPD）和"台美教育倡议"（The US-Taiwan Education Initiative），都受到拜登政府的欢迎。因此谷立言预期，这种合作的平台也会在美台双边伙伴关系中持续运作。美国共和党籍参议员**丹·沙利文（Dan Sullivan）**12月4日在华盛顿智库哈德逊研究所针对"阿拉斯加州对印太地区的战略重要性"发表讲话表示，当选总统唐纳德·特朗普已表明，在他的第二个任期中将确保阿拉斯加的天然气项目得以建造，以便向阿拉斯加

及美国在全世界的盟友提供廉价能源。他建议台湾考虑从阿拉斯加进口液态天然气（LNG），一方面解决台湾能源短缺的问题，另一方面可借此深化美台战略关系，让中国在思考封锁台湾能源的输入时多一层顾虑。三是**破除拜登政府的坚定“护台”，台当局可能扩大国际“交友圈”以谋求多方支援**。**特朗普** 10 月 18 日接受《华尔街日报》采访再次强调“如果台湾要美国保护，就该缴保护费 ”。民进党当局意识到特朗普若再次当选，“倚美谋独”将愈加不现实，因此寄希望于提升自己的国际“知名度”来获得关注。2 月 22 日，民进党当局“驻美代表”**俞大㵢**与美国在台协会（AIT）执行理事蓝莺共同签署“国际发展合作备忘录”。9 月 2 日，美国跨州、跨党派地方议会交流组织全美议会交流理事会（ALEC）国际关系主任**琼斯**指出，ALEC 会员认定台湾地区对国际社会能有所贡献，民主阵营应共同谴责中共抹煞台湾地区合法性的行径。

台当局又在 10 月 30 日与美国爱荷华州签署**“台湾、爱荷华经济合作及贸易关系了解备忘录”**。11 月 7 日台北市长**蒋万安**称，台北市政府 2024 年 9 月率团到美东访问纽约、波士顿及费城等城市，与美方维持紧密关系，也希望未来能有更多具体合作项目进行。**赖清德** 11 月 30 日启程离开台北，进行他宣誓就职以来首次元首外交——“繁荣南岛智慧永续”之旅，将在一周时间里先后对马绍尔群岛（Marshall Islands）、图瓦卢（Tuvalu，台湾称吐瓦鲁）、帕劳（Palau，台湾称帛琉）这三个台湾所谓的“邦交国”进行访问。此外，**民进党当局**以“联合国大会 2758 号决议”谋求法理“台独”；力求加入跨太平洋伙伴全面进展协定（CPTPP）等动作也是其意图扩大“交友圈”的证据。**跨太平洋伙伴全面进步协定（CPTPP）执行委员会** 11 月 28 日在温哥华举行年会，宣布决议成立哥斯达黎加的入会工作小组，台湾入会案因未达共识被搁置。台**“行政院经贸谈判办公室”**11 月 29 日在一份声明中表示，对于 CPTPP 执委会的决议，“我政府对此表达深切失望，再次呼吁 CPTPP 成员国早日成立我国入会工作小组，不应有政治考虑。”。未来台湾可能继续在加入 CPTPP 方面发力，或者寻求其它替代方案。

（二）“美国优先”之下的经济“保护主义”。一是以“护台”为幌子，对我实施“精确征税”和科技封锁。特朗普在 9 月与哈里斯的电视辩论中提出对我更为激进的“精确征税”策略，扬言对我的商品征收高达 60% 至 100% 的关税。10 月 18 日**特朗普**接受《华尔街日报》采访时宣称，若当选后我对台湾“动武”，将对我征收 150% 至 200% 关税，以“护台”为幌子谋取谈判优势。10 月 28 日，**美国政府**宣布将禁止对我半导体、量子技术和人工智能领域的对外投资，这一新规将于 2025 年 1 月 2 日正式生效。从特朗普第一任期内将华为、大疆、科大讯飞、海康威视等科技公司纳入打压的“实体清单”来看，特朗普下一任期内可能延续第一任期做法，继续以“中国威胁论”为借口，推动对我科技封锁与垄断升级，试图遏制我在这些领域的进步，以维持其在全球科技霸权的地位。**二是加速台积电产业链转移和台商撤离，进一步掏空台湾“家底”。特朗普** 6 月接受采访称，台湾“非常富有”，美国“不应该给他们数十亿美元来制造晶片”。对此，**外媒**称，若特朗普再次当选，可能将会收回拜登政府对台积电的补助。**特朗普**数次提出要台湾交“保护费”，还称台湾“偷走了”美国的芯片生意，表明其未来可能对加台积电加以重税，逼迫台湾芯片企业陆续到美国建厂并加大投资，否则就会面临高额关税。对此，全球最大晶圆代工厂台积电（TSMC）11 月 8 日回应称，“我们在美国的投资计划保持不变”。台湾学者

刘复国表示，倘若川普当选，台积电恐有扩大在美投资等地缘政治压力。路透社 11 月 6 日消息，美国企业家**埃隆 · 马斯克**要求给他的航天企业 SpaceX 提供零部件的台湾供应商（台湾敬鹏工业）把生产业务从台湾搬到泰国，原因则“大体是出于地缘政治风险的考量”。台经济主管部门负责人**郭智辉** 11 月 7 日指出，川普大幅调高关税的政策是对在中国的台商影响比较大，认同在中国的台商可能加速回流台湾的看法，经济部要推动“境外关内”，把一些供应链带到海外去，这也是因应川普的对策之一。**三是对台实施贸易限制，并要求配合对我贸易禁令。**10 月 29 日**阿拉伯“半岛电视台”**刊文称，特朗普若再次当选，可能针对台湾地区商品实施贸易限制措施，以解决美国对台湾地区高达 470 亿美元的贸易逆差。台北医学大学通识教育教育中心教授**张国城**表示，若特朗普再次上台，他可能会对我实施多项贸易禁令，势必会要求包括台湾在内的“盟友”配合执行，而台湾因此需要进行内部修法，但将面临在野党以及中国大陆的阻拦。彼得森国际经济研究所所长**亚当 · 波森（Adam Posen）**认为，特朗普不会撤销拜登政府的《芯片和科学法案》，而是对其重新诠释，“以便他们能够以和拜登稍微不同 的方式分配资金……但我确实认为，（特朗普政府）在扩大 关税方面会采取更多行动，而非扩大产业政策”。

（三）“让美国再次伟大”之下的军事“交易”。一是特朗普表态不会“出兵护台”，台当局幻想逐渐破灭，加强自我防备。10 月 18 日，**特朗普**接受《华尔街日报》采访表示不会“出兵护台”。未来特朗普第二任期即便派军事力量入岛，协助台军训练，更多可能也是为了试探我方力量，或对我施压，赖清德也接受了这一现实，逐渐加强自我防备，例如成立了“全社会防卫韧性委员会”，并动员 40

万民众做好准备，随时面对任何军事冲突，还妄想借台独组织“黑熊学院”“3 年打造 300 万黑熊勇士”。台“外交部”11 月 6 日晚送至“立法院”的报告指出，台湾作为印太区域负责任的成员，致力提升自我防卫能力，也将持续强化与美国等盟友伙伴的安全合作。“陆委会”副主委**梁文杰** 11 月 7 日称，不管是哪一个候选人当选，台湾都要自问，对于国家安全有没有做够多的努力，这才是最重要的事情。**二是加大对台军售填充“国库”，并对我施压**。特朗普不会像拜登一样将“武力保台”摆在台面上来讲，而是将其作为利益交换筹码向台索要“政治献金”。**万斯**也曾表示希望向台湾出售防御性武器，以应对中国大陆的威胁。**业内人士**称，特朗普可能会考虑切断拜登政府批准的对台新外国军事援助，并推动台湾增加军费开支。据**台媒**消息，台当局已将年度国防预算从占 GDP 总额的约 2% 增加到 2.5%。然而，这一数字仍低于特朗普要求北约成员国达到的 3%GDP 门槛，因此，特朗普会对台持续“加码”。不仅是谋取经济利益，对台军售也是特朗普政府对我施压的政治手段。**美国有线电视新闻网**（CNN）表示，对台军售是美国对我施压的一大抓手，同时也是成本较低、收效相对较快的一种方式。可以预见，若特朗普再任，美方将加大对台军售的额度，但并不希望两岸发生直接冲突，这会使其损失一笔“好买卖”。**美国国防部国防安全合作局** 11 月 29 日称，美国国务院已批准向台湾出售 F-16 战斗机和主动电子扫描阵列（AESA）雷达的备用部件，以及改良型移动设备（IMSE）的后续支持，总价值估计达 3.85 亿美元。台**“总统府”“外交部”和“国防部”**11 月 30 日皆发布声明，对拜登政府上任以来第 18 度宣布对台军售表达高度欢迎，并感谢美国政府持续依据《台湾关系法》及“六项保证”，坚定履行对台湾的安全承诺。台**“外交部”**在一份声明中表示，美国政府持续实践对台湾军售常态化的政策，并确保台湾维持充分的自我防卫能力及可恃防卫战力，“以因应中国胁迫”。

（四）“待价而沽”之下的外交“机会主义”。一是延续对台模糊战略，等待谈判机会。特朗普 4 月接受《时代》杂志采访时，被问及保卫台湾的问题，称“我不想通过向任何记者提供这样的信息而失去任何谈判能力”；又于 10 月 18 日明确表态不会“出兵护台”，表现出极强的机会主义。约翰霍普金斯大学高级国际研究学院政治学家**哈尔·布兰兹** 8 月发文称，“特朗普版的‘美国优先’并没有将印度太平洋排除在外”，（台湾）需要“向总统证明自己的价值”。根据特朗普浓厚的商人色彩，未来可能会继续模糊策略，根据收益判断外交立场。**二是进一步支持台湾扩展国际空间。支持台湾的国际参与是《台湾保证法》的重要内容。** 12 月 4 日美国在台协会处长**谷立言（Raymond Greene）**在岛内的中山大学发表演讲称“（台湾的）最大挑战，是中华人民共和国不让台湾拥有国际空间的企图。但美国致力于扭转这种情况，因为我们相信，台湾在国际社会扮演着重要的角色。我们也认为，台湾参与国际事务对自身的长期安全与繁荣至关重要。”他还表示，台湾有很多机会可以强化国际合作。他提到，2015 年成立的“全球合作暨训练架构”（Global Cooperation and Training Framework,GCTF）成为美国、台湾、日本、澳洲和加拿大交流的平台，类似的这种国际合作是台湾展现实力并深化国际伙伴关系很好的方式。谷立言重申，美国支持台湾有意义的参与国际组织，包括国际民航组织以及以观察员身分参与世界卫生大会。他还表示，美国也支持台湾与友邦建立正式外交关系，虽然台湾目前仅有 12 个邦交国，但美国将继续与这些国家接触，并鼓励其维持与台湾的邦交关系。**三是削弱多边机制，“美式联盟”可能重新**

洗牌，为我带来新的机会。10 月 29 日**特朗普**在关键摇摆州宾夕法尼亚州的一次集会上再次举起“关税威胁大棒”。他表示，如果他赢得 11 月 5 日的大选，欧盟将不得不为没有购买足够的美国出口产品“付出巨大代价”。据**德国《明镜》周刊**网站 10 月 31 日消息，特朗普抱怨美国对欧盟的贸易逆差，将欧盟称为“迷你中国”。对此，正在华盛顿参加国际货币基金组织和世界银行年度会议德国财长**克里斯蒂安·林德纳**警告称，如果美国对欧盟发起贸易战，那么德国或将采取报复措施。未来“个人主义”倾向的特朗普很可能推翻重建拜登时期的一系列双边和多边机制，这也意味着外交关系可能重新洗牌。**美国《金融时报》**10 月 28 日刊文称，在特朗普第一任期的压力下，北约成员国和东亚盟友增加了国防预算的份额。截至 2024 年 6 月，北约 32 个成员国中有 23 个已经实现了将 GDP 的 2% 用于国防的目标，是四年前的两倍。但在特朗普的第二个任期内，他们将面临做更多事情的压力。美国议员**格林**称，未来“国家大离婚”现象可能会进一步加剧。对此，一些外国分析师认为特朗普当选也可能为中国带来新的机会。7 月 4 日**美国消费者新闻与商业频道（CNBC）**刊文称，鉴于特朗普的“交易性质”，若特朗普再任，中国更有可能取得“积极”的外交成果。

综上所述，特朗普 2.0 在所有筹码打光之前不会轻易放弃“台湾牌”，而且万斯已经明确表示，会加大干预台岛事务。共和党政府相对于民主党政府更加偏向现实主义，并不单纯只是基于意识形态而对抗我方，更多是希望通过外交机会寻求压制我方的可能，同时向我方攫取更多经济利益。因此，对台湾在军事和政治上的支持带有条件前提和不确定性。这些态度可能会影响台湾对美国的信赖程度以及美国对台湾的行动方向。

三、我方对策

（一）打击美台政治表演的热度。**一是**扩大岛内不满”保护费“言论的民意声音，向国际社会和岛内传达特、赖对台湾的侵害，揭露美台非正式往来是台独势力向美西方无底线“献媚”的结果。**二是**在国际法和国内法框架下，明确“一中政策”内涵和界线，以免有心者“混淆视听”。通过国际智库、国际组织、海外媒体等力量加强声讨“互窜”政治秀的音量，在国际舆论中占据道德高地。

（二）阻断美对台军事援助与协防。**一是**增强援俄力量，如果美方对台军援不收手，我可释放对俄实施军援的信号，分散美方精力。**二是**在必要时刻，可以援引中美三个联合公报为代表的国际法，以及《反分裂国家法》为代表的国内法，对台湾实施武器禁运。**三是**强化军演威慑力，根据岛内民众对我 10 月 14 日“联合利剑 B”演习的“波澜不惊”反应，岛内对我军演有“狼来了”的“娱乐化”趋势。因此，未来若美台有进一步逾矩动作，我方军演应逐层渗入岛内，在岛内主流媒体、社交媒体平台和国际媒体平台营造浓厚的实战氛围。

（三）扩大我方盟友力量，围堵台的对外经贸。**一是**我方未来可发挥世界第二大经济体的优势，与欧盟国家就贸易合作、投资和市场准入等方面达成一致，联合反制。先行建立性价比较高的友岸供应链，并排除高度倚美的经济体，重新塑造符合我方利益的多极贸易体系。**二是**加快加入 CPTPP 的进程。随着英国拿到 CPTPP 入场券，加之 2025 年、2026 年的轮值主席为对我有影响力的澳大利亚和越南，2025 年被台当局视为加入 CPTPP 的“关键年”。我方应利用好新加坡和越南等东南亚成员国对我支持态度，加快我加入

CPTPP 的进程，及时围堵台湾在国际事务中的发展。三是通过加大对俄罗斯、朝鲜等国家的支持力度；对声援台独势力的国家制定针对性反制措施；在全球化与全球治理问题上加强与全球南方、欧洲、日本等行为者的协调与合作三个方向联合制造对美压力，提醒特朗普政府勿“因小失大”。

（四）加快实现技术赶超，突破科技封锁。深入研究、借鉴美国、日本、韩国和台湾方面经验，充分掌握突破美台对我技术围堵的正确途径，加快实现关键技术的突破。进一步考虑通过“一带一路”倡议和“金砖国家 +”等跨国金融和经贸机构，组建更广阔的芯片技术联营平台，联合各国共同投资新一代芯片光刻技术的研发。

（五）开辟与美方对话新议题、新渠道。继续加强与美国的多议题、多层次、多渠道交流，在全球性议题上保持对话与合作。例如，特朗普在竞选期间承诺解决“芬太尼危机”，并将此同社区治安与犯罪联系在一起，未来我可在芬太尼贸易方面加强对话（深圳大学全球特大型城市治理研究院供稿）。

参考文献

[1] 李鹏，谢银萍 . 美国在南海问题上对台湾当局的战略利用——兼论特朗普政府对中美国家利益的认知偏差 [J]. 台湾研究 ,2021,(03):22-31.

[2] 邵育群 . 特朗普时期以来美国一个中国政策的变化及其危害性 [J]. 台湾研究集刊 ,2022,(06):34-47.

[3] 张文宗，常方煜 . 美国两党对台政策的差异及影响 [J]. 现代国际关系 ,2023,(12):58-74+162

[4] 汪曙申 . 特朗普政府的对台政策及其影响 [J]. 美国研究 ,2021,35(05):117-134+7-8.

对华经济政策观察

特朗普新任期对华经贸政策的走向、影响及对策

庞　琴　赖庆玲*

2024 年 11 月 6 日，特朗普在大选中胜出，正式成为第 47 任美国总统。特朗普在第一个总统任期内，对华采取了以关税战和贸易战为核心、以技术战为辅助、以扩大经济制裁为威胁的多层级、极端化的经贸遏制政策，具有强烈的“美国优先”和“单边主义”倾向。特朗普执政团队的热门人选都是持反华立场，包括曾经操盘对华贸易战的前特朗普政府贸易代表罗伯特 · 莱特希泽、建议美国与中国经济彻底脱钩并对中国商品加征 60% 甚至更高关税的前国家安全顾问罗伯特 · 奥布莱恩、对华超级鹰派代表人物迈克 · 彭佩奥和汤姆 · 科顿。共和党已经获得众议院的控制权，这样就更容易推出其政策。从特朗普在竞选时的主张来看，此次回归将对中国采取更加激进的经贸政策。

一、特朗普上台后对华经贸政策及对中国整体经济的影响

（一）实施更激进的贸易关税政策

在特朗普的第一个任期内，美国正式启动“301 调查”，对中

* 庞琴，中山大学国际关系学院教授中山大学粤港澳发展研究院教授；赖庆玲：中山大学国际关系学院硕士研究生。

国实施了五轮主要的关税加征行动，总计对价值 5500 亿美元的商品加征关税。美国对中国进口商品的实际平均税率从 2.7% 飙升到 15.4% 的峰值，并在 2020 年 1 月下降到 12.5% 左右，在 1.5 年的时间增长约 4.6 倍。虽然中美进出口贸易总额仅在 2018 年出现较为明显的下滑，但是中国的出口占美国进口总额比重从 2017 年的 21.9% 下降到 14.1%，中美贸易额占美贸易总额的比重也呈下降趋势，中国多次降为美国第三大贸易国，说明美国对华供应链的依赖减少。

表 1　特朗普第一任期内对华加征关税情况

时间	措施
2018 年 7 月	对价值 340 亿美元的商品加征 25% 的关税
2018 年 8 月	对价值 160 亿美元的商品加征 25% 的关税
2018 年 9 月	对价值 2000 亿美元的商品加征 10% 的关税
2019 年 5 月	将上述 2000 亿美元的商品关税上调至 25%
2019 年 9 月	对价值 3000 亿美元的商品加征 15% 的关税
2020 年 1 月	将上述 3000 亿美元的商品关税下调至 7.5%

图 1　中美贸易额占比（%）

数据来源：美国人口普查局

图 2　中美贸易逆差总额

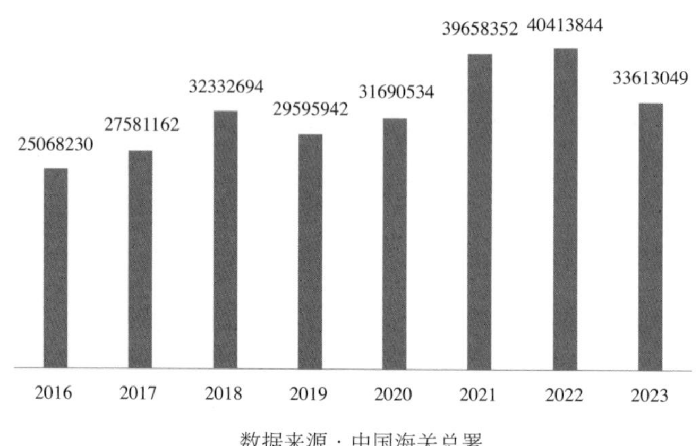

数据来源：中国海关总署

担任特朗普第一任期美国贸易代表、负责制定贸易战略的莱特希泽表示特朗普征收关税的目标是消除贸易逆差。拜登上台后，中美贸易逆差（如图 2）相较于特朗普第一任期时期扩大，特朗普必然无法容忍，特朗普 2024 年 10 月接受《华尔街日报》采访时表示，他对中国的最明确优先事项就是重启贸易战。根据特朗普在竞选时的主张，美国可能对华采取 4 项主要的贸易关税措施。

1. 对华加征 60% 的关税。特朗普在竞选时就承诺，若再次当选，将对中国商品加征 60% 的关税，这一税率远高于首任期的 7.5-25% 关税。如果这一主张得到落实，纺织品等劳动密集型产品出口量将会受到巨大冲击，从而影响这些行业的劳动力就业（如图 3）。加征关税还将导致中国对美贸易顺差缩小，可能造成人民币贬值，资本外流风险增加。2019 年底，在美国加征关税后，人民币对美元汇率较 2018 年初就下跌了约 10%。若要完全抵消 60% 关税的影响，人民币可能需要兑美元贬值 18%，即 1 美元兑换 8.5 元。但是中国在 2024 年曾竭力阻止人民币跌破 7.3 大关，因此人民币进行大幅度调整的可能性不大，贬值空间有限。

此外，中国将可能出台加征关税的对等反制措施，减少对美国的农产品进口。中国是美国最大的农产品出口市场，根据美国统计调查局的数据，美国大豆出口将近一半运往中国，但是中国海关数据显示，中国开始转向巴西大豆以减少对美国的依赖，美国大豆在中国的市场份额从 2016 年的 40% 降至 2023 年的 18%。2022 年中国批准进口巴西玉米后，迅速超越美国成为中国最大的玉米供应国。2023 年中国进口 3.19 亿美元的美国小麦，是三年来最低。所以中国此次将有更有底气在农产品领域反击美国。但是与 2018 年前后相比，中国经济面临诸多挑战：房地产行业尚未走出低谷、消费依然疲弱，投资驱动和出口导向型发展模式正在转型，美国对华加税将会对中国经济复苏和转型造成阻碍。

图 3　2022 中国对美出口商品金额排行（单位：万美元）

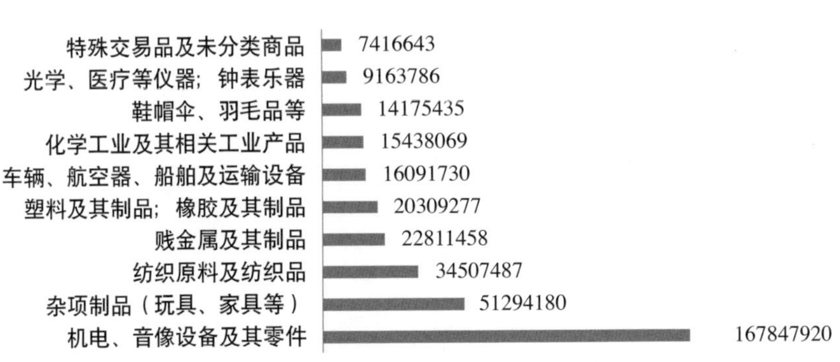

数据来源：中国海关总署

2. 撤销中国的最惠国待遇。2024 年 9 月，共和党议员汤姆·科顿等共同发起了取消中国最惠国待遇的法案。这是 2022 年以来，美国政界连续第三次要求取消中国最惠国待遇，取消中国最惠国待遇也被纳入共和党的竞选纲领之中。中国对美出口的商品总额中约 48% 已被额外加征关税，实质上不再享受最惠国待遇税率，截至 2023 年 6 月，美国从中国进口商品的平均关税从 2018 年初的 2.3%（最惠国关税税率）上升为 19.3%。美国非最惠国关税平均税率为 42%，叠加 301 条款约 20% 的关税，对华平均关税将达到 60% 以上。

申万宏源研究和英飞咨询公司利用 GTAP 模型对以下三种加征关税的场景进行模拟，结果显示：三种场景下，中美两国 GDP、总进出口、就业和居民消费都会受到负面冲击。如果美国对中国征收 60% 的关税，对其他国家征收 10% 的关税，无论中国是否对等反击，虽然美国的贸易差额减少，其对美国本身 GDP 的影响都远大于对中国 GDP 的影响，分别下降 5.1% 和 5.5%，并且会加剧国内的通货紧缩状况，中国则会产生通货紧缩效应（如表 2）。鉴于美国国内通胀未回落到目标区间，进口成本大幅上升对通胀及市场情绪的冲击，对中国加征 60% 的关税未必得到落实，也极大可能是取消部分中国产品的最惠国待遇。

表 2　GTAP 模型对三种场景的模拟结果（单位：%）

模拟	国家	GDP	总出口	总进口	贸易差额（亿美元）	物价水平	非熟练劳动力就业	熟练劳动力就业	居民消费
取消中国最惠国待遇	中国	-2.1	-5.7	-10.2	-102.3	-3.4	-2.6	-3.0	-6.6
	美国	-1.8	-0.2	-6.0	129.8	0.1	-1.9	-2.0	-1.9
对中征收 60%，其他 10%	中国	-1.6	-6.9	-8.4	-352.3	-2.6	-1.9	-2.2	-5.0
	美国	-5.1	-4.4	-21.3	437.6	0.3	-6.6	-6.3	-5.5
对中征收 60%，其他 10%，中国对等反击	中国	-2.3	-8.8	-10.8	-308.8	-2.0	-2.7	-3.2	-5.1
	美国	-5.5	-3.6	-23.4	492.6	-0.6	-6.8	-6.7	-6.7

数据来源：申万宏源研究、英飞咨询公司

3. 阻止中国汽车通过第三国出口到美国。特朗普曾多次警告称，将对从墨西哥进口的汽车征收 200% 或更高的关税，宣称正式通知墨西哥和加拿大计划重新谈判北美自由贸易协定，以阻止中国汽车制造商通过墨西哥向美国出口。墨西哥是中国的第二大汽车出口国，目前，中国在墨西哥建厂的汽车零部件公司已超过 20 家，从而出口到美国。对墨西哥加征关税政策将降低中国车企在墨西哥的投资热情，但这项政策对中国新能源汽车行业的影响较小。从整车出口看，中国新能源汽车出口的主要市场是欧洲的比利时、英国、法国和亚洲的泰国、菲律宾等国，出口到美国的汽车数量较少，海关数据显示，2023 年中国新能源车出口量达到 177.3 万辆，但是对美国仅出口 1.25 万辆，主要出口车辆来自于特斯拉上海工厂等美国车企。虽然特朗普希望阻止中国汽车出口美国，但他对中国汽车制造商在美国生产汽车持开放态度。2024 年 8 月，特朗普表示:“我们将提供激励措施，如果中国和其他国家想在美国卖车，他们就得在这里建厂，并雇佣我们的工人。”然而，特朗普更倾向于削减电动汽车退税和税收优惠，支持传统能源的发展，这些政策也会降低中国新能源车企赴美建厂的欲望。

4. 四年内停止对中国生产的必需品进口。2023 年，特朗普在其竞选官网中提出要制定“战略国家制造倡议（SNMI）”，并宣称将“采取一系列改革措施全面消除美国在所有关键领域对中国的依赖，称他将采取的措施包括“一项四年计划，逐步停止从中国进口所有必需品——从电子产品到钢铁和药品”。

（二）继续推动中美在关键科技领域的“脱钩”进程

特朗普在第一任期内主要通过两种手段推动中美科技脱钩。一是限制美国对华技术出口及获取美国的技术。2018 年，美国修订《2018 出口管制法案》，赋予商务部以“安全”名义限制美国对中国的科学技术出口。2019 年，美国修订“视同出口”条例，限制在美华人获取技术的渠道。美国商务部还将大量中国科技企业纳入“实体清单”，限制购买诸如半导体、人工智能、生物科技等先进技术和产品。二是通过强化投资审查力度，限制中国企业对美国关键技术和基础设施等领域的投资。2018 年，美国签署《外国投资风险审查现代化法案》（FIRRMA），限制中国对美国关键技术、基础设施、敏感领域的投资。2019 年签署《第 13873 号行政命令》，限制中国信息科技公司对美投资及其设备、产品、服务进入美国市场。基于此，美国对中国高科技产品进口比重呈明显的下降趋势，根据 BIS 数据，2018-2019 年美国从中国进口的高科技产品从 1735.6 亿美元降至 1366.7 亿美元，降幅达 21.3%。2019 年美国从中国进口的通信类产品金额约 1241 亿美元，较 2018 年下降 20.9%。虽然美国对中国出口高科技产品比重保持基本稳定，但是总额依然在减少，2019 年美国对中国相关高科技出口金额约 339 亿美元，较 2018 年下降 13.3%。

图 4　美国高科技产品对中国进出口比重（%）

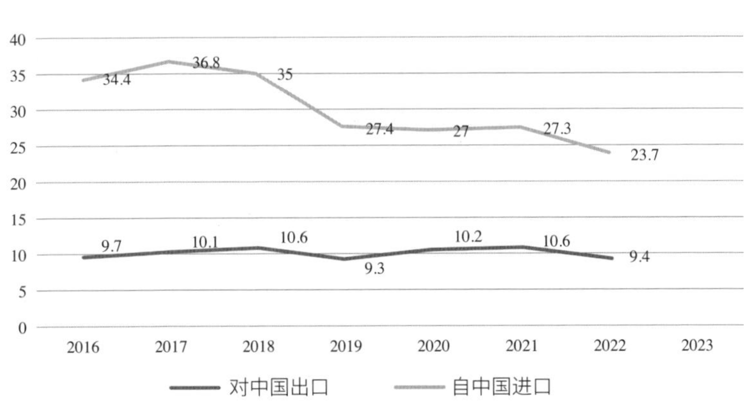

数据来源：U.S.Census Bureau

特朗普在首个任期内已基本形成推动中美科技领域“脱钩”的战略框架、政策方案和目标，预计他将强化对中国的技术限制政策，进一步加大对半导体、量子、人工智能领域的封锁，或将制裁范围进一步扩大至先进制造业、生物医疗技术等领域。中国获取进口核心元器件、关键设施设备的难度加大，两国科技合作受阻，高端人才尤其是急需紧缺人才难度加大，导致科技创新和发展难度显著增加。

（三）扩大经济制裁

为了实现对华全面遏制打压的战略目标，除了发动贸易战外，特朗普还对中国实施一系列制裁。以国家安全为由，通过扩大“实体清单”等手段，对中国高科技企业和研究机构或院校进行制裁和封锁，制裁范围较广，主要集中在电子信息、人工智能、半导体、航空航天等前沿科技领域。特朗普上台后，很可能会扩大对华的制裁，这些制裁会增加企业的运营成本和市场的不确定性，削弱出口企业的国际竞争力，还对中国科技发展和产业升级构成挑战。此外，可能会影响在华外国企业和投资者的信心，从而寻找新的设厂基地和替代供应商。

表 3　美国对华制裁事件

2018 年	制裁中兴（因被指控违反美国对伊朗的出口禁令）
2019 年	制裁华为，并将其纳入美国商务部实体清单（违反美国对伊朗的出口禁令）
2020 年 8 月	禁止微信和 TikTok 在美国的使用（被最高法院驳回而未能完全实施）
2020 年 11 月	签署《第 13959 号行政命令》，禁止美国主体投资被美国政府认定为由中国军方持有并控制的企业，导致纽约证券交易所对中国三大电信运营商采取“强制退市”措施
2020 年 12 月	签署《外国公司问责法案》，要求在美国上市的外国公司的审计机构必须接受美国监管部门的审计工作检查

二、特朗普对华经贸政策对粤港澳大湾区经济的可能影响

（一）对大湾区经济的影响

1. 影响宏观经济和进出口贸易。广东是中国外贸大省，出口美国的商品数量占中国对美出口总额的五分之一，其中，机电、手机、电脑、服装、玩具、鞋帽等主要出口商品的产地大多集中在广东珠三角地区，尤其是深圳、东莞更是全国出口依存度最高的两个城市，都超过了70%。这些城市的出口贸易都受到了不同程度的影响，其中，比较明显的是出口下滑幅度较大，2018年上半年，广东外出口19070.6亿元，同比下降3.3%。

相关模型显示，中美贸易战对广东的负面影响高于全国平均水平，对以外贸加工出口为主的珠海、广州、东莞、中山等地的影响尤为严重，GDP在2019年分别下降0.87%、0.75%、0.69%、0.62%。

表4　广东2019年宏观经济指标的变化（单位：%）

指标	广州	深圳	珠海	佛山	惠州	东莞	中山	江门	肇庆	全国
居民消费	-1.36	-0.97	-1.4	-0.89	-0.78	-1.11	-1.03	-0.71	-0.37	-0.46
投资	-0.73	-0.58	-0.77	-0.57	-0.54	-0.73	-0.66	-0.47	-0.28	-0.35
出口	-2.02	-2.13	-2.13	-2.29	-2.34	-2.38	-2.34	-2.28	-2.17	-2.12
进口	-3.4	-2.92	-3.4	-2.93	-2.88	-3	-3	-2.91	-2.83	-2.81
实际GDP	-0.75	-0.54	-0.87	-0.54	-0.48	-0.69	-0.62	-0.43	-0.25	-0.3
就业	-1.39	-1	-1.43	-0.93	-0.81	-1.14	-1.06	-0.74	-0.4	-0.49

数据来源：郭晴、肖敬亮《中美贸易摩擦下的广东制造业和服务业发展报告》，载于《广东对外经贸蓝皮书》

2. 阻碍科技发展。粤港澳大湾区作为中国创新科学技术发展的核心引擎，承载了全国 GDP 增长的重任。如若特朗普继续对大湾区的科技创新企业如华为、中兴、比亚迪实施制裁，将会阻碍这些企业获取关键技术和零部件，也倒逼这些企业加大研发投入，避免“卡脖子”带来的冲击。

（二）对香港经济的影响

特朗普上台后，美国开始将香港视作遏制中国的前沿阵地，对香港实施一系列经济制裁措施。2020 年，美国出台《香港自治法案》和“13936 号关于香港正常化的总统行政令”，撤销香港的优惠贸易地位，对香港相关金融机构实施制裁，并将大量香港公司列入特别制定国民清单中（SDN）。此次特朗普的回归，改变美国对香港政策趋势的可能性较小，甚至可能会愈加强硬。美国对香港制裁必然会影响香港跨国企业的信心，2023 年美国商会的一份调查显示，25% 的受访者表示会在未来两年减少在港投资，同比去年增长 10%；47% 的受访者表示会保持投资不变，下降 9%；35% 的受访者将继续以香港作为亚太区总部，减少 7%；18% 的会员考虑在三年内将总部部分或全部职能迁出香港。根据《香港经济政策绿皮书 2024》，与 2018 年相比，2022 年总部设在香港的美国、日本企业明显减少，中国内地的企业增加。港府统计处的数据也显示与 2018 年相比，跨国企业在香港设立地区总部和地区办事处的数量在减少。同时，对港金融制裁将会限制香港的金融机构和本地企业与国际市场的互动，减少获取国际投资和合作的机会。此外，涉港制裁还会削弱香港吸引和留住人才的竞争力，阻碍香港打造国际高端人才聚集地的进程。

三、对策

（一）采取更精准灵活的财政和货币政策保持经济稳定

为应对外部冲击，中国可以采取适度降准、降息的宽松货币政策稳住国内经济，抵消美国加征关税后短期内带来的出口骤降。同时推出定向支持政策，如定向定准、支小再贷款和支农再贷款，以支持受影响较大的中小型企业和出口导向型企业。

适度提升财政赤字规模以增强经济韧性。2023 年，中国财政赤字率降至 7.5%，明显低于 2018-2019 年贸易摩擦高峰期，这显示当前财政政策在缓解经济下行压力方面的余地较大。在财政支出结构上，进一步加强对科技创新和产业升级的支持力度，重点支持新能源汽车、光伏和半导体等战略性新兴产业，攻关产业链关键核心技术和零部件薄弱环节，提升其在全球市场中的竞争力，以此抵御特朗普对华科技遏制的风险。通过增加专项债权发行和超长期特别国债，中国政府可以为基础设施建设、公共服务和民生项目提供更充足的资金。此外，通过减税降费、增加居民可支配收入、发放消费券和消费补贴等措施增强市场信心和消费意愿，扩大内需以对冲外需可能的下滑。

（二）优化出口布局并拓展新的贸易伙伴

第一，中国可以通过转口贸易、将商品组装环节外迁、企业出海等方式应对关税加征。中国车企要稳固国内市场，并构建全球价值链，加快海外设厂和投资，建立本土化体系，`提高产品的附加值和竞争力，加强技术创新和产品升级，扩展欧洲市场，同时在东南亚等其他海外市场进行本地化布局，形成产业链韧性抵御风险。

第二，加强与全球南方国家、一带一路沿线国家的合作。在走出去方面，将核心环节和高附加值环节留在中国，将中低端产业链逐步转移至中西部地区和新兴发展经济体，推动中国经济转型升级。在引进来方面，打造国际一流的营商环境，引进外资，充分发挥中国超大市场规模的需求优势。

（三）发挥粤港澳大湾区的区位优势

粤港澳大湾区可以发挥集群经济的辐射作用，积极培育内需市场。大湾区的内地城市可以借助香港在金融、物流等领域的国际地位和影响力推动产业经济优势互补，弥补其传统的出口导向型经济发展模式的不足。充分发挥现有的制造业优势，大力发展高端制造业，同时大湾区还可以利用海上丝绸之路发源地、“一带一路”战略枢纽、经贸合作中心的优势，主动调整对外贸易战略，推动与沿线国家和地区的互利合作，积极拓展与东盟、中东、拉美、非洲等地的经贸往来。

（本文是国家社科基金一般项目“中美经济竞争中第三方国家‘选边’倾向的形成机制与应对策略研究”（项目编号 22BGJ076）的成果。）

特朗普经贸新政对我产业影响初探

王锦侠　李若曦*

一、特朗普外贸政策主张

（一）贸易政策

梳理近一年来特朗普公开发言，对中国贸易政策可能主要有四方面：**一是**撤销中国"贸易最惠国"地位；**二是**对所有中国出口美国商品征收 60% 或以上关税；**三是**四年内停止对中国生产的必需品的进口；**四是**严厉打击中国商品通过第三国出口到美国的避税行为。上述政策相对激进和极端，具体的实施程度、覆盖范围及其演变会受美国国内政治环境及两党政治博弈的影响。

从政策优先级看，**"加征关税与削减企业税收"**作为财政组合，第二任期关税措施的落地时间或更快。从加征关税的手段看，采取行政令手段**分阶段"审慎"加征关税**的可能性更大。考虑到此前多轮 301 调查后美国对华未加征关税的领域多为下游消费品（输入型通胀传导力度大）、关键矿产（对华依赖度高）领域，取消最惠国待遇或更多作为"谈判筹码"。特朗普主张对所有美国进口的商品加征 10% 至 20% 的关税，对中国商品加征幅度可达 60% 的关税，以 2023 年美国进口数据为基准，如果特朗普所称的税率落实，那么美

* 王锦侠，原深圳市前海管理局副局长；李若曦，深圳市前海创新研究院副秘书长。

国进口商品的平均关税税率将升至约 27%。1990 年代至 2017 年，美国关税税率大多数年份保持在 2% 左右。2018 年特朗普政府挑起贸易战后，当年美国关税税率是 3%，此后的拜登政府基本维持在这个水平。

（二）对华出口和投融资限制

特朗普再次上台后可能推出更为强硬的对华出口和投融资限制。**一方面，特朗普在相关领域出台对华强硬政策短期内可能在外交领域获取大量政治资本**。拜登任期内推动美国对华敌对大幅上升，特朗普出台相关政策将有较强民意基础。另外，拜登任期内在出口和投融资领域对华限制的框架、覆盖范围、计划和方案、政策出台等方面建立了明确的思路、实施路径和政策库。**另一方面，特朗普出台相关政策的成本显著低于关税政策**。其一，拜登政府持续推行对华科技出口和投资限制，已使美国相关领域企业在华商业利益显著减少，民主、共和两党相关政策态度一致。其二，对华出口和投融资限制与美国普通民众生活的关联度低，对通胀和经济的影响复杂、传导长，短期内面临的经济压力小。

预计特朗普再次当选后，对华出口和投融资限制可能更接近竞选承诺：**出口方面，**强化现有技术限制，并将生物医药、农业科技等更多领域和更低端的技术和产品纳入范围。**投资方面，**限制更多美国主体对中国更广泛领域的投资，利用联邦政府合同、减税等杠杆，迫使更多在华美资企业将产业链迁出中国，推动中国科技企业从美股退市。**融资方面，**大幅扩大中国企业在美国的投资受限范围。

（三）对华产业竞争

特朗普首个任期内未系统性制定出台国内产业政策来对抗中国。拜登政府将产业政策纳入系统性对华打压的体系，一方面，推动《芯片与科学法案》、《通胀削减法案》等，强制相关领域公司在美或北美建立供应链，为相关投资提供大规模财政补贴，推动芯片和绿色产业链回流；另一方面，持续夸大跨国企业供应链过度依赖中国的风险，联合盟友推动“友岸外包”和供应链“去风险化”，推动产业链迁出中国。

2023 年，特朗普在其竞选官网提出要制定**“战略国家制造倡议（SNMI）”，宣称将“采取一系列改革措施全面消除美国在所有关键领域对中国的依赖”**。从上述倡议和宣言看，特朗普已接受利用国内产业政策打压中国的思路，以此服务推动中美“脱钩”的计划。

但是，特朗普产业政策可能面临两方面阻力。**一是国内相关政策的受益群体与共和党支持群体不匹配，**特朗普上台后继续推动美国在绿色和新能源领域与中国竞争的难度较大。**二是美国债务和财政赤字高企，**继续推行需要大规模财政补贴的产业政策可能冲击特朗普执政的经济根基。考虑这些阻力，加上共和党长期质疑产业政策和气候变化，**特朗普重新当选后可能很难维持拜登政府的产业政策力度，可能在降低财政补贴总量的基础上，显著降低对绿色和新能源产业的支持，将部分财政补贴转入农业和化石能源等对共和党支持州重要的产业。**

二、特朗普经贸政策对中国外贸及中国海外布局产能的影响

一是特朗普极端贸易政策可能对中国出口造成更大冲击，加大国内需求不足、预期偏弱、部分行业产能过剩等矛盾。回顾 2018-2023 年的“**中美贸易战**”，**整体看，中美贸易摩擦导致美国自华进口下降约 9.9 个百分点，各年分别为 2.5、11.2、13.0、12.7、**

10.2、10.2 个百分点。目前看来，特朗普对中国更加激进的关税政策主要是针对在中国本土生产并直接出口至美国的商品（比如中国家电类产品）。而对于在海外有充足的产能或者供应链来满足美国市场订单需求的消费品企业（比如泡泡玛特、申洲国际、名创优品等），受到美国对中国大幅加征关税的影响相对有限。

如果美国政府决议提高全球关税征收幅度，则对所有消费品出海企业都会有一定的影响。如果采取分批、选择性加征关税的路径来降低对美国经济造成的负面影响，预计那些美国对中国依赖度较高的品类可能在关税加征初始阶段受到的冲击较小，而那些依赖度较低的品类可能受到的冲击更大。食品饮料和烟酒等产品的出口将较早受到影响，而玩具与纺织服饰类产品短期受到的影响或比较小。

二是特朗普在对华出口和投融资限制的方向和实施路径清晰，重新当选后可能持续推动相关政策从"小院高墙"走向"大院高墙"，将更多科技行业纳入限制领域。在新任期内，特朗普势必会像首个任期那样，继续推动制造业向美国回流。以新能源汽车、锂电池和光伏为代表的中国出口"新三样"行业将首当其冲。美国市场将对来自中国的新能源产品竖起更高的贸易壁垒。随着美国主导的全球产业链不断"去中国化"，中国制造业企业近年纷纷去到东南亚或墨西哥设厂，以"曲线救国"的方式，比如利用北美自由贸易协定，进入美国市场，但回归后的特朗普可能进一步封堵这样的迂回之路。

但与此同时，特朗普对包括中国在内的外国车企在美国投资建厂表示欢迎。中国新能源车企将不得不考虑以"直取"代替"迂回包抄"，去往美国腹地投资建厂。中国光伏业在这一点上走在了前面。随着美国对中国光伏业布局在东南亚的产能发起"双反"调查，几家头部企业近年已纷纷赴美建厂。

不过美国市场有着独特的挑战，包括人力成本高昂，供应链不完整等。过去两年光伏组件货量全球第一的晶科能源董事长李仙德最近在接受《财富》专访时就说："光伏的产业链很长，要考虑的因素非常多。地缘政治的问题，货币的问题，当地的经济情况，工业水平，最主要是当地产业链的能力，"任何一个环节的短板都可能影响产品的竞争力。

三是中国出海企业在制造业企业之外，涌现出跨境电商、泛互联网娱乐、AI 聊天伴侣等一批新兴势力。其中跨境电商可能受特朗普"新政"影响最大。对所有中国商品征收 60% 的统一关税，势必将冲击这些电商平台和中国品牌在美国的销售。但也有专家认为，对美国消费者来说，来自中国跨境电商平台的商品在丰富度、性价比上几乎无法替代，增加关税只会意味着美国超市里的商品涨价。而考虑到特朗普赢得大选的一个重要原因就是美国选民在过去数年间对通胀的极端厌恶，这会让他在加税时有所忌惮。

短视频、游戏、网文等泛娱乐内容出海类中国公司，似乎暂时还没有出现在特朗普的目标范围内，而它们中已经涌现出了一些颇具盈利能力和影响力的企业，比如游戏开发者米哈游和海外短剧应用 ReelShort。由于美国文化市场更多元与成熟，美国消费者的付费能力也更强，这类公司的出海前景依然看好。

三、国内企业对当前美国政策形势的看法及应对措施

（一）整体看法

根据《吴晓波频道"对特朗普重返白宫，作为企业家您怎么

看？”》对 80 家企业的调研显示，特朗普再次赢得总统大选后，企业家们情绪“中立”的占 37.66%；“乐观”的占 24.68%；“悲观”的占 10.39%；“兴奋”的占 9.09%；“不确定”的占 7.79%；“担忧”的占 5.19%（4 家）；“诧异”的占 5.19%。

对于特朗普的新任期的期望，“稳定国际局势”（27.27%）和“减少贸易摩擦”（20.78%）是较为集中的期望，“促进中美友好合作”（19.48%）也受到一定重视，“没有期待”（10.39%）的企业也占有一定比例，反映了对未来不确定性的担忧。

不过，目睹过特朗普首个任期的企业家们，对中美关系的未来，则表示谨慎乐观。针对问卷中“对未来中美两国商业合作和经济关系的看法”这一问题，认为“存在挑战，但仍有机会”的占 48.05%；“困难重重，前景堪忧”的占 20.78%；“前景乐观，有很大发展空间”的占 19.48%；其他观点（如“美国全球影响力削弱，中美连结松散”）占 11.69%。**与芯片相关产业：**2024 年 10 月 14 日，任正非在座谈会上谈及华为时的原话是，“到今天，也还不能说我们（华为）就能活下来。中国 99% 的公司是可以与美国合作，他们没有受到制裁，他们的芯片算力比我们的高，他们能买到的东西比我们好，我们还在挣扎中。”11 月 11 日开始，台积电预计暂停向中国客户生产先进制程人工智能芯片。**新能源汽车产业：**“我会征收必要的关税，100%，200%，1000%。有那些工厂，他们也无法将汽车销往美国。”2024 年 10 月，特朗普在芝加哥经济俱乐部发表演讲，箭头直指中国汽车行业。中国车企进军美国市场的机会，将变得微乎其微，其实早在美国大选之前，包括加拿大、墨西哥，相关的关税和法律就已经开始修改，去除跳板效应。

大部分企业认识到未来中美商业合作和经济关系“存在挑战，

但仍有机会”，这体现了企业在面对复杂国际关系时的理性判断。

（二）企业可能面临的挑战和应对措施

1. 调整生产策略，“曲线”进入美国市场

中国汽车企业在墨西哥建厂的主要目的之一，是希望借进入墨西哥的机会辐射北美和南非市场。特朗普将对从墨西哥进口的汽车产品加征高额关税的相关言论，将在一定程度上打乱中国汽车企业“曲线”进入美国市场的节奏。

赛轮轮胎相关工作人员表示，公司除了在墨西哥建厂外，还在越南、柬埔寨建设工厂，在印尼也有一个工厂正在建设中。集团有专门的市场调研小组，正在探寻在其他海外区域建厂的可能性，希望能尽快再落地新的海外工厂。如果美国对从墨西哥进口的汽车产品加征关税，公司会尽量规避，不在墨西哥生产，而是在其他国家生产后，出口到美国市场。

银轮股份相关工作人员强调称，即使加征关税，公司也不会放弃美国市场。公司会采取积极措施，尽量减少对公司影响。比如，与客户沟通，让客户共同来承担。

2. 拓宽市场，重视东南亚、拉丁美洲机会

东南亚 2018 年以来就是中国企业对外投资金额最多的区域；凭借快速增长的经济（2018-22 年 GDP 年化增幅 4.3% vs. 全球平均 3.9%），以及年轻化的人口（18-35 岁人口占比 ~30%），东南亚在容纳中国传统产业转移的同时（2022 年制造业占 FDI 的 ~45%），也成为跨境电商、移动游戏等文娱消费企业积极抢滩的市场。例如，OPPO 持续开拓东南亚市场，2024 年第三季度出货量达到 510 万部，市场份额达到 21%。泡泡玛特在东南亚市场通过品牌代理和本地运营，迅速扩张，2024 年上半年海外业务营收同比增长

259.6%，收入占比接近 30%。

另外，除上述提到的通过墨西哥建厂进入美国外，作为中国汽车第二大出口国，墨西哥本身就具备巨大的市场潜力。比亚迪执行副总裁李柯曾表示，《通胀削减法案（IRA）》可能会减缓美国的电动汽车普及率，使得美国消费者将无法购买最“实惠”的选择，因此美国市场不在比亚迪目前的考虑范围之内，“我们将继续努力为墨西哥市场建造一座具有最高技术标准的工厂，而不是为美国市场和出口市场。对于比亚迪而言，墨西哥市场非常重要”。

3. 加大研发投入，实现核心技术自主可控

面对可能到来的新一轮打压，投入研发、持续创新仍是科技企业未来生存的关键。以华为为例，在面临严苛制裁的 2021 年，其研发投入达到 1427 亿元人民币，创下历史新高，占全年收入的 22.4%。在欧盟委员会公布的 2022 年欧盟工业研发投资记分牌上，华为投入研发金额 190 亿欧元（约合 1386.05 亿元人民币），在排行榜中名列第四，仅次于谷歌、脸书与微软公司。华为轮值董事长徐直军表示“2022 年是华为从应对美国不断制裁的战时状态，逐步转为制裁常态化正常运营的一年，也是逐步转危为安的一年。”

四、政策建议

第一，顺应特朗普 2.0 之变，针对其推动形成的国际经贸合作底层逻辑、规则体系和市场体系的变化，制定应对策略，优化重塑以我为主、中国版的全球供应链网络体系。针对特朗普潜在经贸规则政策进行细化的情景分析和影响评估，制定针对性的应对策略和政策措施，尤其是对受冲击较大行业的支持和救助措施，及时应对特朗普极端政策对国内经济的冲击。**如在产业政策方面，重点支持中高端制造业和技术创新领域，**加快国产替代步伐，在高端制造和战略性新兴产业中取得突破，以减少对外部技术和供应链的依赖。**关注中小型出口企业发展，**降低这类企业因缺乏市场多元化能力和资金实力受到的贸易政策波动的影响。

第二，推动经贸合作，系统组织实施因洲、因盟、因国而异、差别化互补式的大规模中资企业走出去行动，捍卫 WTO 规则的全球贸易体系。目前，东盟已经是中国第一大贸易伙伴，反而美国和欧盟在中国出口的份额已经从 2018 年的 35% 下降到 2023 年的 30% 以下，如果把中国对非洲、拉美、俄罗斯和印度的出口加在一起，也超过了对美国和欧盟的出口。**一方面，**充分利用特朗普“美国优先”战略思想下的“单边主义”和“保护主义”，保持与欧盟、澳大利亚、新西兰、日本、韩国等美国传统盟友的正常贸易关系，利用特朗普政府与上述国家地区的潜在贸易争端，推动捍卫 WTO 规则的全球贸易体系。还可以利用特朗普“孤立主义”外交政策的影响，突破当前拜登政府“小院高墙”和“供应链去中国化”战略对中国科技和市场的封锁。**另一方面，**放宽欧盟企业来华投资限制，对重点制造业企业来华投资提供优惠，增加欧洲企业在华利益；增加中国和欧盟在气候和能源领域的政策、产业和金融合作，降低特朗普治理下的美国在全球气候和低碳领域影响力，减少美国联合欧盟对我国采取打压性经贸政策的可能性。

第三，研究制定对特朗普对华经贸政策的反制政策组合。一是针对美国经济的高利率、高通胀、高债务、高财政赤字等问题，利用中国在全球贸易和外汇储备等领域的影响力，及时研究制定对特朗普对华经贸政策的对等反制和反击措施，极端情况下加快抛售美债等，加大其经济衰退或“滞胀”风险。二**是**全面加强与东盟、中东的经贸往来，加强与拉美、非洲等“一带一路”沿线经贸合作，持续巩固和扩大中国经贸对外大循环。三**是**加大对美国经济、政治等信息收集和研究，尽量维持与美国各界沟通渠道，深入研判美国社会和经济走势、政策动向、民意变化等，为妥善应对打好基础。

关于以境外产业园区应对特朗普第二任期遏华策略的建议

曲　建　时　鲲　付永嘉*

特朗普在美国总统选举中的胜利，标志着以“美国优先”为核心的特朗普主义的全面回归。在对华政策方面，即将接管美国政权的特朗普，很有可能延续其在上一任时期的对华政策，试图在贸易、技术、地缘政治等多维度遏制中国。未来四年，中国或面临美国更高的关税及贸易壁垒、更严密的科技与创新领域封堵以及更强烈的地缘政治挑衅。有鉴于此，应重视境外产业园区在中美关系恶化的局势下的特殊价值，将境外产业园作为中国制造迂回进入发达国家市场的通道。为充分发挥境外产业园的积极作用，在规划层面，应“先规划，后建设”，采取“123”园区规划体系，确保境外园区能落地、可盈利。在政策层面，应将境外园区建设与运营作为支持企业出海的重要抓手，改进对境外园区的认定评估机制，并寻求建立与其他国家经济特区和工业园区的伙伴关系。

一、特朗普政府或延续遏制中国的政策

特朗普政府首个任期内的对华政策显示出全方位竞争与遏制

* 曲建，中国（深圳）综合开发研究院前海分院院长、研究员；时鲲，中国（深圳）综合开发研究院前海分院所长、副研究员；付永嘉，中国（深圳）综合开发研究院前海分院主任、助理研究员。

的特征。在经贸领域，特朗普发动大规模对华贸易战，对中国输美产品加征高额关税，试图迫使中国在贸易方面对美让步。在科技领域，美国严厉制裁中国高科技企业，限制关键产品对华出口，推动全球供应链“去中国化”。在地缘政治领域，特朗普政府提出“印太战略”，意欲拉拢盟友，遏制中国在亚太地区的影响力；同时，特朗普政府频频在台湾、南海以及涉疆、涉港议题上挑衅中国。结合特朗普及其幕僚本次竞选期间的表态，可以预见，对华遏制仍将是特朗普政府新任期内中国政策的主要倾向。

（一）上一届特朗普政府对华的主要举措

一是对中国发动规模空前的贸易战，以高关税阻碍中国产品进入美国市场。特朗普政府自 2017 年上台后，即指示美国贸易代表办公室对中国启动贸易调查，并对中国采取了一系列贸易保护主义措施。2018 年 3 月，特朗普政府发布报告，认定中国存在“不公平贸易行为”，宣布对价值达 600 亿美元的中国进口商品征收关税，随后公布了一份总额约 500 亿美元的商品清单，对清单内中国商品征收 25% 的关税。同年 9 月，特朗普政府实施了新一轮 301 条款关税，对价值 2000 亿美元的中国商品征收 10% 的关税，并威胁将在次年 1 月将本批次关税上调至 25%。

2019 年 8 月，特朗普政府宣布计划对额外价值 3000 亿美元的中国商品征收 10% 的关税，并计划自当年 9 月 1 日开始生效。但随后宣布部分商品豁免以及调整时间表。同年 8 月，美国政府决定将“4A 清单”商品的关税税率从原定的 10% 提高至 15%。同年 9 月，特朗普政府对价值 1120 亿美元的进口商品实施“4A 清单”关税，税率为 15%，并宣布对剩余 1600 亿美元商品的关税将于 2019 年 12 月 15 日生效。然而，2019 年 12 月，美国与中国达成第一阶段贸易协议，同意无限期推迟对1600亿美元商品的“4B清单”关税，同时将“4A清单”关税从15%降至7.5%，自2020年1月起生效。

二是实行对华出口、投资管制，以限制中国科技企业发展。特朗普政府于2018年8月签署《出口管制改革法案》（Export Control Reform Act of 2018，ECRA），赋予美国商务部更大权限，以“国家安全”为由对出口、再出口和境内转让的商品、技术和软件实施严格管控，加强对华出口许可审查，增加对生物技术、人工智能、量子信息等14类新兴技术领域的出口限制。自2019起，美国商务部工业与安全局（BIS）逐步将华为、中兴等中国企业列入“实体清单”，要求上述企业在获取美国商品、软件和技术时申请特别许可。该清单覆盖半导体、人工智能、生物科技等关键领域。同时，在美外籍人士特别是华人接触敏感技术的渠道受到更严格的限制。

特朗普政府加强了对中国企业的投资审查，防范中国企业通过投资获取美国技术及进入关键领域市场。2018年8月，特朗普签署《外国投资风险评估现代化法案》（FIRRMA）并将其纳入《2019财年国防授权法》（NDAA），大幅扩大了美国外国投资委员会（CFIUS）的审查权限，显著强化了对外国主体在美国关键技术、基础设施和敏感领域投资的审查力度。《现代化法案》特别提及中国的“2025计划”，显示出防范中国的明显倾向。2019年5月15日，特朗普签署第13873号行政命令《确保信息通信技术与服务供应链安全》，明确禁止受美国管辖的任何人采购、进口、转让或使用可能对国家安全构成威胁的外国信息技术和服务，进一步增大了中国信息科技公司对美投资以及其设备、产品和服务的难度。

特朗普政府加强了对中国企业的投资融资限制，限缩中企在美融资渠道。特朗普于 2020 年底签署 13959 号行政命令和《外国公司问责法案》，禁止美国主体投资被认定为“中国军方持有或控制”的企业，从而导致包括中国三大电信运营商在内的多家企业被迫从纽交所退市。《问责法案》要求所有在美上市的外国公司必须接受美国公众公司会计监督委员会（PCAOB）的审计检查，显著增加了中国企业赴美上市的审计成本和合规难度。

三是在地缘政治方面试图联盟围堵中国，重点在台湾、涉疆、涉港问题上进行挑衅。特朗普在 2017 年 11 月提出所谓“印太”（Indo-Pacific）的地缘政治战略，声称要建立“一个自由与开放的印度 - 太平洋区域”，意欲拉拢日本、韩国、澳大利亚、新西兰、印度以及台湾当局共同围堵中国。在美国出台的《美国国家安全战略》中，美国鼓励印度扩大在南亚、中亚地区的援助，提出加强美 - 印在国防与安全方面的合作。2018 年 3 月，特朗普签署所谓《台湾旅行法》，允许美国政府各等级官员与台湾当局对口官员进行更频密的互访。美军军舰亦多次通过台湾海峡向中国示威。同年 8 月，特朗普签署《2019 财年国防授权法》，提出“扩大美台高级军事交流及联合军事训练”以及“支持对台军售及其他军备转移，特别是发展不对称作战能力”，充分表现了其“以台制华”的企图。

特朗普政府同样操弄涉港、涉疆议题对中国进行制裁。在涉港议题方面，2019 年 11 月，特朗普签署所谓《香港人权与民主法案》，为反中乱港分子打气，要求美国政府每年评估“香港自治状态”。2020 年 7 月，特朗普再签署所谓《香港自治法案》，并发布第 13936 号行政命令，宣布取消香港的特殊经济待遇，终止对香港的优惠政策。同年 8 月、12 月，美国政府出台一系列对于中国内地及香港特区官员的制裁政策，限制中国相关官员入境美国。在涉疆议题方面，2020 年 6 月，特朗普签署所谓《维吾尔人权政策法案》，对中国在新疆事务方面的部分官员进行制裁，并对新疆的产品、企业及其他实体进行限制，阻碍新疆产品进入美国市场。

（二）特朗普新一届政府可能延续对华遏制政策

特朗普在本次竞选期间明确表示将继续遏制中国。特朗普主导的共和党选举政纲明确将中国列为美国的对抗对象。政纲提出要“保证对中国的战略独立性”，宣称将取消对中国的最惠国待遇，逐步停止从中国进口关键货品，禁止中国购买美国房地产及其他产业。为“挽救美国汽车产业”，美国将停止拜登时期的电动车鼓励政策，阻止中国车对美国的出口。在外交方面，美国将“重新加强军队并建立联盟”以遏制中国。特朗普宣称，要实行“四年计划”，摆脱在关键产品方面对于中国的依赖，诸如青霉素之类的关键医药都应该在美国本土生产。为对抗所谓中国的“不公平贸易”，特朗普在竞选期间提出将对中国产品加征 60% 的关税。

特朗普班子的关键政策制定者已经系统叙述了对华政策的架构。曾任特朗普第一任期政府贸易代表，特朗普对华贸易战政策的重要参与者罗伯特 · 莱特希泽，在本次大选前不久接受媒体采访时指出，美国制造产业的衰退，是中国对美国“掠夺性”政策的结果，中国是美国的“对手”，认为美国对于中国的长期目标是“战略脱钩”。为此，在美国本土，应削减政府开支，放宽监管，鼓励企业发展；对于中国，则应该采用关税扭转逆差，限制中国产品流入美国市场。

莱特希泽于 2023 年出版的《贸易并不自由：改变方向，应对中国，帮助美国劳工》一书中系统地阐述了其对华贸易主张的逻辑。一是要坚持“美国优先”，即在对外贸易中美国利益先于其他国家利益，在对内政策上美国生产者利益优先于美国消费者，不能为了消费者利益（更便宜的产品）而牺牲生产者利益（制造业被迫外流）；二是要在效率和美国工人利益之间求平衡，有必要牺牲一部分效率来保护美国工人利益。三是在对外贸易中贸易赤字等同于财富转移，美国多年累积的巨大贸易赤字是因为美国的贸易伙伴实行了不公平的贸易政策，美国必须采取关税等手段，扭转贸易赤字。如果贸易伙伴不接受，美国应该依托自身的巨大市场，以市场准入逼迫贸易伙伴就范。

莱特希泽认为，中国不仅是一个占美国便宜的贸易伙伴，同时也是美国的"致命对手"。美国对华贸易政策的最终目标应该是"战略性脱钩"。为此，除了向中国产品征收高额关税之外，还应使美国公司更易采取行动对抗中国的不公平贸易；降低美国对中国原材料、药品等产品的依赖；降低中美相互投资；停止在安全、军民两用技术方面的一切合作，并立法应对中国试图影响美国政治和社会的行为。由此可见，特朗普第二任期期间的中美贸易关系，很有可能延续对抗的基调。中国有必要为此做好预案和充分准备。

二、境外产业园可成为中国制造进入发达国家的通道

特朗普政府的"美国优先"原则及其对华遏制政策并非偶然，其反映的是近二十年来全球经贸合作底层逻辑的价值导向改变。以美国为代表的发达国家日益在国际经贸合作中将就业、安全、政治置于效率之前。在此情势下，中国制造进入美国及其他发达国家市场，将面临更多的阻碍与挑战。为有效应变，建议关注境外产业园区的特殊价值，将其作为新局势下中国制造进入发达国家的通道。

（一）全球贸易的底层逻辑正抛弃“效率优先”

冷战后的全球化进程一度遵循“效率优先”原则，中国是本轮全球化的重要参与者。冷战结束后，以美国为首的西方国家积极倡导自由贸易，推动经济开放与市场一体化的浪潮席卷全球。从北美自由贸易协定（NAFTA）到世界贸易组织（WTO）的成立，自由贸易规则不断完善，成为全球经济治理的核心原则。本时期，政界、学界和商界普遍形成共识：自由贸易能够通过优化资源配置提高经济效率，为各国创造更多的经济增长机会。

中国是全球化进程的重要参与者。自改革开放以来，中国通过对外开放政策迅速融入全球市场。加入世界贸易组织（WTO）是中国在全球化进程中的关键节点。中国凭借劳动力优势、低成本生产和庞大的国内市场，成为“世界工厂”。跨国公司纷纷将生产和供应链迁至中国。中国逐步通过参与全球产业分工和技术引进，实现了从低端制造向高技术产业的升级。在多个制造业领域，中国已经从跟随者逐渐转变为引领者。

全球化的“效率优先”使跨国企业产能向发展中国家转移，产业空心化使发达国家工人处境恶化。随着全球化进程的深入，美国本土作为制造业基地的各项成本过高，大企业纷纷将本土的工厂关闭并迁往海外。传统制造业在美国本土难以为继，美国工人中产阶级逐步陷入困境。本次大选当选美国副总统的詹姆士 · 万斯在其半自传《乡下人的悲歌》里，讲述了美国制造业衰落后“铁锈带”城市触目惊心的萧条景象。在 1980 年代，位于俄亥俄州的中镇（Middletown）曾是一个“自豪而美丽的、有着熙熙攘攘的购物中心、餐馆和酒吧的”可爱小镇。然而，仅仅二十年后，城镇中心便充斥着橱窗破碎、空空如也的商铺，店家招牌的文字剥落，无人修补；当地最有名望的富裕人家将装修考究的别墅以半价出售，当年最繁华的街市如今成为了吸毒者和犯罪分子夜里游荡，无人敢问津的场所。受过高等教育、家庭条件较好的当地人早已迁往沿海地区，而留下的居民大多是教育程度不高、没有专业技能，生活困难却拿不到补助的穷人。随着当地制造业的衰落，大量人口失业却仍要背负房贷。而房产价值的暴跌使他们根本无法将自己的房子出手，只得继续居住在破败的城市中。

工人阶层及普通民众的处境恶化为特朗普当选奠定了民粹基础，最终推动全球化逻辑抛弃"效率优先"。特朗普的支持者属于在全球化进程中承压巨大的群体。在美国跨国公司将产业转移到其他各国的过程中，工人与普通民众不仅没有得到显著的好处，反而要承受美国国内制造业空心化所带来的失业、收入降低、城市萧条、公共服务退化等一系列问题。在美国大企业赚得盆满钵满，贫富差距不断扩大的境况下，这些感受到全球化切肤之痛的"失败者"们对于产业全球化、自由贸易，甚至外来移民都产生了负面乃至仇视的态度，并最终成为特朗普所依靠的基本盘。

特朗普主导的共和党再次接掌美国政府，象征美国所提倡的国际经贸秩序将进一步抛弃从前"效率优先"的导向，向"就业优先""安全优先"和"政治优先"作全面转型。"就业优先"意味着美国在国际经贸来往中将优先保障本国民众的就业，提防其他国家分走美国制造业岗位。"安全优先"意味着美国必须将关键供应链环节牢牢掌握在自己手中，不能依赖中国等国的产品；同时必须严防中国等国家染指供应链中的高科技、高附加值环节。"政治优先"将中国设想为美国在意识形态领域的强敌，美国据此必须在各个方面围堵并限制中国发展，最终达成与中国"战略性脱钩"的目的。

图 1　全球经贸活动的底层逻辑示意图

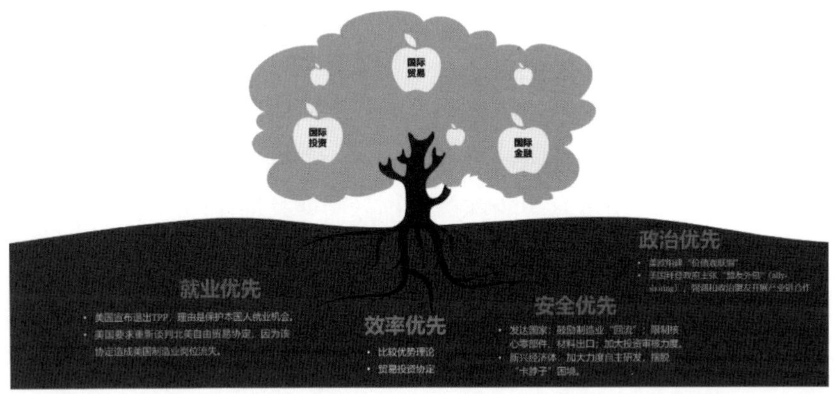

综上，在美国抛弃“效率优先”并将中国定位为竞争对手的格局下，特朗普当政的未来四年，中国的对外经贸将遭受重大考验。

（二）境外产业园可帮助中国制造进入发达国家市场

“友岸外包”使发展中国家仍可能成为中国制造进入发达国家市场的通道。所谓“友岸外包”，指以美国为代表的西方国家将生产和供应链转移至具有“共同政治价值观”的国家，以降低供应链中断和地缘政治风险。拜登政府时期，美国提出“友岸外包”的概念，其主要实施手段包括强化与北美、欧洲及印太地区盟友的经济联系，打造所谓“价值观联盟”，重点聚焦高科技、能源、医疗等关键领域，推动供应链从中国向“友岸”国家迁移，最终目的是将供应链核心环节放在美国及西方“信得过”的国家范围内。

特朗普当选，意味着拜登时期的政策将面临重新评估，美国与其盟友的关系在短期内亦会遭受特朗普“美国优先”政策的冲击。但从长远来看，美国与西方国家推行“友岸外包”的方向不会改变。

究其原因，是因为特朗普竞选政纲中压制通涨、改善民生的许诺与其提高关税、排斥外国产品的目标有着难以调和的矛盾。正是因为多年以来中国作为“世界工厂”向美国提供制造业成品，才使美国消费者能享有大量平价、质优的产品。与中国的贸易战以及加征的高额关税必定会增加美国消费者的成本，加剧美国国内的通涨。故此，美国在与中国贸易战的环境下仍然需要其他国家为美国提供低成本的制成品，允许产业的特定环节“友岸外包”至其他美国较为信任的发展中国家。这将为中国产品迂回进入发达国家市场留出一条通道。

发展中国家虽具通道潜力，但其作为投资目的地的总体风险仍然较高。风险的主要来源包括基础设施、营商环境以及人力资源和知识储备等三个方面。一是基础设施薄弱落后。不少发展中国家的交通运输网络尚不完善，公路、铁路、港口等设施无法满足现代化物流的需求，电力供应不稳定，通信设施落后，显著抬高了公用成本，增加了国际投资者承担的风险。

二是营商环境不佳。发展中国家普遍法律法规不健全、政策透明度不足。投资者可能面临合同履行困难、产权保护薄弱以及政策频繁变动等挑战。政府部门的腐败和行政审批流程的复杂性，增加了外资进入的成本和时间。部分发展中国家还存在货币币值不稳定、外汇管制等问题，使投资者难以顺利实现资金流动。

三是人力资源和知识储备的不足。虽然不少发展中国家拥有充足的劳动力，但整体教育水平低，技术工人和管理人才短缺。不仅需要企业投入更多资源进行培训，同时也难以满足高技术行业的需求。此外，大部分发展中国家均设有严格的外国劳工管控，使国际投资人难以从母国引入大量熟练劳动力。

境外产业园可成为中国企业降低投资公用成本与风险，利用发展中国家通道作用进入发达国家市场的有效抓手。境外产业园，指在东道国的一小片划定区域内设立的，专门为产业服务的园区，其有相对完善的基础设施，并拥有政府给予的产业鼓励政策及便利安排。在基础设施方面，境外产业园可以帮助东道国集中有限的资源，率先在一片较小的区域内建成可靠的产业用基础设施，显著降低入园企业的公用成本，使园内设施能满足企业生产、生活的需要，提高入园企业项目盈利的可能性。

在营商环境方面，境外产业园可以成为东道国对外资实行优惠政策，践行亲商政策的先行区。针对发展中国家普遍存在的营商环境不佳的问题，境外产业园在东道国政府的支持下，可实行特殊的法律（即特区法），建立更高效的管理机制，实行对外商的各类税收减免以及更高效的审批流程，增加工业园对于境内外投资人的吸引力。许多产业园能采用更为自由的外汇政策，允许投资人使用外币并将利润汇出。

在人力资源方面，不少国家对于特区及产业园都实行更为开放、自由的劳工政策，允许国际投资人从母国携带更多的工人到产业园区内从事建设和运营。境外产业园在东道国的运营、发展也将培育一批当地的熟练产业工人队伍，促进当地的人力资源积累。综上，境外产业园可以在一片小区域中帮助东道国克服在基础设施、营商环境及人力资源方面的短板，使中国投资者可以将国内制造业的终端组装环节转移到此，增大发达国家识别“中国制造”及排挤中国产品的难度，将境外产业园作为中国制造迂回进入发达国家市场的“基地”与“通道”。

三、从规划、政策两大层面促进境外产业园为我所用

为了充分发挥境外产业园的上述作用，在特朗普第二任期可能对华实施封锁与对抗政策的格局下为中国制造打开一条通往美国及发达国家市场的通路，有必要从规划、政策两大层面积极施策，在各国建成一批能实现盈利及可持续运营，“为我所用”的境外产业园。

（一）规划先行，推广境外产业园“123”知识体系

在规划层面，“先规划、后建设”理念是保障境外产业园区成功建设及可持续运营的关键。鉴于境外产业园区项目系统性强、投资额大、风险性高的特点，国内外园区规划专家皆倡导做好园区顶层设计，在园区建设中秉承“规划先于建设”的理念。纵观深圳经济特区、苏州工业园、上海漕河泾新兴技术开发区等具有代表性的中国产业园区及新加坡“走出去”的产业园区成功案例，其共同成功经验包括在园区开发前期开展了一系列的顶层设计，编制了以“123”体系为核心的规划成果。其中，“1”是指园区专项法规政策；“2”是指园区的产业、空间两项重大规划；“3”是指园区的开发模式、投融资、招商运营三份研究报告。法规政策是境外产业园区长期可持续发展的根本保障；产业与空间规划涉及园区的总体布局；开发模式、投资融资与招商运营报告与园区的发展密切相关。

图 2　“123”园区规划体系各模块示意图

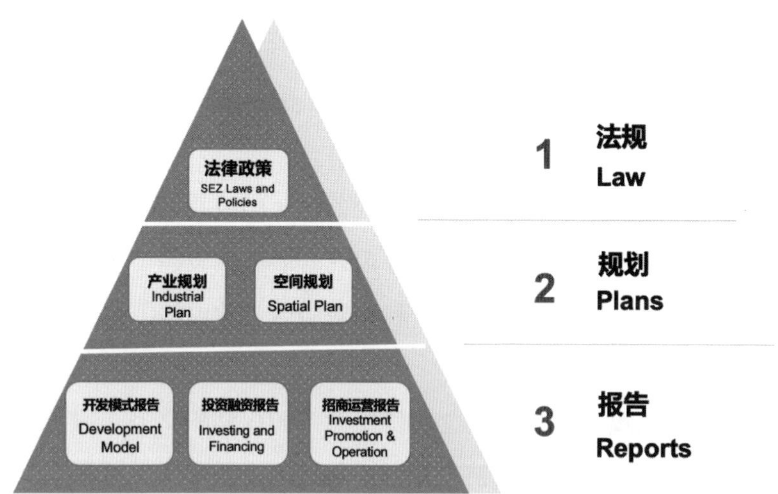

“1”指境外产业园项目应重点做好为开发园区而颁布的专项法律法规及政策的研究，并积极向东道国政府争取专项立法及特殊政策。参考国际通行规则，园区法规政策的主要内容应包括管理体制、投资促进政策、土地与开发建设规定、金融贸易政策、劳工政策、环境保护、争端解决机制等方面内容。具体而言：

1. 管理体制主要解决管理机构设置及授权的问题。政策制定者需界定国家层级的指导决策机构和执行管理机构、园区的运行管理机构等，明确各管理机构的职责和权利。

2. 投资促进主要涉及针对开发商、运营商、企业投资人及自然人的激励政策，其包括税收优惠政策、贸易自由政策、监管便利政策等。需注意的是，园区开发商应当享有优于一般产业投资人的政策安排。

3. 土地政策旨在界定园区内土地的所有权与使用权，明确园区土地收储、开发、出让、转让和出租的具体方式与条件，建立相关利益分配机制。

4. 企业管理主要涉及入驻园区企业的类型、设立及终止程序、经营范围，以及对企业的处罚方式等。园区同时还应制定企业投资管理制度（如负面清单管理制度）。

5. 金融政策涉及金融市场开放条件、出口政策性金融制度、外汇交易及管理制度等。政府指导企业开展区内及跨境外汇收支、转移及结算活动，吸引金融机构和金融服务企业聚集，推动园区金融发展。

6. 劳工政策旨在明确企业使用劳工的权利和义务，以及员工权益的实现途径及保障机制，并对于园区内企业雇用外籍员工的相关事宜（流程、条件、比例等）做出相关规定。

7. 其他政策还包括保税区政策、环境保护、投资保护、损失补偿、安全保障、纠纷解决、知识产权保护等方面内容。

在境外产业园区建设之前，应做好涵盖上述要点的有关特区法及政策的专项研究，研判工业园建设所面临的东道国法律、政策环境，确定当前急需政策，并根据研究结果向东道国政府争取政策。

“2” 指境外产业园项目上马之前应做好产业、空间两个规划。园区产业规划是根据对园区所在地基础条件、市场需求、行业趋势和政策导向而进行的分析，其功能在于明确园区市场角色、功能定位，并依此提出园区重点发展的产业门类，预测产业发展规模和经济社会效应。

图 3 “123” 园区规划体系各模块示意图

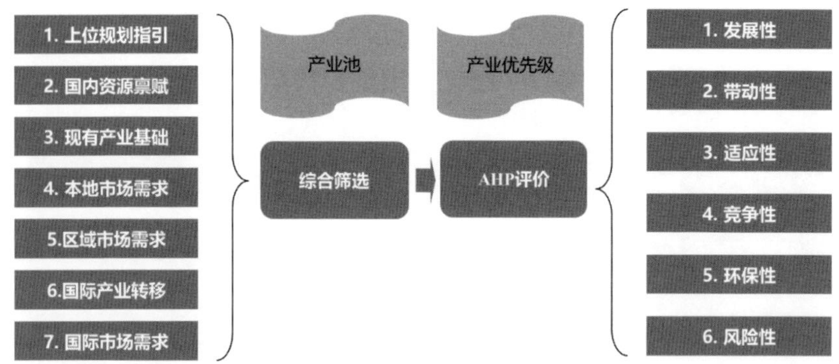

产业规划的主要目的是筛选出匹配东道国现实条件，符合产业发展趋势，具有良好市场前景，适合园区发展的工业、生产性服务业、生活性服务业、基础设施及能源配套产业的细分类目，其主要任务包括建立园区产业池、制定产业发展的优先级、策划启动区产业项目等。在这些任务中，产业池建立需要综合考虑上位规划、资源禀赋、产业基础、市场需求、产业转移等多项指标；产业优先级评价需要综合考虑发展性、带动性、适应性、竞争性、环保性、风险性等指标。产业规划的结论是动态的，决策者需要根据实际情况（尤其是后期的产业资源导入与产业运营服务）对其适时进行修正与更新。产业规划对园区的招商引资与后续的空间规划与投资可研将起到指引性作用。

空间规划依据产业规划的结论，以及对项目所在地的现状调研，开展项目选址、土地利用、功能分区、空间形态、基础设施、交通路网等各项规划，指导园区开发建设。境外产业园区空间布局涉及战略研判、产业规划在园区空间上的综合部署和具体安排，其主要目的是为园区创造一个更合理的土地利用和功能关系的空间组织，平衡产业发展、城市发展、环境生态等多项需求，以达成整个园区及所在片区经济与社会发展的总目标。

图 4　园区空间规划框架

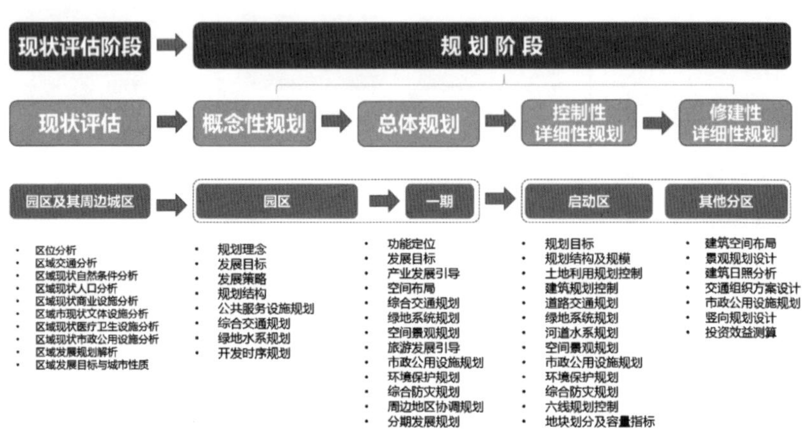

一般来讲，境外产业园区空间布局需要针对不同空间范围，面向不同时限，开展不同深度的空间规划。其中，概念性规划是土地利用、交通规划和园区发展的长期性、宏观性规划，是海外园区发展的空间纲要；总体规划是园区开发建设者依据当地自然资源条件、历史及现状，确定园区的总体规模，合理利用园区土地，协调园区空间布局；详细性规划是对一定时期内园区局部地区的土地利用、空间环境和各项建设用地所作的具体安排，以控制建设用地性质、使用强度和空间环境，是园区建设的主要依据。

“3” 指境外产业园区开发应做好开发模式、投资融资与招商运营三个报告，为园区的可持续盈利打下基础。园区开发模式报告主要是基于投资可行性研判，完成园区开发模式的统筹设计，实现政府、园区开发商、产业投资人、园区运营商的利益平衡，确保园区产业经济指标、空间工程指标、财务指标、社会效益指标之间的平衡。投资可行性研究是开发模式设计的最重要依据，也是投资主体与东道国进行园区项目商务谈判的主要基础；而可行性研究的相关参数和条件，也是开发协议的主要内容。从宏观层面看，投资可行性研究是对产业规划、空间规划、园区优惠政策等各个专题研究的综合与检验。根据检验结果，投资可行性研究能够对上述规划的成果提出调整和优化的建议，使整个园区的开发能够切实落地。

融资报告的目的在于保障园区全生命周期的资金需求与筹措，其内容包括灵活设计多种融资模式，确定最佳融资方案，以有效解决产业园区开发建设资金需求量大、建设周期长的现实问题。境外产业园区的融资设计需要根据开发模式的投资可研结论测算项目开发、建设、管理和运营全生命周期资金需求和缺口，并结合项目主体的财务状况与园区盈利模式设计合理的融资方案。

招商运营方案旨在保障园区基础设施配套与服务，其内容涉及获取园区的增值服务与产业投资收益相关数据，开展园区项目的管理运营方案设计，以实现园区的可持续发展。管理运营方案的主要内容包括园区管理架构建议、一站式服务中心设计、运营服务体系与平台设计、运营服务商业模式建议等。

综上，在当前的国际局势下，境外产业园区开发运营主体需要强化规划在园区全生命周期发展中的引领作用，树立“先规划、后建设”基本理念，系统开展以“123”为核心的前期规划设计，为园区经济可持续性奠定制度保障、总体布局、实施机制，使境外产业园区能切实成为中国制造的“基地”与“通道”。

（二）政策助力，强化境外产业园对中企出海支撑

在国家政策层面，应将境外产业园区建设与运营作为支持企业

出海的重要抓手。一是对当前境外产业园区进行提质升级。争取国家商务部等支持，对纳入商务部统计范围的境外经贸合作区状况进行梳理，结合各园区当前运营状况以及园区所在东道国作为通道的潜力进行评估，筛选其中较具升级价值的园区，积极进行园区提质升级。国家及地方政府可帮助境外产业园区与东道国政府建立更良好的互动机制，争取东道国给予我方建立的境外产业园区更好的法律保障和更佳的优惠政策，提升我方境外园区的竞争实力。支持既有境外产业园区开展涵盖专项法规政策、开发模式、投融资和招商运营等内容的专项研究，促进园区进一步提质升级。

二是为建设更多境外产业园区谋篇布局。在潜力大，前景好，能联通发达国家市场的区域重点建设制造业、物流和工业园区，发展带料出境加工。学习新加坡经验，与当地资本进行合资开发，推动成立由双边政府高官任职的园区理事会。关注中国智库及规划机构规划及正参与规划的境外产业园区，为其提供产业嵌入、招商引资方面的支持，适时组织我方企业对上述园区进行考察。

三是支持境外产业园区进行科学规划。为中国企业建设的境外产业园区的规划提供更好的支持政策。设立专项基金，鼓励境内有实力和在海外建园意向的国企与民企聘请专业机构，进行涵盖产业园区全生命周期的“123”规划。以“模块化推进 + 支持机构”的模式，集合国内各领域专业服务业机构力量，共同推动境外产业园区建设与运营，将其作为中国制造在新局势下立足海外的关键载体。

重点改进对境外产业园区的认定评估机制。2006 年，国家商务部联合多部委启动了“国家级境外经贸合作区”的认定、评估及支持体系，先后认定了 20 家国家级境外经贸合作区。根据商务部、财政部发布的《境外经济贸易合作区考核办法》（商合发〔2015〕296

号），申请确认境外经贸合作区的基本发展条件包括：所选国别政局稳定，与中国关系友好；已完成境内外的投资备案和相关登记注册手续；符合国家的国别和产业指导要求；符合土地许可完备、产业定位明确、总体规划清晰等基础的开发条件；招商引资工作已经开启并取得成效等。同时，境外经贸合作区按照其主导功能可划分为加工制造型园区、资源利用型园区、农业产业型园区、商贸物流型园区和科技研发型园区五类。各类园区在进行申报时有不同的考核条件；考核内容主要是围绕园区面积、基础设施建设投资额、招商引资情况、产业设施配套情况等。近年来，由于复杂多变的国际环境形势，加之境外产业园区理论与实践的变化，境外经贸合作区的认定及考核工作目前处于搁置状态，其指标有待优化调整。

按照境外产业园区可持续发展的总体目标，结合产业园区基本属性、全生命周期模式、“123”系统规划、“三合一”联动模式等，本报告建议，应针对境外产业园区系统研究、科学制定首次认定评估及定期考核评估指标体系，以期更好地引导、支持境外产业园区实现经济可持续性。

对境外产业园区的首次认定评估，应综合考虑规划完备性、产能合作导向性、可持续发展能力等指标。规划完备性要求境外产业园区秉持“规划先行”的理念，委托有境外产业园区规划经验的专业机构，开展包括园区法律法规研究、产业规划、空间规划、开发模式或投资可行性研究报告、融资报告、管理运营报告的规划体系。产能合作导向性要求境外产业园区重点产业门类要符合钢铁、有色、建材、铁路、电力、化工、轻纺、汽车、通信、工程机械、航空航天、船舶和海洋工程及其他国家推进国际产能合作的重点领域与行业，既符合当地市场需求，发挥东道国比较优势，也有利于促进国内优势产能对外合作。可持续发展能力评估包括园区产业招商与发展前景、开发运营模式的合理性、园区综合盈利能力。产业招商与发展前景应考虑基础设施和公共服务配套能力是否已满足产业发展基本需要，园区现有及潜在引入企业的数量、规模，尤其是行业龙头企业的入驻情况；园区开发运营模式的合理性应考虑园区开发公司和运营公司的组成结构、盈利模式设计等；园区综合盈利能力应考核园区的盈利模式与投资效益。

对正在运营的园区，应进行定期运营考核评估，综合考察其规划落实情况、园区效益实现情况、合法合规运营情况等指标。规划落实情况主要考核园区的实际开发、运营是否符合首次认定评估提交的规划，有无影响园区发展方向的重大规划变更；是否依据总体规划及上报情况，开展园区内土地、基础设施和产业设施、建筑物等建设；是否配备足额的园区企业运营所需的公共基础设施和产业设施；是否依据商业计划书完成实际资金投入，并依据规划使用园区建设和发展相关资金。园区效益实现情况评估应围绕园区投资的经济效益和社会效益两方面开展。从经济效益来看，重点考核园区的产业发展规模和产业链配套建设情况。评价园区是否形成了合理、盈利的投资收益模式，考核园区的负债规模、负债结构、偿债计划和偿债能力是否风险可控；从社会效益来看，评价园区是否有效引导中国企业参与国际产能合作，是否切实增加东道国就业和税收，是否在产能合作、技术研发等方面实现创新突破或示范。合法合规运营情况评估针对园区是否符合中国对外投资管理相关规定的内容，是否符合东道国涉及园区投资、建设、运营、管理的各项法律法规，包括环保要求、劳工保障、社会责任等。

寻求建立与其他国家经济特区和工业园区的伙伴关系。经济特区与工业园区是发展中国家经常使用的政策工具，当前，绝大部分发展中国家都建立了具特殊优惠政策的经济特区或工业园区，以求吸引外资，促进产业集聚。一些国家经济特区的主要"卖点"就在于能提供特定市场（如欧盟、美国、欧亚经济联盟）的准入。在当前美国重点打压、排除中国产品的经贸局势下，除了自建园区，我方还应积极谋求与其他国家既有的经济特区及工业园区建立伙伴关系，为中国制造的出海提供更多可能性。

一是采用"两国双园"乃至"多国多园"模式，与外国经济特区及工业园区构建合作关系。"两国双园"模式指的是中国与伙伴国家在各自境内建成的经济特区或工业园区，以政策协调、产业对接和市场联通实现合作共赢。"多国多园"模式则是在区域或多边框架下，联合多国建立产业园区合作网络。我方与合作国的产业园区可以在产业协同、资源共享、招商引资及政策互惠方面进行多领域合作，双方园区可互设机构，为对方企业设立投资"绿色通道"。

二是积极争取在合作国家既有经济特区及工业园内为中国企业设立"园中园"。以服务中国企业为目的的"园中园"可以为中国企业提供专属的环境，吸引更多中国出海企业集聚，形成规模效应和竞争优势。应在园区内建设符合中国企业需求及习惯的基础设施、厂房和办公区等，确保企业能够无缝适应，高效开展生产经营活动。政府和园区管理方应提供针对中国企业的政策支持，例如税收减免、融资优惠和贸易便利化措施，降低企业成本，增强吸引力。园区应注重优化对中企服务，通过设立中文路牌、中式食堂及餐厅、中文服务窗口、提供法律咨询、税务服务和文化适应培训等，帮助员工更快融入当地环境。此外，园区管理方可以联合中国商会、行业协会等机构，举办招商推介会和产业对接活动，吸引更多中国企业入驻。在当前经贸环境下，“园中园”可以成为中国企业在国际上立足的重要载体。

附录 1

特朗普 2017 年就职演讲全文

大法官罗伯茨、卡特总统、克林顿总统、布什总统、奥巴马总统，美国同胞，全世界的人民：

谢谢。

我们美国公民正上下一心，重建家园，再现它对全体人民的承诺。

携起手来，我们将决定美国和世界今后许多许多年的道路。

我们将面临诸多挑战。我们将遭遇诸多困难。但我们能完成工作。每隔四年，我们在这里进行有序、和平的权力交接，我们要感谢奥巴马总统和第一夫人米歇尔·奥巴马，在过渡期间，他们给予了我慷慨的帮助，他们真了不起。谢谢。

然而今天的就职典礼有着特殊的意义。因为今天不仅是上一任总统向下一任总统的权力更迭，或者一个党派交接给下一个党派，我们正把华盛顿特区的权力交还给你们，人民。

一直以来，我们国家首都的一小撮人收获着执政的好处，代价却由人民来担负。

华盛顿欣欣向荣，人民没有分享财富。政客们升官发财，工作流失，工厂倒闭。当权派官官相护，我们国家的公民却无人护佑。

他们的胜利不是你们的胜利；他们的凯旋不是你们的凯旋；他们在我们国家的首都欢庆，对于全国各处挣扎生存的家庭而言，没什么值得庆祝的。

可一切都变了——就从这里开始，就从现在开始，因为这一刻是你们的，这一刻属于你们。

那属于所有今天来到这里的人，所有观看就职典礼的美国人。

这是你们的一天。这是你们的庆典。

这，美利坚合众国，是你们的国家。

真正重要的并非哪个党派掌控我们的政府，而是我们的政府由人民做主。

2017 年 1 月 20 日，历史会铭记这一天，人民再次成为这个国家的主人。

我们国家被遗忘的男男女女将永不再被忘却。现在，所有人都在倾听你们的呼声。

你们成百上千万人正加入一场历史运动，这是世间前所未见的一场运动。

这场运动秉承着一个至关重要的信念：一个国家存在的目的是为公民服务。

美国人希望孩子们上优秀的学校，家人住在安全的社区，自己能谋个好工作。

对正直的人民和一个正义的社会而言，这些是公正合理的要求。

可对太多公民而言，现实是另一番景象：在内陆城市，母亲和孩子们受累于贫困；锈迹斑斑的工厂四处可见，好像我们国家地平线上的墓碑；教育系统花钱如流水，却让我们年轻美丽的学生们一无所知；犯罪、黑帮和毒品夺走太多生命，剥夺了我们国家太多未加实现的潜力。

这种美国式大屠杀在这里终结，从现在开始它不复存在。

我们同属一个国家，他们的痛苦就是我们的痛苦。他们的梦想是我们的梦想，他们的成功也将是我们的成功。我们心心相通，家园相连，命运共同。

今天我宣誓就职，就是对全体美国人宣誓效忠。

几十年来，我们以美国产业为代价肥富了外国产业；补贴其他国家的军队却任由我们的军队一路破败；我们捍卫其他国家的边界却拒绝捍卫我们自己的；我们在海外花费上万亿上万亿美元却让美国的基础设施年久失修。

我们让其他国家致富，我们国家的财富、力量和自信却消失在地平线。

工厂一个接一个关闭，它们离岸而去，从不想想被遗弃的成百万成百万的美国工人。

我们中产阶级的财富被剥夺，从自己的家园拿走，却在全世界进行分配。

但是，这已成过往。现在，我们要面向未来。

今天我们聚在这里，我们要发布一项新法，让每个城市，每个外国首都和每所权力殿堂的人都听得到。

从今天起，新的愿景将统治我们的国土。

从今天起，只有美国优先，只有美国优先。

贸易、税收、移民、外交，每一个政策都要有利于美国工人和美国家庭。

我们必须保护边界不受他国蹂躏，这些国家生产我们的产品，盗取我们的公司，摧毁我们的工作，而保护将带来伟大的繁荣和力量。

我将拼尽全力为你们战斗，永远永远不让你们失望。

美国将再次获胜，获得前所未见的胜利。

我们要把工作收回来，我们要把边界收回来，我们要把财富收回来，我们要把梦想收回来。

我们要在伟大国家的各处修建新的公路、高速路、桥梁、机场、隧道和铁路。

我们要让人民不再靠福利过活，让人民回到工作岗位上去，用美国人民的双手和劳动重建我们的国家。

我们将遵循两个简单的法则：买美国货，雇美国人。

我们会与世界各国和睦相处，但我们这么做时要明白，优先维护自身利益是所有国家的权利。

我们不想把自己的生活方式强加给别人，我们要让它成为典范被所有人追随。

我们将不忘旧盟友，缔结新朋友，让文明世界联合起来，对付极端的伊斯兰恐怖主义，将他们从地球上抹除。

我们执政的基石是对美利坚合众国的完全效忠。只要我们对国家忠诚，就能再次找到我们彼此间的忠诚。

你向爱国主义敞开心扉，就没有偏见的存身之所。

《圣经》告诫我们："上帝子民和睦而居，何等美好，何等畅快。"

我们必须开诚布公，坦言分歧，但也不忘保持团结。

美国联合起来，美国就不可战胜。

你们不该有所畏惧，我们受到保护，我们将永远受到保护。我们的军队和执法队伍中了不起的人们保护着我们，更重要的是，我们得到上帝的保护。

最后，我们必须有更加伟大的梦想。

在美国，我们明白，一个国家只有自强，方得生存。我们不能让政客们只是空谈，无所作为，只会抱怨，从不行动。

纸上谈兵的时代结束了。

现在是行动的时刻。

别听谁说这事干不成。没有什么挑战能匹敌美国的斗志和精神。

我们不会失败。我们的国家将再次繁荣昌盛。

我们站在新千年之初，准备解密神秘的太空，将地球从疾病的苦痛中解救，驾驭明日的能源、产业和技术。

一种全新的民族自豪感将激励我们，提升我们的眼界，弥合我们的分歧。

要记住士兵们永远不会忘记的一句老话：不论我们是黑肤、棕肤还是白肤，都流淌着爱国者的红色血液，我们都同样享有光荣的自由，我们都向同一面美国国旗敬礼。

不论孩子们出生在底特律的城乡结合部，或是内布拉斯加风中的平原，他们都仰望同一片夜空，他们心中都有着同样的梦想，是同一个造物主把生命的气息注入他们的胸膛。

在每一个或远或近、或大或小的城市中，从东岸到西岸，在万水千山间，所有美国人，请你们记住：

你们再也不会被忽视。

你们的声音，你们的希望，你们的梦想，将定义我们美国的命运。你们的勇气、善良和爱将永远引领我们前行。

携起手来，我们要让美国再次强大。

我们要让美国再次富有。

我们要让美国再次自豪。

我们要让美国再次安全。

是的，没错，携起手来，我们要让美国再次伟大。谢谢。上帝保佑你们，上帝保佑美国。

附录 2

特朗普 2021 年告别演讲全文

我的美国同胞们：四年前，我们发起了一项伟大的全国性努力，重建我们的国家，更新我们的精神，恢复我们政府对公民的忠诚。简言之，我们开始了一项让美国再次伟大的使命——为了所有美国人。

在我结束美国第 45 任总统任期之际，我站在你们面前，为我们共同取得的成就感到自豪。我们做了我们来这里要做的——还有更多。

本周，我们将为新一届政府举行就职典礼，并为其成功维护美国的安全和繁荣而祈祷。我们向他们致以最良好的祝愿，我们也希望他们有好运——这是一个非常重要的单词。

我想以感谢一些让我们非凡旅程成为可能的人作为开始。

首先，让我对我们伟大的第一夫人梅拉尼娅的爱和支持表示衷心的感谢。我还要向我的女儿伊万卡、女婿贾里德、巴伦、唐、埃里克、蒂芙尼和劳拉表示最深切的感谢。你使我的世界充满光明和欢乐。

我还要感谢副总统迈克·彭斯，他的妻子凯伦，以及彭毅一家人。

同时也要感谢我的办公室主任马克·梅多斯，感谢白宫工作人员和内阁中尽心尽力的成员，感谢整个政府中所有倾注心血为美国而战的令人难以置信的人。

我还要花点时间感谢一个真正与众不同的群体：美国特勤局。我和我的家人将永远欠你的债。我还要向白宫军事办公室的每一个人、海军陆战队一队和空军一队、武装部队的每一位成员以及全国各地的州和地方执法部门表示深深的感谢。

最重要的是，我要感谢美国人民。担任你们的总统是一种无法形容的荣誉。谢谢你给我这个特别的特权。这就是我的荣幸。

我们决不能忘记，虽然美国人总是有分歧，但我们是一个拥有令人难以置信的、体面的、忠诚的、热爱和平的公民的国家，他们都希望我们的国家兴旺发达，非常、非常成功和美好。我们是一个真正伟大的国家。

所有的美国人都对袭击我们的国会大厦感到震惊。政治暴力是对我们美国人所珍视的一切的攻击。这是不能容忍的。

我们现在比以往任何时候都更必须团结在我们共同的价值观周围，摆脱党派间的仇恨，打造我们的共同命运。

四年前，我来到华盛顿，作为唯一一个真正的局外人赢得总统宝座。我的职业生涯并不是作为一个政治家度过的，而是作为一个建筑工人看着开阔的天际线，想象无限的可能性。我竞选总统是因为我知道美国即将迎来新的高峰。我知道只要我们把美国放在第一位，我们国家的潜力是无限的。

所以我离开了我以前的生活，踏进了一个非常困难的竞技场，但是一个竞技场，如果做得好的话，有各种各样的潜力。美国给了我很多，我想回报一些。

我们与全国数百万勤劳的爱国者一道，建立了我国历史上最伟大的政治运动。我们还建立了世界历史上最伟大的经济体。这是关于“美国第一”的，因为我们都想让美国再次伟大起来。我们恢复了一个国家为其公民服务的原则。我们的议程不是关于左右，不是关于共和党或民主党，而是关于一个国家的利益，这意味着整个国家。

在美国人民的支持和祈祷下，我们取得了超出任何人想象的成就。没人认为我们能接近。

我们通过了美国历史上规模最大的一揽子减税和改革方案。我们削减了比以往任何一届政府都多的裁员条例。我们修复了破裂的贸易协议，退出了可怕的跨太平洋伙伴关系和不可能达成的巴黎气候协议，重新谈判了一边倒的韩国协议，我们用开创性的 USMCA——墨西哥和加拿大——取代了北美自由贸易区，这项协议非常，非常成功。

而且，非常重要的是，我们对中国征收了历史性的、巨大的关税；与中国达成了一项伟大的新政。但墨水还没干，我们和全世界就被中国病毒感染了。我们的贸易关系正在迅速变化，数十亿美元涌入美国，但病毒迫使我们朝着不同的方向发展。

整个世界都遭受了损失，但美国经济表现优于其他国家，因为我们令人难以置信的经济和我们建立的经济。如果没有地基和基脚，就不会有这样的结果。我们不会有最好的数据。

我们还开发了我们的能源资源，成为世界上最大的石油和天然气生产国。在这些政策的推动下，我们建立了世界历史上最伟大的经济体。我们重新创造了美国的就业机会，并为非洲裔美国人、西班牙裔美国人、亚裔美国人、妇女——几乎所有人——创造了创纪录的低失业率。

收入飙升，工资飙升，美国梦得以恢复，数百万人在短短几年内摆脱了贫困。这是个奇迹。股票市场一个接一个地创造了纪录，在这短短的时间内，有 148 个股票市场的高点，并促进了全国勤劳公民的退休和养老金。401(k) 计划达到了前所未有的水平。我们从来没有见过这样的数字，那是在大流行之前和之后。

我们重建了美国制造业基地，开设了数千家新工厂，带回了漂亮的词:“美国制造”。

为了让工薪家庭生活得更好，我们将儿童税收抵免增加了一倍，并签署了有史以来最大规模的扩大儿童保育和发展资金的协议。我们与私营部门合作，争取承诺培训 1600 多万美国工人从事明天的工作。

当我们的国家遭遇可怕的流感大流行时，我们不是生产了一种疫苗，而是以创纪录的速度生产了两种疫苗，更多的疫苗将很快接踵而至。他们说做不到，但我们做到了。他们称之为“医学奇迹”，这就是他们现在所说的“医学奇迹”。

别的政府可能需要 3 年、4 年、5 年甚至 10 年的时间来研制疫苗。我们在九个月内做到了。

我们为每一个失去生命的人感到悲痛，我们在他们的记忆中保证一劳永逸地消灭这一可怕的流行病。

当病毒对世界经济造成残酷的伤害时，我们启动了我们国家有史以来最快的经济复苏。我们通过了近 4 万亿美元的经济救济，挽救或支持了 5000 多万个工作岗位，并将失业率削减了一半。这些数字是我们国家从未见过的。

我们在医疗保健领域创造了选择权和透明度，在许多方面与大型制药公司抗衡，但特别是在我们努力增加优惠国家条款的过程中，这将使我们的处方药价格在世界任何地方都是最低的。

我们通过了退伍军人选择权、退伍军人问责制、审判权和具有里程碑意义的刑事司法改革。

我们确认了美国最高法院的三位新法官。我们任命了近 300 名联邦法官对我国宪法进行书面解释。

多年来，美国人民恳求华盛顿最终确保国家边界的安全。我很高兴地说，我们回应了这一请求，实现了美国历史上最安全的边界。我们已经给了我们勇敢的边境特工和英勇的移民及海关事务管理局的警员们所需要的工具，让他们比以往任何时候都更好地完成工作，执行我们的法律，保障美国的安全。

我们自豪地留给下届政府的是有史以来最强有力和最有力的边境安全措施。这包括与墨西哥、危地马拉、洪都拉斯和萨尔瓦多达成的历史性协议，以及 450 多英里的强大新长城。

我们恢复了美国在国内的实力和在国外的领导地位。世界再次尊重我们。请不要失去这种尊重。

我们在联合国为美国挺身而出，退出那些永远不符合我们利益的单方面全球协议，从而收回了我们的主权。北约国家现在比我几年前上任时多付了几千亿美元。这很不公平。我们为这个世界付出了代价。现在全世界都在帮助我们。

也许最重要的是，我们用近 3 万亿美元，全面重建了美国军队——全部由美国制造。我们成立了美国武装部队 75 年来的第一个新分支：太空部队。去年春天，我站在佛罗里达州的肯尼迪航天中心，目睹了美国宇航员多年来第一次乘坐美国火箭返回太空。

我们重振了我们的同盟关系，团结世界各国以前所未有的方式与中国抗衡。

我们消灭了伊斯兰国哈里发，结束了其创始人及领导人巴格达迪的悲惨生活。我们反抗压迫的伊朗政权，杀死了世界头号恐怖分子、伊朗屠夫卡西姆·索莱马尼。

我们承认耶路撒冷为以色列首都，承认以色列对戈兰高地的主权。

由于我们大胆的外交和原则性的现实主义，我们在中东达成了一系列历史性的和平协议。没人相信这会发生。亚伯拉罕协议为和平与和谐的未来打开了大门，而不是暴力和流血。这是一个新中东的黎明，我们正在把我们的士兵带回家。

作为几十年来第一位没有发动新战争的总统，我感到特别自豪。

最重要的是，我们重申了神圣的理念，即在美国，政府对人民负责。我们的指路明灯，我们的北极星，我们坚定不移的信念是，我们在这里为美国高尚的普通公民服务。我们效忠的不是特殊利益集团、公司或全球实体，而是我们的孩子、我们的公民和我们的国家本身。

作为总统，我的首要任务，我的持续关注，一直是美国工人和美国家庭的最大利益。我并不寻求最简单的课程；到目前为止，它实际上是最困难的。我没有寻求得到最少批评的途径。我接受了艰难的战斗，最艰难的战斗，最艰难的选择，因为这就是你选择我的原因。你的需要是我第一个也是最后一个坚定的目标。

我希望，这将是我们最大的遗产：我们共同让美国人民重新掌管我们的国家。我们恢复了自治。我们恢复了美国“没有人被遗忘”的观念，因为每个人都很重要，每个人都有发言权。我们为每个公民都有权享有平等尊严、平等待遇和平等权利的原则而战，因为上帝使我们人人平等。每个人都有权受到尊重，有权听到自己的声音，有权让自己的政府倾听。你忠于你的国家，我的政府也一直忠于你。

我们努力建设一个国家，使每个公民都能找到一份好工作，养家糊口。我们为每个美国人都能安全生活的社区和每个孩子都能学习的学校而战。我们提倡一种文化，在这种文化中，我们的法律将得到维护，我们的英雄将受到尊敬，我们的历史将得到保存，守法的公民决不会被视为理所当然。美国人应该对我们共同取得的成就感到非常满意。太不可思议了。

现在，在我离开白宫的时候，我一直在思考威胁我们共同拥有的无价遗产的危险。作为世界上最强大的国家，美国不断面临来自国外的威胁和挑战。但我们面临的最大危险是对自己失去信心，对我们国家的伟大失去信心。一个民族的强大取决于它的精神。我们只有像我们的骄傲一样充满活力。我们只有像在我们人民心中跳动的信念一样充满活力。

对自己的价值观、历史和英雄失去信心的国家不可能长久兴旺，因为这些正是我们团结和活力的源泉。

一直以来，让美国在过去的巨大挑战中取得胜利和胜利的，是对我们国家的崇高地位及其在历史上的独特目标的坚定和无愧的信念。我们决不能失去这一信念。我们决不能放弃对美国的信仰。

民族伟大的关键在于维系和灌输我们共同的民族认同。这意味着关注我们的共同点：我们共同拥有的遗产。

这一传统的核心也是对言论自由、言论自由和公开辩论的坚定信念。只有当我们忘记我们是谁，忘记我们是如何来到这里的，我们才能允许政治审查和黑名单在美国发生。这甚至是不可想象的。关闭自由和公开的辩论违背了我们的核心价值观和最持久的传统。

在美国，我们不坚持绝对的一致性，也不执行僵化的正统观念和惩罚性的言论准则。我们只是不这么做。美国不是一个胆小的国家，它有着温驯的灵魂，需要庇护和保护，不受那些我们不同意的人的伤害。我们不是这样的人。它永远不会是我们。

近 250 年来，面对每一个挑战，美国人总是鼓起我们无与伦比的勇气、信心和强烈的独立。正是这些神奇的特质，曾经引领着数百万普通市民穿越一片荒芜的大陆，在伟大的西方开创了新的生活。正是对上帝赋予我们的自由的深沉的爱，使我们的士兵投入战斗，使我们的宇航员进入太空。

回想过去的四年，我脑海中浮现的是一个形象。每当我沿着车队路线旅行时，都有成千上万的人。他们和家人一起出来，这样他们就可以站在我们经过的时候，自豪地挥舞着我们伟大的美国国旗。它总是深深地打动我。我知道他们不只是出来支持我，而是出来向我表示他们对我们国家的支持和爱。

这是一个由自豪的公民组成的共和国，他们因我们的共同信念而团结在一起，即美国是历史上最伟大的国家。我们是，而且必须永远是，全世界希望之地，光明之地，荣耀之地。这是我们必须在每一个转折点上捍卫的宝贵遗产。

在过去的四年里，我一直在努力做到这一点。从利雅得的穆斯林领袖大会堂到华沙的波兰人民大广场，从朝鲜大会会场到联合国大会主席台，从北京故宫到拉什莫尔山的阴影，我为你战斗，我为你的家人战斗，我为我们的国家战斗。最重要的是，我为美国和它所代表的一切而战——那就是安全、强大、自豪和自由。

现在，当我准备在星期三中午把权力移交给新政府时，我想让你们知道，我们开始的运动才刚刚开始。从来没有过这样的事。一个国家必须为其公民服务的信念不会减少，而只会与日俱增。

只要美国人民把对国家的热爱深入人心，这个国家就没有什么不可能实现的。我们的社区将会繁荣。我们的人民将会繁荣昌盛。我们的传统将被珍视。我们的信念将坚定。我们的未来将比以往任何时候都更加光明。

我怀着一颗忠诚而快乐的心，一种乐观的精神，带着一种至高无上的信心，从这个庄严的地方走出来，为了我们的国家和我们的孩子，最好的时刻还没有到来。

谢谢，再见。上帝保佑你。上帝保佑美利坚合众国。

附录 3

马斯克 2024 年 11 月 20 日发布改革政府计划全文

我们的国家建立在一个基本理念之上：由我们选出的人（the people we elect）来管理政府。然而，美国当今的运作方式已经不再如此。大多数法令，并非国会通过的法律，而是由未经选举的官僚颁布的“规则和法规”——每年颁布的法规数以万计。大多数政府执法决策和自由裁量支出，并非由民选总统或其任命的政治官员做出，而是由政府机构内数以百万计的未经选举、未被任命的公务员决定，这些人自认为可以凭借公务员保护机制而免于被裁。

这种认识是反民主的，而且与建国者的愿景背道而驰。它给纳税人带来了巨大的直接和间接成本。值得庆幸的是，我们获得了一次历史性的机会来解决这个问题。11 月 5 日，选民们以压倒性多数选出了特朗普，并赋予其进行全面变革的使命，他们应当享有这一结果。

特朗普总统已邀请我们二人领导一个新成立的“政府效率部”（简称 DOGE），以精简联邦政府的规模。树大根深且不断膨胀的官僚体系对我们的共和国的生存构成了威胁，政治家们对此已纵容太久。这就是为什么我们要以不同的方式来行事。

我们是企业家，不是政客。我们将以外部志愿者的身份——而非联邦官员或雇员——从事服务。与政府委员会或咨询机构不同，我们不会只是撰写报告或剪彩，我们将真正削减成本。

废除过度监管，减少行政开支，节省成本。

我们将聚焦通过基于现有立法的行政措施推动改革，而不是通过制定新法律的方式。我们改革的指导思想是美国宪法，而且特别关注最高法院在拜登总统任期内做出的两项关键裁决。

在西弗吉尼亚州诉环保署案（West Virginia v. Environmental Protection Agency，2022）中，最高法院裁定，除非国会明确授权，政府机构不能制定涉及重大经济或政策问题的法规。在 Loper Bright 诉 Raimondo 一案（2024）中，最高法院推翻了"雪佛龙原则"，裁定联邦法院不再对联邦机构解释法律或其自身制定规则的权力加以宽容。综合来看，这些案件表明，当前大量的联邦法规超出了国会根据法律赋予的权限。

DOGE 将与政府机构的法律专家携手合作，借助先进技术，依据这些判决对政府机构颁布的联邦法规进行审查。DOGE 将把这一法规清单提交给特朗普总统，他可以通过行政命令立即暂停这些法规的执行，并启动审查和废除程序。这将使个人和企业从未经国会通过的非法法规下解放出来，进而刺激美国经济。

当总统废除数以千计的此类法规，批评者可能会指责其滥用行政权力。事实上，这恰恰是对行政权力滥用——即未经国会授权便出台数以千计的行政法规——的矫正。总统尊重国会的立法权，而不是尊重隐身于联邦机构内的官僚。利用行政命令增加繁复的新规则，以替代立法，是一种违宪行为。不过，为了遵循最高法院最近的裁决，使用行政命令来撤销那些错误地绕过国会的法规则是合法的、必要的。而且，在这些法规被完全废除之后，未来的总统不能简单地按下开关按钮重新激活它们，而是必须要求国会重新通过。

最后，我们的重点是为纳税人节省成本。有些怀疑论者质疑 DOGE 仅通过行政命令能够削减多少联邦开支。他们提到 1974 年的

《预算控制法》，该法案禁止总统停止国会授权的支出。特朗普曾提出该法案违宪，我们认为当前的最高法院可能会支持他的观点。但即便不依赖这一点，DOGE 也将通过瞄准每年超过 5000 亿美元的未经国会授权或未以国会预期方式使用的联邦开支，来帮助结束联邦政府的过度开支。这些开支包括每年用于公共广播公司的 5.35 亿美元、用于给国际组织拨款的 15 亿美元，以及用于资助像计划生育组织等进步团体的近 3 亿美元。

凭借决定性的选举授权和在最高法院的 6:3 保守派多数，DOGE 获得了一次历史性机会，以实现联邦政府的结构性精简。我们已经做好了准备，迎接来自华盛顿根深蒂固的利益集团的强烈反击。我们预计将会胜利。现在是时候采取果断行动了。

DOGE 的首要目标是在 2026 年 7 月 4 日（我们为项目设定的截止日期）消除自身存在的必要性。在美国建国 250 周年之际，没有比为我们国家交付一个让建国者骄傲的联邦政府更好的生日礼物了。

附录 4

特朗普 34 项重罪指控

当地时间 2024 年 5 月 30 日，纽约一家法院陪审团裁定，美国前总统特朗普在“封口费”案中被控的 34 项罪名全部成立。由此，特朗普成为美国历史上首位被判有罪的前总统。

纽约州检察官指控，特朗普 2016 年竞选美国总统期间，委托前私人律师迈克尔 · 科亨向艳星丹尼尔斯（本名斯蒂芬妮 · 克利福德）支付 13 万美元“封口费”，以免后者声称 2006 年与特朗普有染的桃色丑闻影响选情；特朗普后续伪造商业记录，以“律师费”名义分期返还科亨垫付款项，以掩盖其违反纽约州和联邦选举法规的行为。

据悉，特朗普的 34 项重罪指控，每一项指控成立均可判处其最高四年的监禁。但是特朗普本人对相关指控均不认罪，称针对自己的诉讼具有政治动机。特朗普在 30 日的判决后表示，这场审判是拜登政府为了伤害政治对手而指使的，他是无辜的，并暗示自己将上诉。不过，在 11 月的总统大选前，上诉不太可能被受理。《纽约时报》提到，美国宪法中没有任何条款禁止重罪犯竞选总统或入主白宫，因此，即便被判重罪，特朗普仍然可以竞选总统、当选并且再次宣誓就职。

附录 5

纽约州法官拒绝撤销特朗普“封口案”有罪判定

美国纽约最高法院法官胡安 · 梅尔尚曾于 2024 年 11 月 22 日做出决定，无限期推迟当选总统特朗普“封口案”刑事案判决并批准特朗普一方提出撤销“封口案”的请求，要求特朗普团队最迟应在 12 月 2 日提交撤销案件的动议，曼哈顿地区检方则应最迟在 12 月 9 日作出回应。

此后，梅尔尚于 2024 年 12 月 16 日再次裁定，特朗普因“封口案”被定罪的判决仍然有效，驳回了这位当选总统本月初提出的应以总统豁免权为由撤销该判决的论点。

在此次裁定过程中，梅尔尚法官认为，特朗普因没有提前提出豁免权异议，因而未能保留他的豁免权异议权利。而且，无论如何，没有一份证据是可以让特朗普享受到豁免权保护的。

梅尔尚在裁决中写道：“对于特朗普豁免权保留性主张的证据，完全都是特朗普的非官方行为，因此特朗普不受到豁免权保护。至于未保留的权利主张，本法院在另一种情况下发现，在考虑案情时，它们也应被拒绝，因为它们完全与非官方行为有关”。

此前，联邦最高法院审理后认为，对于前总统行使的核心宪法权力，他享有绝对刑事起诉豁免权；对于前总统行使其他官方行为，他至少享有推定豁免权。然而，最高法院表示，对于特朗普的非官方行为，则可以受到起诉，但陪审团不能质疑总统做决定的背后动机。

曼哈顿地区检察官阿尔文·布拉格敦促梅尔尚法官驳回特朗普的论点，认为在提交给陪审团的证据中，并无证据可以让特朗普享受豁免权保护；即使受到保护，与“被告的其他压倒性犯罪证据”相比也相形见绌。

梅尔尚对此表示同意，他写道，即使豁免权确实延伸到相关证据，他“仍然会发现，人民伪造商业记录这些行为是明显个人行为的证据，它不会影响到行政部门的权力和职能，和行政权力或职能无关。这一结论得到了非动机相关证据的充分支持。”

编后记

《特朗普新政观察》经策划、文章征集、编辑和审校，终于在岁末年初之时与读者见面。

为在“两个大局”相互激荡背景下更好把握世界发展大势，主动识变、求变、应变，我们组织相关智库的专家学者，按照自愿原则，以“特朗普新政观察”为主题，撰写了一批专题研究文章，旨在探讨特朗普再度当选给全球政治经济格局带来的“确定性”与“不确定性”。

在成书过程中，得到原外交部常务副部长、国家广播电视总局副局长乐玉成大力支持，他亲自担任本书顾问。香港商务印书馆总经理兼总编辑毛永波先生、港区十三届全国人大代表洪为民先生为本书出版付出了心血。藉此机会，一并表示衷心感谢。囿于水平与时间，书中不当之处在所难免，敬请读者批评和指正。

编 者

2024 年 12 月